महाकवि सूरदास

महाकवि सूरदास

[सूरदास के काव्य, जीवन और भक्ति का अन्तरंग विवेचन]

आचार्य नन्ददुलारे वाजपेयी

राजकमल प्रकाशन

ISBN : 978-93-87462-28-1

मूल्य : ₹250

तीसरा राजकमल संस्करण : 1992
चौथा संस्करण : 2018

प्रकाशक : राजकमल प्रकाशन प्रा. लि.
1-बी, नेताजी सुभाष मार्ग, दरियागंज
नई दिल्ली-110 002

शाखाएँ : अशोक राजपथ, साइंस कॉलेज के सामने, पटना-800 006
पहली मंजिल, दरबारी बिल्डिंग, महात्मा गांधी मार्ग, इलाहाबाद-211 001
36 ए, शेक्सपियर सरणी, कोलकाता-700 017

वेबसाइट : www.rajkamalprakashan.com
ई-मेल : info@rajkamalprakashan.com

मुद्रक : बी.के. ऑफसेट
नवीन शाहदरा, दिल्ली-110 032

MAHAKAVI SOORDAS
Criticism by Dr. Nand Dularey Vajpeyi

भारतीय साहित्य, संस्कृति और राजनीति के

मनस्वी साधक

श्री द्वारिकाप्रसाद जी मिश्र को

जिन्होंने राष्ट्रीय जीवन-दर्शन और जीवन-चर्या के साथ

विश्व-समाजवाद की आधुनिक कल्पना को

आश्रय दिया है

प्राक्कथन

हिन्दी में साहित्यिक अनुशीलन का कार्य बहुत-कुछ सुनिश्चित गति से आगे बढ़ रहा है। आधुनिक युग के आरम्भ में हमारे अनुशीलन की दिशा स्पष्ट न थी। साम्प्रदायिक और परम्परावादी दृष्टियों का प्राधान्य था। पाण्डित्य की प्रचुरता तो थी, परन्तु उसका प्रयोग अधिकतर शास्त्रार्थी-पद्धति पर किया जा रहा था। लोग बाल की खाल अधिक निकालते थे। यदि किसी दार्शनिक मतवाद का प्रश्न उठा, तो सूक्ष्म-से-सूक्ष्म सूत्रों का ऊहापोह होने लगता। पाण्डित्य के बल पर लोग अपने-अपने पक्ष की प्रतिष्ठा और विपरीत पक्ष का निरसन करने लगते। एक ही ग्रन्थ के भीतर द्वैत, अद्वैत, विशिष्टाद्वैत, द्वैताद्वैत आदि के बहुमुखी सिद्धान्त ढूंढ़े जाते थे। 'रामचरितमानस' के अन्तर्गत इन विविध मतों की स्थापना की गयी। यदि साहित्यिक चर्चा उठी तो अलंकारों के लक्षणों और भेदों में ही पण्डितों की प्रतिभा टकराने लगी। भाषा-सम्बन्धी शोधों में भी पुरानी परम्परा का अनुसरण होता रहा। इस सम्पूर्ण आरम्भिक शोध में सुस्पष्ट दृष्टिकोण, प्रणाली और लक्ष्य का अभाव था।

अनुशीलन-सम्बन्धी एक नया अध्याय तब आरम्भ हुआ जब पश्चिमी पण्डितों की छत्र-छाया में भारतीय पण्डित भी प्राच्य-अनुसन्धान (Oriental Research) के कार्य में संलग्न हुए। परन्तु इन पण्डितों की सबसे बड़ी कमी यह थी कि वे अपने पश्चिमी अभिभावकों द्वारा बाँधी गयी लीक से बाहर निकलने में असमर्थ थे। यत्र-तत्र देश-प्रेम या राष्ट्रीय

भावना से प्रेरित होकर वे पश्चिमी पण्डितों के निर्णयों में थोड़ा-बहुत परिवर्तन कर देते थे, पर इससे अधिक नहीं। लोकमान्य तिलक की भाँति एकदम नया निर्देश करने वाले व्यक्ति विरल थे और पाण्डित्य के क्षेत्र में विद्रोही माने जाते थे। यह नयी पण्डित-मण्डली राष्ट्रीयता की प्रतिनिधि मानी जाती थी, परन्तु उसके कार्यों में पाश्चात्य अनुकृति का तत्त्व ही प्रमुख था। हम यह नहीं कहते कि भारतीय साहित्य के पश्चिमी विवेचकों से हमने कुछ पाया ही नहीं—हमारा अनुशीलन लाभान्वित ही नहीं हुआ; परन्तु हम यह अवश्य कहेंगे कि भारतीय वस्तुओं को पश्चिमी निगाह से देखने वाले लोगों में एक मौलिक दृष्टि-दोष तो था ही।

ग्रियर्सन और उनके भारतीय अनुयायियों ने भाषा और साहित्य-सम्बन्धी अनुशीलन की एक नयी प्रणाली निकाली और एक नवीन परम्परा स्थिर की। परन्तु इन अन्वेषकों के द्वारा भी हिन्दी का साहित्यिक अनुशीलन पूर्णतः राष्ट्रीय अथवा वैज्ञानिक भूमि पर प्रतिष्ठित न हो सका। साहित्यिक मानदण्ड भी बहुत-कुछ अनिर्दिष्ट ही रहे। उदाहरण के लिए मिश्र बन्धुओं की साहित्य-समीक्षा और अन्वेषणों को देखें, तो उस शैली की सारी नवीनता अपनी समस्त दुर्बलताओं के साथ हमारे समक्ष आ जाती है। मिश्र बन्धुओं को हम ग्रियर्सन-अनुयायी समीक्षक ही कह सकते हैं, यद्यपि अपनी अनेक त्रुटियों के लिए वे स्वयं ही जिम्मेदार हैं।

आचार्य महावीरप्रसाद द्विवेदी और आचार्य रामचन्द्र शुक्ल के अवतरण से हिन्दी की साहित्यिक दृष्टि एकदम सँवर उठी। द्विवेदीजी युग-द्रष्टा थे और शुक्लजी थे साहित्य के सच्चे भाव-द्रष्टा। दोनों के समागम से हिन्दी की साहित्यिक चेतना बहुत-कुछ परिपुष्ट हो गयी। शुक्लजी ने हमारे साहित्यिक अनुशीलनों को नयी प्रेरणा दी। उनकी दृष्टि पूर्णतः सांस्कृतिक और शालीन थी। वे शक्ति, शील और सौन्दर्य के उपासक थे। उन्होंने हिन्दी-साहित्य का धारावाहिक विकास-क्रम दिखाकर हमें श्रेष्ठ कवियों का परिचय कराया। उनकी दृष्टि मुख्यतः भावात्मक और साहित्यिक थी, अतएव वे अन्य दृष्टियों से महत्त्वपूर्ण कार्य करने वाले लोगों का स्वागत करने को तैयार न थे। साथ ही उनका अनुशीलन विशुद्ध शास्त्रीय अथवा ऐतिहासिक भूमि पर अधिष्ठित न था। वे साहित्य के महान् उन्नायक और प्रेरक थे, कदाचित् इसीलिए तटस्थ अनुशीलन की लीक पर चलने में वे असमर्थ भी थे।

उदाहरण के लिए शुक्लजी के भक्ति-सम्बन्धी विवेचनों को देखिए। भक्ति का विकास दिखाते हुए उन्होंने जो चर्चाएँ की हैं, वे न तो दार्शनिक दृष्टि से और न ऐतिहासिक क्रम के अनुसार अत्यन्त प्रामाणिक या शास्त्र-सम्मत हैं। उनके समस्त विवेचन उनकी अपनी सद्भावनाओं पर आश्रित हैं, यद्यपि शास्त्र का नामोल्लेख भी वे करते गये हैं। भक्ति और धर्म आदि की जो परिभाषाएँ उन्होंने की हैं, वे उनकी स्वतन्त्र रुचि की परिचायक हैं। यद्यपि शुक्लजी का यह समस्त विवरण अतिशय उदात्त और रोचक है, परन्तु पूर्णतः तटस्थ और प्रामाणिक नहीं। साम्प्रदायिक और परम्परा-गत विवेचन-पद्धति से छुटकारा देने और एक व्यापक मानव-दृष्टिकोण का संस्थापन करने में शुक्लजी समर्थ हुए, परन्तु उनकी व्याख्याओं और विवेचनों में इतिहास-सम्मत तथ्यों का उद्घाटन सर्वत्र नहीं पाया जाता।

साहित्यिक कृतियों और साहित्य-शास्त्र की पद्धतियों का निरूपण करने में भी शुक्लजी ने असाधारण अन्तर्दृष्टि का परिचय दिया है। सच पूछिए तो रस, अलंकार, रीति, वक्रोक्ति आदि सम्प्रदायों की जो व्याख्याएँ आज प्रचलित हैं वे प्रमुखतः शुक्लजी द्वारा ही उद्भावित हैं। इस क्षेत्र में भी शुक्लजी का कार्य पूर्णतः शास्त्र-सम्मत नहीं है, परन्तु यहाँ वे अधिक मनोयोगपूर्वक शास्त्र-पक्ष का अनुशीलन कर सके हैं। रीति-काल की बँधी हुई परिपाटी से साहित्य-शास्त्र की मुक्ति कराने का श्रेय हिन्दी की सीमा में शुक्लजी को ही प्राप्त है, परन्तु शुक्लजी के व्यक्तिगत मतों और आशयों से यह क्षेत्र भी शून्य नहीं है।

कवियों और कृतियों की धारावाहिक समीक्षा करने में शुक्लजी ने एक नयी ही पद्धति का आविर्भाव किया, जिसे हम शुक्ल-पद्धति ही कह सकते हैं। शुक्लजी की समीक्षा-दृष्टि अतिशय मार्मिक थी, परिणाम-स्वरूप उनकी समीक्षाओं ने जो साहित्यिक चेतना उत्पन्न की वह पर्याप्त विशद और स्वस्थ थी। एक नया मानदण्ड शुक्लजी ने संस्थापित कर दिया, जिसके आधार पर हिन्दी-समीक्षा उत्तरोत्तर उन्नति करती रही है। वास्तव में शुक्लजी का समस्त कार्य नवयुग के सच्चे साहित्याचार्य का कार्य है। उन्होंने स्वतः एक नवीन समीक्षा-धारा का प्रवर्तन किया। उन्हें किसी प्राचीन मत का उद्घाटक या विश्लेषक-मात्र मानना उचित नहीं। इसीलिए शुक्लजी की दी हुई समस्त नयी विधियों का कृतज्ञ होते हुए भी उन्हें ऐतिहासिक अन्वेषक अथवा शास्त्र-प्रवक्ता की वस्तुमुखी

प्रामाणिकता नहीं दी जा सकती।

हिन्दी-अनुशीलन शुक्लजी का ऋणी है, परन्तु दूसरे रूप में। उन्होंने अनुशीलन-कार्य को नयी चेतना दी, नया मार्ग-निर्देश किया। शुक्लजी के अनुशीलनों में दार्शनिक और साहित्यिक निष्पत्तियाँ, सैद्धान्तिक और व्यावहारिक समीक्षाएँ, एक ही भूमिका पर प्रतिष्ठित हैं। ज्ञान के अनेक क्षेत्रों में शुक्लजी एक ही दृष्टि लेकर गये—वह दृष्टि थी भावात्मक और सांस्कृतिक। अनुसन्धान के विभिन्न विषयों को एक-दूसरे से पृथक् मानकर उनमें अलग-अलग दृष्टियों से प्रवेश करना शुक्लजी को अभीष्ट न था। कदाचित् इसीलिए उनकी उपपत्तियों और विवेचनों में ऐतिहासिक वस्तुमत्ता और छोटे-से-छोटे विवरणों की खोज करने की प्रवृत्ति नहीं है। संक्षेप में उनके अनुशीलन का आधार व्यापक और एकरस है, विभाजित और श्रेणीबद्ध नहीं। वे सीमित विशेषज्ञता (Specialization) के मार्ग पर कभी नहीं चले।

शुक्लजी के पश्चात् हिन्दी-अनुशीलन की शैली और विधि बदलने लगी है। साहित्य के दार्शनिक, सांस्कृतिक अथवा कला-पक्ष की स्वतन्त्र और एक-दूसरे से असम्पृक्त मीमांसा होने लगी हैं। कुछ समीक्षक किसी एक तथा कुछ किसी दूसरे पक्ष को प्रमुखता देने लगे हैं। साहित्यिक विवेचना में वे सैद्धान्तिक हों या प्रयोगात्मक, नयी व्यापकता आती जा रही है। हिन्दी के अधिकांश विवेचक साहित्यिक अनुशीलन को अधिक महत्त्व दे रहे हैं। कुछ ने सांस्कृतिक और दार्शनिक पक्षों तथा कुछ ने समाजशास्त्र और इतिहास के तत्त्वों को प्रमुखता दे रखी है। कुछ थोड़े से लोग भाषा के क्षेत्र में भी काम कर रहे हैं।

यद्यपि शुक्लजी की भाँति विविध विषयों और पक्षों को समग्र रूप से लेकर चलना आज के साहित्यिक अध्येता के लिए न तो सम्भव ही है और न आवश्यक ही, परन्तु अप्रत्यक्ष रूप से हमारी साहित्यिक चेतना हमारे समस्त अनुशीलनों में सजग और सतर्क रहनी चाहिए, अन्यथा हम साहित्य-सम्बन्धी मूलवर्ती सांस्कृतिक दृष्टिकोण को खो बैठेंगे, जो एक अत्यन्त हानिकर बात होगी। 'कला के लिए कला' की भाँति 'अनुशीलन के लिए अनुशीलन' की पीठिका हमारे लिए उपयोगी नहीं हो सकती। हम जिस किसी कार्य में लगे रहें, उसके आत्यन्तिक स्वरूप और मूल्य को भूल न जायें। यदि हमारे अनुशीलनों में यह मूलवर्ती चेतना काम नहीं करती

जो उस अनुशीलन को आशय प्रदान करती है, तो हमारा सारा कार्य यान्त्रिक हो जायेगा और हम ज्ञान-विकास के मूलवर्ती उद्देश्य से भी हाथ धो बैठेंगे।

सारांश यह कि हमें विषयों और वस्तुओं का सापेक्षिक मूल्य भूलकर अन्वेषण में प्रवृत्त नहीं होना है। हमारे समक्ष अनसन्धेय विषय और वस्तु की रूपरेखा स्पष्ट होनी चाहिए। उदाहरण के लिए यदि हम बिहारी या देव के साहित्यिक कृतित्व का अनुशीलन कर रहे हैं तो हमारी सारी विद्या-बुद्धि उक्त कवियों के काव्य-रहस्यों को समझने और उनका उद्घाटन करने में भले ही लग जाये, किन्तु हम यह स्मरण रखें कि साहित्य के न्यायालय में उन कवियों की विशेषता और महत्त्व अतिरंजित होकर उपस्थित न किये जायें। खेद है कि हम सदैव सत्य के इस सापेक्षिक स्वरूप का स्मरण नहीं रखते जिससे न केवल हमारे निर्णयों में, प्रत्युत हमारे मापदण्डों में भी भ्रान्ति की सम्भावना बनी रहती है।

हमारे साहित्यिक अनुशीलनों में एक और त्रुटि पिछले कुछ समय से बढ़ती जा रही है। हम अनुशीलन तो साहित्यिक कृतियों का करते हैं, परन्तु हमें साहित्यिक विशिष्टता का ज्ञान नहीं रहता और हम केवल नामोल्लेखों या समयानुक्रम-संग्रहों से ही सन्तोष कर लेते हैं। ऐसे अनुसन्धान पूर्णतः असाहित्यिक कहे जायेंगे, क्योंकि उनमें न तो साहित्य के वैशिष्ट्य को निर्धारित करने वाली कोई माप-रेखा रहती है और न रचना के सांस्कृतिक या कलात्मक महत्त्व पर किसी प्रकार का प्रकाश पड़ता है। जब तक साहित्यिक रचना के वैशिष्ट्य का निरूपण न हो—जब तक हम सजीव साहित्य के समीप पहुँचकर उसे न देखें—तब तक हमारे अनुशीलन का प्रयोजन ही सिद्ध नहीं होता। जिस प्रकार साहित्यिक कृतियों के मूल्यों की भ्रान्त धारणा अनुशीलन का दोष है, उसी प्रकार उनके मूल्य के सम्बन्ध की धारणा-रहित खोज भी साहित्यिक अनुशीलन का अपवाद है। ऐसे अनुशीलनों से केवल विषय-सूची का काम लिया जा सकता है।

ऊपर के वक्तव्य का यह अर्थ नहीं कि शुक्लजी के पश्चात् हिन्दी में अनुशीलन-सम्बन्धी नया काम हुआ ही नहीं, और न हम यही कहना चाहते हैं कि नये समीक्षक और साहित्यिक अध्येता शुक्लजी की लकीर ही पीटते जा रहे हैं। काव्य-कृतियों और काव्य-सिद्धान्तों पर अधिक संश्लिष्ट कार्य भी हुआ है। विशेषकर सैद्धान्तिक पक्ष में पूर्व और पश्चिम के

समीक्षा-मानों को एक समन्वित स्तर पर लाने की चेष्टा की जा रही है। इसी प्रकार साहित्य के विविध रूपों और साहित्य-स्रष्टाओं तथा उनकी कृतियों को उचित सामाजिक और सांस्कृतिक पृष्ठभूमि पर परखने का प्रयत्न भी किया गया है। विशुद्ध साहित्य-समीक्षा के स्तर से बाहर जाकर कवियों और रचनाकारों के ऐतिहासिक और सांस्कृतिक कार्यों और तत्कालीन देश-काल पर उनके प्रभावों का विवेचन भी किया जा रहा है। सामयिक साहित्य की समीक्षा में समाज की परिवर्तित परिस्थितियों के आकलन के साथ कवि और उसकी रचना के मनोवैज्ञानिक स्वरूप और प्रभाव को परखने की चेष्टा भी की जाने लगी है। सारांश यह कि ऐतिहासिक वस्तु-स्थिति, सामाजिक विकास-क्रम, रचयिता के व्यक्तित्व और विचारधारा के साथ रचना के मनोवैज्ञानिक और साहित्यिक उपकरणों का अध्ययन नवयुग के समीक्षकों द्वारा किया जा रहा है। नये युग के साहित्यिक अनुशीलन का प्रतिनिधि स्वरूप इन्हीं तत्त्वों पर आधारित है।

इसी समय दो नवीन मतवाद प्रतिष्ठित होने लगे हैं जो हमारे साहित्यिक अध्ययन और विवेचन को किस नयी दिशा में ले जायेंगे, अभी कहा नहीं जा सकता। अभी इनकी गतिविधि सुनिश्चित नहीं है। सामाजिक विकास और परिवर्तन के तत्त्व को तो नये समीक्षक भी स्वीकार करते हैं, परन्तु नव्यतम मतवादी वर्ग-संघर्ष के आधार पर होने वाले सामाजिक परिवर्तन की एक विशेष रूपरेखा निर्धारित करते हैं और उसी को परिवर्तन का मूलाधार मानते हैं। दूसरी विशेषता यह है कि ये काव्य-साहित्य को राष्ट्रीय या मानवीय संस्कृति का उपादान न मानकर केवल विभिन्न समयों की वर्गीय संस्कृति का स्मृति-चिह्न मानते हैं। इस प्रकार साहित्य और कलाएँ वर्गीय विकास की सीमा में बँध जाती हैं और अपना स्थायी सांस्कृतिक मूल्य खो बैठती हैं।

न केवल साहित्य का सृजन उन-उन समयों के सामाजिक यथार्थ, अथवा वर्गीय संघर्ष की स्थिति-विशेष से परिचालित होता है, वह उस समय के सत्ताधारी वर्ग का प्रतिनिधित्व भी करता है और साथ ही उसका प्रचार-प्रसार आस्वादन और उपयोग भी वर्गीय सीमाओं से वेष्टित होता है। यदि कोई वर्गीय साहित्य सामान्य जन-समाज तक पहुँचता है, तो उक्त सत्ताधारी वर्ग के ही लाभ के लिए। वह जन-समाज को भुलावे में डालकर अपने वर्गीय या श्रेणी-उद्देश्य की पूर्ति किया करता है।

इस प्रकार यह नया मतवाद नीचे लिखे क्रान्तिकारी विचारों को सम्मुख रखता है—१. समस्त साहित्य वर्गगत होता है, वर्ग विशेष की संस्कृति का पोषण करता है और तत्कालीन सामाजिक यथार्थ का ही प्रतिबिम्ब हुआ करता है। २. केवल वर्गहीन समाज का साहित्य ही सार्वजनिक होता है, शेष सम्पूर्ण साहित्य वर्गों की सीमा में परिबद्ध रहता है। ३. राष्ट्रीय या मानवीय संस्कृति नाम की कोई वस्तु नहीं होती, केवल वर्गगत संस्कृतियाँ ही हुआ करती हैं।

आरम्भ में यह मतवाद बड़ी कट्टरता के साथ अपने निर्णयों को प्रस्तुत कर रहा था, परन्तु कुछ समय से यह अधिक सन्तुलित आधार ग्रहण करने लगा है। अब यह स्वीकार किया जाने लगा है कि यद्यपि साहित्य सामाजिक यथार्थ की उपज है, पर वह सामाजिक यथार्थ लेखक या रचयिता को किसी एक ही विधि से नहीं, अनेक विधियों से परिचालित करता है, जिसके कारण साहित्यिक कृतियों में अनेकरूपता आती है। साथ ही कवि और लेखक अपनी सामयिक वर्गीय स्थिति के प्रति कोई एक ही प्रतिक्रिया नहीं व्यक्त करते, अनेक प्रकार की प्रतिक्रियाएँ हो सकती हैं जो उस समय के साहित्य को प्रगतिशील, अप्रगतिशील या इनकी मध्यवर्ती स्थितियाँ देती हैं। इसी के साथ नये मतवादी साहित्य के उन मानवीय और सांस्कृतिक मूल्यों को भी स्वीकारने लगे हैं, जो वर्गवाद की कठोर सीमाओं को बहुत-कुछ लचीला बना देते हैं।

क्रमशः यह नया मतवाद अपनी कट्टरता का परित्याग करके हिन्दी-अनुशीलन की स्वाभाविक परम्परा में अपना उपयोगी स्थान बनाने की तैयारी कर रहा है। निश्चय ही इस नवीन शैली के अनुयायी साहित्य की सामाजिक प्रेरणाओं का अधिक विस्तार और बारीकी से अध्ययन करेंगे। कदाचित् जब वे यह कार्य करने लगेंगे तब उनके अनुभव और उनकी धारणाएँ उन्हें और भी सन्तुलित और यथार्थ निर्णयों तक पहुँचा सकेंगी। एक दूसरी विशेषता, जो इन समीक्षकों द्वारा हमारे साहित्यिक अनुशीलन में लायी जा सकेगी, साहित्य के समाजोपयोगी स्वरूप की प्रतिष्ठा होगी। वर्तमान साहित्य एक बड़ी सीमा तक स्वनिष्ठ और ऐकान्तिक होता जा रहा है। कवि और लेखक जीवन और समाज के प्रति उत्तरदायित्व खोते जा रहे हैं। नया विवेचन उन्हें बहुत-कुछ सचेत करने में सहायक होगा।

ऊपर निर्दिष्ट किये गये नवयुग के संस्कृतिवादी समीक्षकों मे इन वर्गवादी समीक्षकों का किन विषयों में कितना मतभेद होगा, यह अब तक स्पष्ट नहीं हो पाया। दोनों श्रेणी के समीक्षक एक ही क्षेत्र में काम कर रहे हैं, उनकी सामाजिक और साहित्यिक दृष्टियों में अन्तर अवश्य हैं। पर दोनों ही साहित्य की सार्वजनिक उपादेयता के हिमायती हैं, इसलिए यह असम्भव नहीं कि दोनों के अनुशीलन आदान-प्रदान की स्वाभाविक प्रक्रिया द्वारा एक-दूसरे के समीप पहुँचने लगें। सिद्धान्तों और जीवन-दृष्टियों में अन्तर होते हुए भी व्यावहारिक धरातल पर दोनों का समीप आ जाना आश्चर्य की बात न होगी।

जहाँ एक ओर यह नया सामाजिक दर्शन हिन्दी साहित्य की विचार-भूमि में प्रवेश कर रहा है, वहाँ दूसरी ओर मनोविज्ञान—कोरा व्यक्तिमुखी और ऐकान्तिक मनोविज्ञान भी—मनोविश्लेषण के एक नये तत्त्वज्ञान का विज्ञापन करने लगा है। इस नये तत्त्व-ज्ञान की मूल प्रतिज्ञा यह है कि साहित्य और कलाओं का सम्बन्ध व्यक्ति के अन्तर्मन से रहा करता है, और साहित्य प्रत्येक अवस्था में इस अन्तर्मन की ही अभिव्यक्ति होता है। सामाजिक प्रगतियाँ और मानव-विकास हमारे इस मूल या आदिम मानस को बदल देने में अक्षम हैं और यह आदिम मानस ही साहित्य तथा कलाओं का प्रेरक है। जो कुछ परिवर्तन साहित्य या कलाओं के क्षेत्र में होते हैं, वे सब औपचारिक हैं, और केवल हमारी अन्तश्चेतन वृत्ति को ही नाना छद्म वेशों में उपस्थित करते हैं।

हमारी मूल वृत्तियों का उदात्तीकरण भी होता है, परन्तु अत्यन्त सीमित रूप में और केवल दिखावे के लिए। उससे साहित्य की मूल प्रेरणा और कलागत प्रभाव पर कोई विशेष असर नहीं पड़ता। बल्कि यदि कोई साहित्यिक कृति अत्यधिक उदात्त या बौद्धिक हो गयी है तो वह अपना वास्तविक प्रभाव और अनुरंजकता व्यक्त करने में एक बड़ी सीमा तक असमर्थ रहेगी।

धार्मिक साहित्य, भक्ति और आत्मोन्मुखी दर्शन आदि मनोविश्लेषण की कसौटी पर कसे जाने पर अनेक अस्वाभाविक कुण्ठाओं के परिणाम सिद्ध होते हैं। परन्तु यह सारा-का-सारा विश्लेषण व्यक्तिमूलक है जब कि धर्म और दर्शन की विधियाँ और निर्देश पूर्णतः सार्वजनिक हैं। बिना बाह्य जगत् की परिस्थितियों और आवश्यकताओं का आकलन किये

केवल किसी भक्त, कवि या दार्शनिक का मनोविश्लषण करने बैठ जाना बड़ा ही चिन्तनीय प्रयोग जान पड़ता है। प्राचीन काल में धर्म और दर्शन के साथ युग की समस्त विकासोन्मुख संस्कृति जुड़ी हुई थी। बिना उस सम्पूर्ण विकास का लेखा लगाये व्यक्तिगत मनोभूमि का विश्लेषण करने लगना भयानक एकांगिता है।

आश्चर्य तो यह है कि प्राचीन विकासोन्मुख धर्म और संस्कृति का विवेचन करने में वर्गवादी अथवा भौतिक यथार्थवादी आलोचक भी उतने ही अनुदार हैं जितने ये आदिम मानस के प्रतिष्ठाता 'विश्लेषणवादी'। कदाचित् ये इस सत्य का ही उद्घोष करते हैं कि अतिवादी सीमा पर पहुँचकर दो प्रतिपक्षी मिल जाते हैं (Opposites meet) यदि यह बात है तो सत्य इन दोनों से दूर है और वह तटस्थ ऐतिहासिक और भावात्मक अनुशीलन द्वारा ही उपलब्ध हो सकता है।

हम यह नहीं कहते कि मनोविश्लेषण-सम्बन्धी इस सिद्धान्त का साहित्य की सीमा में कोई उपयोग ही नहीं। सम्भव है, साहित्यिक निर्माण तथा उसके आस्वादन की प्रक्रिया में मानव की उस आदि-जात प्रवृत्ति का स्थान हो जिसे काम-वृत्ति कहते हैं। यह भी असम्भव नहीं कि इस तत्त्व-ज्ञान की सहायता से उन अनेक रचनाओं का सम्यक् विश्लेषण किया जा सके जिनमें रचयिता की मनोवृत्ति अतिशय कुण्ठित, अन्तर्मुख और अस्वस्थ रही है। उन सामाजिक परिस्थितियों का अध्ययन भी उपादेय होगा जिनमें इस प्रकार की अस्वस्थ कुण्ठाएँ इतनी इफरात के साथ पनपती और बढ़ती हैं। हम इस सिद्धान्त की सहायता से साहित्य की उन शैलियों और रचना-प्रकारों को भी समझ सकेंगे जिनमें अस्वस्थताजन्य कल्पनाओं और प्रतीकों का बाहुल्य हुआ करता है। परन्तु सूर और तुलसी-जैसे महान् और प्रतिनिधि कवियों का विश्लेषण इस एकांगी आधार पर करना अनुचित और अशोभनीय होगा।

इसी प्रकार वर्गवादी समाज-दर्शन के घेरे में भी सूर-जैसे महान् प्रतिभाशाली कवि नहीं समा सकते। महान् प्रतिभा समय, समाज या सिद्धान्त-विशेष की चौहद्दी में न रहकर उनका अतिक्रमण कर जाती है। ऐसी ही प्रतिभा वाले कवि राष्ट्रीय सम्पत्ति बन जाते हैं। मनोविश्लेषण और मार्क्सवादी समाज-दर्शन के कट्टर अनुयायी भी प्रतिभा की असीम और अनिर्देश्य सम्भावनाओं को स्वीकार करते हैं। स्वयं फ्रायड ने

'लिओनार्दो द विन्सी' के व्यक्तित्व और उसकी कला का विश्लेषण करते हुए यह स्वीकार किया है कि लिओनार्दो के वैयक्तिक मनोविश्लेषण से उसकी कला के महान् सौन्दर्य और प्रभावशालिता का कोई अन्दाजा नहीं लगता[1]। मार्क्सवादियों ने भी अपवाद रूप में असाधारण प्रतिभा की लोकोत्तरता स्वीकार की है।

प्रस्तुत पुस्तक में इसीलिए हमने सूर को इन नवीन मतवादों के प्रयोग-क्षेत्र से दूर ही रखा है। प्रथम अध्याय में भारतीय धर्म की एक विशेष साधना के रूप में भक्ति का विकास प्रदर्शित किया गया है। सामान्य अनुराग, समादर और श्रद्धा से आगे बढ़कर क्रमशः जीवन में जो अपार निष्ठा सन्निविष्ट होती है, वही भक्ति का नाम ग्रहण करके एक महती जीवन-साधना बन जाती है। यह साधना स्वभावतः अत्यन्त गहन और ऐकान्तिक होती है, परन्तु इसका लोक-पक्ष भी उतना ही व्यापक और उदात्त होता है। वर्तमान युग की ऐकान्तिक प्रवृत्तियों को भक्ति नहीं कहा जा सकता, क्योंकि वे न तो किसी जीवन-व्यापी साधना से सम्बद्ध होती हैं और न उनका लोक-पक्ष ही वैसा प्रशस्त होता है। किस प्रकार भक्ति के द्वारा जीवन के आत्मिक और नैतिक पक्षों में परिपूर्णता आयी थी और भक्ति-मार्ग ऐकान्तिक होता हुआ भी कैसे लोकादर्श बन गया था यह 'भक्ति के विकास' में प्रदर्शित किया गया है।

यह भक्ति-मार्ग इतना प्रशस्त और बहुमुखी था कि इसकी सीमा में अनेक बौद्धिक और दार्शनिक निरूपणों ने स्थान बना लिया था। आगे चलकर ये दार्शनिक निरूपण सम्प्रदायबद्ध हो गये और इनमें बहुत-कुछ संकीर्णता और कट्टरता भी आ गयी। ये पूजा-उपचार की बाहरी विधियों को प्रमुखता देने लगे। परन्तु मूलतः ये सभी भक्ति की महान् साधना के अंगभूत थे। ये केवल यह सिद्ध करते थे कि भक्ति की विस्तृत सीमा में अनेक जीवन-दृष्टियों के लिए स्थान है। ईश्वर, जीव या जगत्-सम्बन्धी विचारों में कितनी ही भिन्नता क्यों न हो, कोई भी व्यक्ति भक्ति-मार्ग का अनुयायी हो सकता है। दूसरे अध्याय में भक्ति की विशाल प्रवाहिनी

1. 'As artistic talent and productive activity are intimately connected with sublimation, we have to admit that also the nature of artistic attainment is psychoanalytically inaccessible to 'Leonardo Da Vinci'—Sigmund Freud. p. 127-28.

में दर्शन के कितने महापोत चला करते थे, इसका इंगित या उल्लेख किया गया है।

तीसरे अध्याय में सूर की जीवनी के वे विवरण दिये गये हैं जिन पर विवाद दूर होता जा रहा है और लोग एकमत होते जा रहे हैं। इस जीवनी के आधार पर किसी प्रकार के साहित्यिक निष्कर्ष निकालना, जब तक वे दूसरे प्रमाणों द्वारा भी पुष्ट न होते हों, समीचीन नहीं है। उदाहरण के लिए यह समझना कि सूर का काव्य विनय और लीला के दो अंशों में विभाजित है, जिनमें से एक का निर्माण कवि के वैष्णव मत में दीक्षित होने के पहले और दूसरे का उसके पश्चात् हुआ—और इस सन्दिग्ध निर्णय के आधार पर इन दोनों अंशों में दो भिन्न मतों या दर्शनों की छाया देखना बड़े ही खतरे का काम है। जीवनी जीवनी ही है, उससे अधिक कुछ नहीं।

चौथे अध्याय में सूर के काव्य की मनोवैज्ञानिक और भावात्मक पीठिका तैयार की गयी है। एक विशिष्ट आध्यात्मिक दर्शन के समकक्ष उनकी काव्यधारा प्रवाहित हुई है, यह पाँचवें अध्याय में प्रदर्शित किया गया है। इससे यह भी स्पष्ट होता है कि सूर का काव्य लौकिक शृंगार की भूमि पर स्थित नहीं है वह उनके अध्यात्म-दर्शन का प्रस्फुटन है। छठे अध्याय में यह दिखाने की चेष्टा की गयी है कि सूर का काव्य युग की सांस्कृतिक आकांक्षाओं की पूर्ति करता है और एक नये सांस्कृतिक धरातल का निर्माण भी करता है, जिसकी सीमा में उनकी रचनाएँ उच्चतम जीवन-मर्म की अभिव्यक्ति कर सकी हैं। यही उन असाहित्यिक समीक्षकों के समाधान में भी दो-चार बातें कही गयी हैं, जो सूर के काव्य पर अनैतिकता का आरोप करते हैं।

इन अध्यायों में हमारी विवेचना एक विचित्र द्वन्द्व या अन्तःसंघर्ष से होकर निकली हैं। एक ओर समक्ष सूर का भक्ति-काव्य था, जिसकी मार्मिकता असन्दिग्ध थी और दूसरी ओर उक्त काव्य में वर्णित कतिपय ऐसे प्रसंग थे जो स्पष्टतः अतिशय शृंगारिक हैं। कुछ स्थान ऐसे भी थे जो आधुनिक नैतिक मानों के अनुकूल नहीं पड़ते। हम किस सीमा तक इन दोनों में सामंजस्य देखें ? यदि इन्हें पूर्णतः आध्यात्मिक स्तर पर रखने की चेष्टा की जाये तो सारा काव्य केवल प्रतीक या अन्योक्ति बन-जाता है, जिससे उसका काव्य-गौरव नष्टप्राय हो जाता है। और यदि

हम उसे प्रस्तुत या प्रकृत काव्य की भूमिका पर लें तो उसमें सहज ही दोष दिखायी देता है। हमने स्पष्ट रूप से समस्त काव्य को प्रकृत भूमि पर ही ग्रहण करके उनकी मनोवैज्ञानिक प्रौढ़ता का निर्देश किया है। यही हमारे लिए साहित्यिक दृष्टि से एक-मात्र मार्ग था।

परन्तु जिन जिज्ञासुओं का केवल मनोवैज्ञानिक भूमिका पर समाधान नहीं होता, उनके लिए शास्त्रीय आधार पर कतिपय प्रतीकों का उल्लेख हमने पुस्तक के सातवें अध्याय में किया है। हम स्वतः इन प्रतीकार्थों के पक्ष में नहीं हैं, परन्तु साम्प्रदायिक और शास्त्रीय ग्रन्थों में दी गयी प्रतीकात्मक व्याख्याओं का प्रसंगतः उल्लेख कर देने में हमने कोई हानि नहीं समझी। यद्यपि ऐसा करने पर कई नयी समस्याएँ भी खड़ी हो जाती हैं। समस्त भक्त कवियों की कविता न तो काव्य की दृष्टि से और न उसमें निहित मनोवैज्ञानिक प्रौढ़ता की दृष्टि से एक ही श्रेणी की है। उनमें परस्पर बहुत बड़ा अन्तर है। परन्तु रचनाओं की प्रतीक-व्याख्या दे देने पर सब एक ही स्वर पर पहुँच जाती हैं, जो साहित्यिक विवेचन की दृष्टि से कदापि अभीष्ट नहीं। परन्तु हमारा उद्देश्य भक्त कवियों के काव्यगत सौन्दर्य को तिरोहित करना न था। हमने केवल आनुषंगिक रूप में प्रतीकार्थों का जिक्र किया है।

वस्तुतः सूर के काव्य का वास्तविक सौन्दर्य हमने आठवें और अन्तिम अध्याय में अंकित करने की चेष्टा की है। यहाँ हमने समस्त साम्प्रदायिक, दार्शनिक अथवा सांस्कृतिक आवरणों या परिवेशों को अलग रखकर महाकवि सूर के काव्योत्कर्ष को परखने का प्रयत्न किया है। हमारे समक्ष सूर की भावात्मक परीक्षा के कोई पूर्व-निर्दिष्ट प्रतिमान नहीं रहे हैं। अतएव इस क्षेत्र में हमें अपनी ही सीमित योग्यता और अनुभूति से काम लेना पड़ा है। सूर के काव्य का महान् सौन्दर्य उद्घाटित करना हमारे सामर्थ्य के बाहर की बात रही है, एक छोटे निबन्ध की सीमा में उस सौन्दर्य को समाहित कर दिखाना तो असम्भवप्राय कार्य था। फिर भी सूर-काव्य के प्रति जो अन्तर्निहित श्रद्धा मेरे मन में रही है, उसने अपनी अभिव्यक्ति की पगडण्डी ढूंढ़ ही ली है।

मेरी इच्छा थी कि सूर की समसामयिक सामाजिक परिस्थिति का कुछ विस्तार के साथ उल्लेख करता, परन्तु समय और स्थान के संकोच के कारण वह इच्छा स्थगित रखनी पड़ी। सूर की काव्य-भाषा पर भी

एक स्वन्तत्र निबन्ध की आवश्यकता रह गयी है। पुस्तक के प्रथम तीन अध्यायों का प्राय: सारा कार्य मेरे निर्देशानुसार मेरे प्रिय छात्र श्री मधुसूदन वाखले एम० ए० ने किया है। अतएव उसकी इच्छा के विरुद्ध भी उसका नामोल्लेख यहाँ आवश्यक हो गया है। मेरी आन्तरिक शुभ कामनाओं के साथ वह मेरे मुखर आशीर्वाद का भी अधिकारी है।

सागर-विश्वविद्यालय
शरद पूर्णिमा, २००९ वि०

—नन्ददुलारे वाजपेयी

विषय-क्रम

भक्ति का विकास

वैदिक युग

वैदिक काल में प्रकृति के विभिन्न तत्त्वों की प्रतीक रूप में पूजा की जाती थी। ये प्रतीक इन्द्र, वरुण, रुद्र, मरुत आदि देव रूपों में, सर्वशक्तिमान् सृष्टि के आदि कारण, परब्रह्म परमात्मा के ही स्वरूप समझे जाते थे। इस समय तक ब्रह्म के स्वरूप का निर्णय हो चुका था। गम्भीर चिन्तन द्वारा उसका निरूपण भी हुआ था। जितने गम्भीर विचार द्वारा ब्रह्म-निरूपण वैदिक ऋषियों ने किया उतना आगे चलकर कहीं उपलब्ध नहीं होता। लोकमान्य तिलक ने कहा है कि "ऋग्वेद के नासदीय सूक्त में जिनकी स्वाधीन उत्तम चिन्ता है, उतनी आज तक मनुष्य जाति नहीं कर सकी।" इसी ब्रह्म की उपासना प्रतीक देवों के रूप में करना ऋषि अपना कर्त्तव्य समझते थे।

वैदिक मन्त्रों में विवशता का आभास कहीं नहीं मिलता। वैदिक ऋषि पूर्ण उल्लास से अपने रक्षक, मित्र तथा सुहृद देवताओं के प्रति प्रेम भरे मन्त्रों का उच्चारण करते थे। "ऋग्वेद में मनुष्य और देवताओं का जैसा सम्बन्ध है वैसा आगे के हिन्दू-साहित्य में नहीं है। यहाँ देवता मनुष्य-जीवन से दूर नहीं हैं। आर्यों का विश्वास है कि देवता उनकी सहायता करते हैं, उनके शत्रुओं का नाश करते हैं। वे मनुष्य से प्रेम करते हैं और प्रेम चाहते हैं। भारतीय भक्ति सम्प्रदाय का आदि-स्रोत ऋग्वेद है। यहाँ कुछ मन्त्रों में आदमी और देवता के बीच में गाढ़े प्रेम और

मित्रता की कल्पना की गयी है ।"[१]

देव-पूजा में इन्द्र, वरुण, सूर्य आदि के प्रति कही गयी ऋचाओं से विष्णु के प्रति कही गयी ऋचाओं की संख्या कम है। केवल ऋचाओं की संख्या के ही आधार पर कई विद्वान् इन्द्रादि की, विष्णु से अधिक महत्ता स्थापित करते हैं।"[२] कुछ विद्वान् ऐसे भी हैं जो केवल संख्या को ही आधार न मानकर अन्य अनेक बातों का विचार करते हुए विष्णु की श्रेष्ठता और महत्त्व का निर्देश करते हैं।[३] मन्त्रों की संख्या आदि से विष्णु का गौणत्व कोई भले ही सिद्ध करे, पर वैदिक काल के सर्वप्रिय देव इन्द्र जिस तत्परता से मनुष्यों की सहायता करते हैं, उसी तत्परता से विष्णु भी। विष्णु लोक-रक्षा के लिए नित्य तत्पर बताये गये हैं। इस विषय में वे इन्द्र से कम नहीं हैं। श्रीयुत डांडेकर ने अपने लेख में लोक-रक्षा से सम्बन्धित इन्द्र और विष्णु के तीन सम्बन्ध स्थापित किये हैं।[४] पहला वह सम्बन्ध है, जिसमें इन्द्र और विष्णु एक-दूसरे के सहायक हैं। कहीं दूसरे स्थल पर विष्णु को इन्द्र से श्रेष्ठ स्थान प्राप्त हुआ है। एक अन्य स्थल पर वे वामन रूप में इन्द्र की सहायतार्थ उपस्थित होते हैं। लेखक ने सम्भावना प्रकट की है कि कदाचित् इसी कारण आगे चलकर पुराणों में विष्णु का दूसरा नाम उपेन्द्र रखा गया। संख्या के आधार पर विष्णु का गौणत्व भले ही बताते हों। परन्तु उसी लेख में उपर्युक्त तीन सम्बन्धों द्वारा अपरोक्ष रूप से विष्णु की महत्ता भी मानते हैं।

हम कह चुके हैं कि वैदिक प्रार्थनाओं में प्रेम भरा-पूरा था। कुछ ऋचाओं में विष्णु के प्रति ऐसी सान्निध्य लालसा की प्रेमपूर्ण भावना प्रकट की गयी है जो वैष्णव-भक्ति के बीज रूप में यत्र-तत्र छिटकी हुई है। यथा :

(१) विष्णु लोक के प्रति कामना

तदस्य प्रियमभि पाथो अश्याम (मैं विष्णु के प्रियधाम को प्राप्त

१. हिन्दुस्तान की पुरानी सभ्यता', डाक्टर बेणी प्रसाद, पृ० ४२।
2. Volume of Studies in Indology presented to Mr. Kane (Vishnu in the Vedas by R. N. Dandekar, p. 90)
3. Collected Works of R. G. Bhandarkar. p. 47.
4. "Vishnu in the Vedas" occurs in the Volume of Studies in Indology presented to Mr. Kane.

करूँ।)[1]

(२) विष्णु की कृपा के लिए प्रार्थना

महस्ते विष्णोः सुमतिं भजामहे (हे विष्णु आप महान हैं;[2] आपकी सुमति का हम भजन करते हैं अर्थात् कृपा के लिए प्रार्थना करते हैं।)

इतना ही नहीं आगे चलकर भक्ति-ग्रन्थों में जो 'श्रवणं, कीर्तनं विष्णोः स्मरणं' आदि नवधा भक्ति का विधान है, उसका भी आंशिक उल्लेख वैदिक ग्रन्थों में मिल जाता है।[3]

वेदों में ब्रह्म की निराकार रूप में पुरुष सूक्त द्वारा स्तुति की गयी है। वैष्णव भक्ति (भक्ति-मार्ग) में उपास्य के प्रति जिस स्वजन-भावना तथा जिस परिचय-सामीप्य की आवश्यकता होती है, उसी की पूर्ति के लिए जिस अवतारवाद के सिद्धान्त का आगे आविर्भाव हुआ, उसका आधार पुरुष सूक्त में निहित है।

अवतारवाद के विषय में यद्यपि स्पष्ट रूप से वेदों में कुछ भी उल्लेख नहीं है, परन्तु कुछ ऐसी बातें हैं, जिनके आधार पर हम कह सकते हैं कि

१ 'वैष्णव धर्म का विकास और विस्तार', (कृष्णदत्त भारद्वाज एम० ए०, आचार्य, शास्त्री; 'कल्याण' वर्ष १६, अंक ४)।

२. वही।

३. श्रवणं—सेदु श्रवोभिर्यूज्यं चिदभ्यसत (ऋक्० १।१५६।२)।
अर्थ—वह चेतन जीव ध्यानगम्य परमात्मा को उसके यशः श्रवण द्वारा (प्राप्त करने का) अभ्यास करे।
कीर्तनं—विष्णोर्नु कं वीर्याणि प्रवोचम (ऋक्० १।१५४।१)।
अर्थ—मैं अब विष्णु भगवान् की लीलाओं का प्रवचन करता हूँ।
तत्तदिदस्य पौस्यं गृणीम सीनस्य त्रातुर वृकस्य मीढुषः।(ऋक्० १।१५५।४४)।
अर्थ—त्रिभुवन पति, जगद्रक्षाविचक्षण, अहिंसक, कामना-वर्षी इन विष्णु के चरित्रों का हम सब कीर्तन करते हैं।
स्मरणं—प्रविष्णवे शूषमेतु मन्म (ऋक्० १।१५४।४)।
अर्थ—जिन भगवान् की माधुरी से ओत-प्रोत एवं अपनी दिव्य शक्ति से अक्षय तीन चरण—चरणों के तीन विन्यास (भक्तों, आश्रितों, सेवकों को) आनन्द देने वाले हैं।...आदि।
('वेद में नवधा भक्ति' कृष्णदत्त भारद्वाज एम० ए०, आचार्य, शास्त्री, 'कल्याण' वर्ष २०, अंक ५)।

उसका प्रारम्भिक रूप वैदिक ऋषियों को अवगत न था।[1]

विष्णु में कुछ अन्य ऐसी विशेषताएँ भी हैं, जिनके कारण उनके विषय में आगे चलकर अवतार की तत्त्वतः विचारणा करनी पड़ी। पहली विशेषता यह है कि वेदों में विष्णु को ऐच्छिक रूप धारण करने वाला कहा गया है। दूसरी विशेषता यह है कि विष्णु ने तीन पग जगह मानव-धर्म की रक्षा के लिए नापी। वाराह अवतार का भी आभास पीछे के वैदिक मन्त्रों में मिलता है। 'मेकडानल्ड' विष्णु में एक रक्षक का भी गुण बताते हैं। वेदों के अनुसार विष्णु हितकारी, सम्पन्न व रक्षक हैं।[2]

वेदों में ब्रह्म के विभिन्न पक्षों का निरूपण हुआ ही है, अतएव भक्ति-मार्ग के लिए आवश्यक (सिद्धान्त पक्ष में) ब्रह्म के स्वरूप का निरूपण, ब्रह्मजीव का सम्बन्ध, जगत्-जीव का सम्बन्ध, ब्रह्म-जगत्-सम्बन्ध तथा (उपासना-पक्ष में) विष्णु का लोक-रक्षक तथा जन-मन-रंजनकारी व्यक्तित्व, उनकी लीलाएँ, नवधा भक्ति आदि भक्ति के आवश्यक अंग वेदों से मिल जाते हैं। ये सब बातें यत्र-तत्र बिखरी हुई हैं। आगे चलकर भक्ति-मार्ग में भक्ति के लिए आवश्यक सब सिद्धान्तों, व्यवहारों एवं अन्य पक्षों, अंगों आदि का शास्त्रीय स्थापन हुआ। वैदिक युग में यह शास्त्रीय निरूपण नहीं हो पाया था और न कदाचित् तब तक भक्ति-मार्ग की प्रतिष्ठा मुक्ति-मार्ग के रूप में हुई थी। परन्तु उपर्युक्त बातों पर विचार करते हुए कहा जा सकता है कि वेदों में भक्ति की आरम्भिक तथा मूलवर्ती रूपरेखा उपलब्ध होती है। भारतीय धर्म के समस्त बीज वेदों में हैं, तदनुरूप भक्ति के मूल तत्त्व भी वहाँ उपस्थित हैं। डॉ० वेणीप्रसाद ने कहा है कि "हिन्दू-भक्ति-सम्प्रदाय का आदि-स्रोत ऋग्वेद है।"[3]

उपनिषत्काल तक आते-आते तथा उसके कुछ उपरान्त उपर्युक्त भक्ति-सिद्धान्त कुछ और आगे बढ़ा। उपनिषदों में ब्रह्म के विविध स्वरूपों का

1. "It must be said that there is no clear reference to the avtar theory as such in the Vedas. But the germs of some of the features of that conception are certainly to be found in vedic passages." (Vishnu in the Vedas by R. N. Dandekar), from a volume of Studies in Indology presented to Mr. Kane, p. 95.
2. Vishnu in the Vedas' by R. N. Dandekar.
३. 'हिन्दुस्तान की पुरानी सभ्यता', डॉ० वेणीप्रसाद पृ० ४२।

विस्तृत विवेचन मिलता है। इसलिए यह काल ज्ञान-प्रधान कहलाता है। ब्रह्म-साक्षात्कार के विभिन्न मार्गों का यहाँ अच्छी तरह विस्तार हुआ, भक्ति भी ज्ञान से भिन्न अपना ज्ञान-भक्ति-मिश्रित अलग स्वरूप दिखाने लगी। इस तरह "उपनिषत्काल के ज्ञान-काण्ड में दो मार्ग दिखायी पड़ते हैं। एक तो हृदय पक्ष को बिलकुल छोड़कर केवल बुद्धि या विशुद्ध ज्ञान को लेकर चला और दूसरा हृदय पक्ष समन्वित ज्ञान को लेकर।"[१] लोकमान्य तिलक ने भी लिखा है कि "वेद तथा उपनिषत्कालीन ज्ञान-मार्ग से योग व भक्ति ये दो शाखाएँ आगे चलकर निर्मित हुईं।"[२] उपनिषत्कालीन ऋषियों को कदाचित् यह तत्त्व अवगत हो गया था कि केवल ज्ञान और कर्म मार्ग पर लोक को चलाना सहज अथवा कल्याणकारी न होगा। ईश्वर ने मनुष्य को जितनी शक्तियाँ दी हैं, उनमें शरीर और बुद्धि के सिवा हृदय भी है। हृदय की अवहेलना करना मार्ग को रूखा बनाना होगा। "मनुष्य-जीवन का उद्देश्य केवल ज्ञान-प्राप्ति नहीं जो स्वतः शुष्क व आनन्दहीन (हृदय-उद्भूत आनन्द) है।...उत्कट प्रेम व ज्ञान के द्वारा दिव्य आनन्द की प्राप्ति यही 'बृहदारण्यक' में बताये 'मधु विज्ञान' का सार है। 'तैत्तिरीय उपनिषद्' विज्ञानमयी आत्मा से आनन्दमयी आत्मा को अधिक महत्त्व देता है।"[3] इन द्वितीय श्रेणी के उपनिषदों या ज्ञान-चर्चाओं में भक्ति के विभिन्न अंगों का यथेष्ट विवेचन एवं प्रतिपादन किया गया है। इसी द्वितीय प्रवृत्ति के अनुसार कहीं तो ब्रह्म का स्वरूप "मनोमय प्राण-शरीर, प्रकाश-स्वरूप, सत्यसंकल्प, आकाशात्मा, सर्वकर्मा, सर्वगन्ध, सर्वरस-सम्पूर्ण जगत् को सब ओर से व्याप्त करने वाला, वाक्-रहित एवं सम्भ्रम-शून्य है।"[४] और कहीं उसी ब्रह्म को प्राकृत शब्द, स्पर्श, रूप, रस और गन्ध से रहित बतलाकर यह सूचित किया

१. 'भक्ति का विकास', पं० रामचन्द्र शुक्ल ('सूरदास' नामक पुस्तक में लेख)।
२. 'गीता रहस्य', पृ० ५३७।
3. "The Bhakti Doctrine in the Shandilya Sutra" by B. M. Barua, M.A.D. Litt. (2nd Oriental Conference, Calcutta), p. 413.
४. मनोमयः प्राणशरीरो भारूपः सत्य संकल्प आकाशात्मा।
सर्वं कर्मा सर्वगन्धः सर्वरसः सर्वमिदमभ्यात्तोऽवाक्यनादरः॥
(छान्दोग्योपनिषद् ३।१४।२)

गया है कि ब्रह्म हमारे इन्द्रियों के समस्त अनुभवों की पहुँच से दूर है।[१]

'तैत्तिरीयोपनिषद्' के भृगुवल्ली के समस्त अनुवाकों में अन्न, प्राण, मन, ज्ञान और आनन्द-स्वरूप ब्रह्म का अच्छी तरह विवेचन हुआ है। श्वेताश्वतरोपनिषद् में उसे उभय स्वरूप धारण करने वाला कहा गया है।[२] तथा अन्यत्र परब्रह्म सर्वेश्वर को स्त्री, पुरुष, कुमार, कुमारी, बूढ़े होकर लाठी के सहारे-सहारे चलने वाला बताया है।[३]

इस तरह भक्ति-मार्ग के लिए आवश्यक ब्रह्म का जो हृदय-ग्राही स्वरूप चाहिए, उसकी विवेचना तथा स्थापना हो चली थी। "भारतीय भक्ति-मार्ग ब्रह्म का उभयात्मक स्वरूप ग्रहण करके चला···व्यक्त और सगुण की नित्यता प्रवाह रूप है; अव्यक्त और निर्गुण की स्थिर।··· जहाँ तक ब्रह्म हमारे मन और इन्द्रियों के अनुभव में आ सकता है वहाँ तक हम उसे सगुण और व्यक्त कहते हैं।···हृदय को सगुण और व्यक्त रूप में अनुरक्त रखते हुए सम्यक्-दर्शन के लिए उसकी निर्गुण और अव्यक्त सत्ता को भी लेना पड़ेगा।"[४] उपर्युक्त उदाहरणों से यह ज्ञात होता है कि ब्रह्म के दोनों (निर्गुण और सगुण) स्वरूपों का स्पष्ट विवेचन उपनिषत्कारों ने किया था।

देवताओं की उपासना वैदिक मन्त्रों में पृथक्-पृथक् दी गय है। परन्तु क्रमशः सब देवता एक ब्रह्म से अभिन्न मान लिए गये हैं। वे ब्रह्म ही हैं, ऐसा कई उपनिषदों ने कहा[५]—इतना ही नहीं, वह रुद्र, इन्द्रादि देवताओं का उत्पन्न करने वाला भी है।[६] इस तरह देवताओं का महत्त्व और

१. कठोपनिषद् के प्रथम अध्याय में तृतीय वल्ली के १५वें श्लोक में यही भाव प्रकट किया गया है।

२. ज्ञाज्ञौ द्वावजा वीशनीशावजा ह्येको भोक्तृ भोग्यार्थयुक्ता (१, ९)।

३. त्वं स्त्री त्वं पुमानसि त्वं कुमार उत वा कुमारी।
त्वं जीर्णो दंडेन वञ्चसि त्वं जातो भवसि विश्वतो मुखः ॥३॥

४. 'भक्ति का विकास', पं० रामचन्द्र शुक्ल, ('सूरदास' पृ० ६१७ से)।

५. "त्वं ब्रह्मा त्वं च वै विष्णु त्वं रुद्र त्वं प्रजापतिः।"
(मैत्रायण्युपनिषद् ४-१२-१३)।

"तदेवाग्निस्तदादित्यस्तद्वायुस्तदु चन्द्रमाः।
तदेव शुक्रं तद् ब्रह्मा तदापस्तत्प्रजापतिः।"
(श्वेताश्वतरोपनिषद् ४-२)।

६. श्वेताश्वतरोपनिषद्' ४।

उनकी पूजा भी कम हो चली तथा शुद्ध चिन्तन के लिए निर्गुण ब्रह्म तथा हृदय-प्रधान उपासकों के लिए उभयात्मक (सगुण व निर्गुण) स्वरूप प्रतिष्ठित हुआ। "परब्रह्म का ज्ञान होने के लिए ब्रह्म-चिन्तन करना आवश्यक है। इस हेतु परब्रह्म का सगुण प्रतीक प्रथम आँखों के सामने रखना चाहिए, ऐसा छान्दोग्य आदि पुराने उपनिषदों ने कहा है। उपासना-मार्ग में सगुण प्रतीक के स्थान पर क्रमशः परमेश्वर का व्यक्त मानव-रूपधारी प्रतीक-ग्रहण ही भक्ति-मार्ग का आरम्भ है।...ब्रह्म-चिन्तनार्थ प्रथम यज्ञ के अंगों की या ओंकार की तथा आगे चलकर रुद्र, विष्णु इत्यादि वैदिक देवताओं अथवा आकाशादि सगुण व्यक्त ब्रह्म प्रतीक की उपासना प्रारम्भ होकर अन्त में इसी हेतु ब्रह्म-प्राप्त्यर्थ राम-कृष्ण, नृसिंह आदि की भक्ति प्रारम्भ हुई।"[१] इस तरह देवताओं का स्थान निर्गुण ब्रह्म ने तथा धीरे-धीरे निर्गुण का स्थान सगुण साकार ब्रह्म ने ग्रहण किया। ब्रह्म के सगुण स्वरूपों में विष्णु की महत्ता बढ़ती जा रही थी। "ऋग्वेद में गौण स्थान प्राप्त विष्णु का स्थान अब त्रिदेवों में हुआ। उसकी बढ़ती हुई महत्ता का आभास ब्राह्मण-ग्रन्थों में मिलने लगा। शत-पथ ब्राह्मण में विष्णु को देवताओं से सर्वश्रेष्ठ कहा है। देवताओं का मुख विष्णु है।"[२]

ब्राह्मण-काल[3] में अग्नि को विष्णु से गौण स्थान प्राप्त है तथा विष्णु की श्रेष्ठता स्थापित की गई है।[४] शतप्रथ ब्राह्मण में विष्णु की श्रेष्ठता सिद्धि के लिए एक यज्ञ किये जाने का उल्लेख है।[५] इसी ग्रन्थ में वह है जिसमें यज्ञ-स्थान-प्राप्ति के लिए असुरों और देवों के युद्ध को वामन ने निपटाया था। वामन भूमि पर लेट गये, काया को बढ़ाते गये और अन्त में सारी भूमि को अपने शरीर से ढक लिया, फलतः भूमि देवताओं को मिल गयी। भक्ति-मार्ग के आराध्य-देव विष्णु की इस काल की बढ़ती हुई महत्ता वैष्णव-भक्ति-मार्ग के विकास की द्योतक है। अभी

१. 'गीता रहस्य', लोकमान्य तिलक, (पृ० ५३८)।
2. "Vishnu in the Vedas" by R. N. Dandekar from A Volume of Studies in Indology presented to Mr. Kane, p 105.
३. अग्निर्वै देवानां अवमः विष्णुः परमः तदन्तरेण सर्वाः देवताः। (ऐ० ब्रा०)
४. ऐतरेय ब्राह्मण १।१।
५. शतपथ ब्राह्मण १४।१।१।

भक्ति की, शुद्ध मुक्ति-मार्ग के लिए स्थापना नहीं हुई थी। परन्तु उपर्युक्त सब प्रमाणों को दृष्टि में रखकर कह सकते हैं कि ऋषियों और उपासकों का दृष्टिकोण अब धीरे-धीरे शुद्ध बुद्धिवादी तार्किक व प्रकृति-पूजन-प्रधान उपासना से हटकर हृदय को भी स्थान देने लगा था, और इसी विकासोन्मुख मार्ग के आलम्बन अथवा उपास्य हो रहे थे, विष्णु।

विष्णु को मैत्रेयी उपनिषद् (६, १३) में जगत्पालक, अन्न का स्वरूप कहा गया है तथा कठोपनिषद् में आत्मा की ऊर्ध्वगामी गति को विष्णु के परम धाम की ओर जाने वाला पथिक कहा गया है।[1] जगत् का भरण-पोषण करने वाले अन्न को विष्णु का स्वरूप बताकर उपासकों के हृदय में विष्णु के जगत् का भरण-पोषण करने वाले अन्न को विष्णु का स्वरूप बतलाकर उपासकों के हृदय में विष्णु के प्रति श्रद्धा, कृतज्ञता तथा प्रेम की भावना स्थापित की गयी है। जीवन का ध्येय भी उसी विष्णु की प्राप्ति बताकर, विष्णु की उपास्यदेव के स्वरूप में स्थापना हुई। जो लोक का पालन, भरण-पोषण करे वही तो हमारा प्रेम-पात्र तथा श्रद्धेय हो सकता है। विष्णु में ये गुण वैदिककाल से ही बताये गये हैं। जगत्पालक सूर्य विष्णु का ही रूप था जो अब अन्न हो गया। "इसके उपरान्त उपास्य के अधिक सान्निध्य की उत्कंठा से, उसे अधिक हृदयाकर्षक रूप में पास लाने की लालसा से विष्णु की नराकार भावना नारायण (विष्णु) के रूप में प्रकट हुई।"[2]

इस तरह उपनिषद् में विष्णु को क्रमशः मनुष्य के अधिक सान्निध्य में रखा गया और वैष्णव भक्तों के परम दैवत्व की स्थापना हुई।

विष्णु के इस स्वरूप का साक्षात्कार कैसे हो, इस हेतु उपासक के लिए विधान रूप में कुछ कर्मों की भी आवश्यकता बतायी गयी। ब्राह्मण-ग्रन्थों में एक स्थान पर आया है कि ऐश्वर्य और सर्वस्व की प्राप्ति के लिए 'पुरुष नारायण' ने पंचरात्र-यज्ञ की विधि चलायी।[3] "इसमें पुरुष सूक्त द्वारा नरमेध यज्ञ होता था और बलि के स्थान पर घृताहुति दी जाती थी।"[4]

१. कठोपनिषद् ३।९।
२, 'भक्ति का विकास', पं० रामचन्द्र शुक्ल ('सूरदास' से)।
३. 'शतपथ ब्राह्मण', १३।६।१
४. 'वैष्णव धर्म का विकास और विस्तार', (कृष्णदत्त भारद्वाज एम० ए०, आचार्य, शास्त्री, 'कल्याण' वर्ष १६, अंक ४)।

अनुमान होता है कि वैष्णव यज्ञों में हिंसा करना वर्ज्य समझा जाने लगा था।[1] अहिंसा-तत्त्व का वैष्णव-धर्म में प्रवेश कदाचित् यहीं से प्रारम्भ होता है। यज्ञों में सत्वगुण का आधिक्य रहता था। "यज्ञ करने वाले सत्वगुण भूयिष्ठ होने के कारण 'सात्वत' नाम से प्रसिद्ध हो गये।... इसलिए वैष्णव धर्म का नाम 'सात्वत धर्म' पड़ गया।"[2]

उपासना-क्षेत्र के अलग विधानों के साथ-साथ व्यावहारिक जीवन व नित्य के जीवन में भी हृदय-प्रधान कर्मों की योजना हुई। ब्राह्मण-ग्रन्थों में बलिवैश्वदेवादि पंच महायज्ञों की विधि मिलती है। नृ-यज्ञ में अतिथियों आदि का भोजनादि द्वारा पुरस्कार; तर्पण में विश्व की विभूतियों तथा पुरखों की जल द्वारा तृप्ति; भूत यज्ञ में चींटी से भी अधिक क्षुद्र जीवों से लेकर ब्रह्मा तक समस्त जीवों को अन्न-भाग देकर तृप्त करना आदि भक्ति-उपयोगी हृदय-प्रधान विधान हैं। "यद्यपि स्मृतियों ने इन यज्ञों को पंच भूतों के प्रायश्चित स्वरूप अर्थात् नैमित्तिक बताकर शासन और शास्त्र पक्ष के भीतर कर लिया है, पर इसके भीतर हृदय साफ झाँक रहा है।"[3]

इन्हीं ग्रन्थों में मनुष्य के आवश्यक कर्त्तव्यों व धन-विनिमय के विधान में इष्टापूर्त कर्म भी रखे गये हैं, जिनके अनुसार यात्रियों की सुविधा के लिए रास्तों पर धर्मशालाएँ बनवाना, छाया के लिए वृक्ष लगवाना, कुए खुदवाना आदि लोकपकारी कर्म हैं।

इन कर्म-विधानों से ज्ञात होता है कि उपासना-क्षेत्र में केवल बौद्धिक पक्ष की ही प्रधानता न थी, किन्तु क्रमशः हृदय की विभिन्न वृत्तियों—परोपकार, दया, प्रेम, अहिंसा आदि—को प्राण-मात्र तक प्रसारित करने की चेष्टा भी थी। उपासना की भावना पशु-पक्षी तक चली गयी। इस काल में हृदय-प्रधान भक्ति-मार्ग के बहुत से तत्त्व, जो वेदों में छिपे हुए थे, पूरी तरह प्रकट होने लगे।

रामायण-काल में वैष्णव प्रधान भक्ति-सिद्धान्तों का यथेष्ट मात्रा में उत्कर्ष दिखायी देता है। वाल्मीकि के राम निर्गुण, सनातन, आकाश-स्वरूप तथा सम्पूर्ण लोकों के आश्रय हैं। वेद इन्हीं का बारम्बार प्रतिपादन करता है। उन्होंने विष्णु का आश्रय लेकर, रावण आदि राक्षसों से

१. पुरुष मा संतिष्ठिपो यदि संस्थापयिष्यसि पुरुष एवं पुरुषमत्स्यति।
२. 'वैष्णव धर्म का विकास और विस्तार'—(वही)।
३. 'भक्ति का विकास', पं० रामचन्द्र शुक्ल, ('सूरदास' पृ० १४)

त्रस्त जनता तथा ध्वस्त धम के रक्षणार्थ अयोध्यापति दशरथ की रानी कौशल्या के उदर से जन्म लिया है। जिस समय रामचन्द्रजी भाइयों सहित यमुना नदी में स्नान करके लीला का संवरण करने लगे उसी समय ब्रह्मा ने आकर कहा :

"विष्णु रूप रघुनन्दन ! आइए, आपका प्रत्येक विधान मंगलमय है···हमारा बड़ा सौभाग्य है जो आप अपने परम धाम को पधार रहे हैं। देव तुल्य तेजस्वी भाइयों के साथ आप अपने जिस स्वरूप में प्रवेश करना चाहें, करें। आपकी इच्छा हो तो चतुर्भुज विष्णु रूप में ही स्थित हों, अथवा अपने सनातन आकाशमय अव्यक्त ब्रह्म रूप से विराजमान हों। भगवन् ! आप ही सम्पूर्ण लोकों के आश्रय हैं; आपको यथार्थ रूप से कोई नहीं जानते। आप अचिन्त्य अविनाशी जरादि अवस्थाओं से रहित परब्रह्म हैं।[1]

लक्ष्मण, भरत और शत्रुघ्न अवतार धारण करने वाले विष्णु के ही अंश हैं। जिस समय विष्णु अवतार लेने के लिए उपर्युक्त स्थल निश्चित कर रहे थे, उसी समय के उनके विचार उपर्युक्त सत्य की पुष्टि करते हैं :

"इसके बाद अपने को चार स्वरूपों में प्रकट करने और राजा दशरथ को पिता बनाने का निश्चय किया।"[2] इसी तरह आगे चलकर सीता को लक्ष्मी कहा गया है।[3]

इससे ज्ञात होता है कि रामायण-काल में अवतारवाद की पूर्ण प्रतिष्ठा हो चुकी थी। मानव-धर्म के रक्षणार्थ, दुष्टों के दलनार्थ तथा भक्तों के रंजनार्थ निर्गुण ब्रह्म सगुण, मनुष्य-रूप धारण करके हमारे बीच आते हैं।[4] जो निर्गुण अदृश्य हैं, वही अवतार धारण करके अनुभवगम्य होता है। उसी अवतारी सगुण राम के संकेतों पर, अखिल सृष्टि विधात्री,

१. वैष्णवीं तां महा तेजो यद् वाऽऽकांशं सनातनम्।
त्वं हि लोके गतिर्देवो न त्वां केचित् प्रजाजने।।
··· ···
त्वामचिन्त्यं महद्भूतमक्षयं चाजरं तथा ।।११०।८।१३।।
(कल्याण का 'संक्षिप्त वाल्मीकि रामायणांक', पृ० ५१४)।
२. वही, पृ० ५५।
३. 'सीता लक्ष्मी', (वाल्मीकि रामायण, ६।११७।२६।)
४. 'नष्ट धर्म व्यवस्थानां काले काले' (वाल्मीकि रामायण, ७।८।२७।)

पालिका, संहारिणी, माया नाचती है ।[1]

माया के बन्धनों से छुटकारा पाकर ही भगवत्साक्षात्कार अथच मोक्ष होता है । इससे छुटकारा पाने के लिए आदि काल से ऋषियों, मुनियों एवं आचार्यों ने विभिन्न मार्ग ढूँढने के प्रयत्न किये हैं । वाल्मीकि ने माया से छुटकारा पाकर अन्तःकरण की शुद्धि एवं मुक्ति के लिए भक्ति का निर्देश किया है । भक्ति-मार्ग में चलने वाला जीव द्वन्द्वात्मक प्रपंचों से दूर होकर अखण्ड आनन्द स्वरूप आत्मा में विचरण करने लगता है । सृष्टि के रहस्य का अनावरण करने वाले ज्ञान की मूल धारा भक्ति ही है । भक्ति मुक्तिदात्री है । भक्ति समस्त आध्यात्मिक शक्तियों की जननी तथा ईश्वर-सक्षात्कार द्वारा उसमें तीन कराती है ।[2]

वाल्मीकि ने भक्ति-उपासना-मार्ग में राम-नाम के स्मरण एवं कीर्तन के महत्त्व का प्रतिपादन किया है । राम-नाम समस्त पापों को धोकर अन्तःकरण को शुद्ध कर देता है । शम्भुनन्दन गजानन राम-नाग के प्रभाव से ही समस्त देवताओं में अग्रपूज्य हैं ।

भक्ति की इस महत्त्व-स्थापना और उपनिषत्काल से उसकी तुलना से अन्तर स्पष्ट हो जाता है । अब भक्ति मुक्ति के अन्यान्य मार्गों से अपना अलग मार्ग स्थापित कर लेती है । अब तक वह अपनी शक्तियों व मानों से पूर्णतः परिचित न थी । अब संगठित होकर उसने एक भिन्न मार्ग की स्थापना की ।[3]

महाकाव्य और गीता

वेदकालीन यत्र-तत्र बिखरी भक्ति को पुष्ट करने वाली भावपूर्ण ऋचाओं का सिद्धान्त रूप में कुछ विस्तार और विवेचन उपनिषत्काल में हुआ, तथा उसी का कुछ अधिक व्यवस्थित प्रशस्त तथा निश्चित रूप

1. "The poet uses 'Nirgun' for the preincarnate deity, and 'Sagun' for the incarnation of Rama. Rama is the prince ruler of Maya" (From Aspects of Aryan Civilization as Depicted in the Ramayan" by C. N. Zutshi, M. R. A. S., Fourth Oriental Conference, Allahabad.)

२. वही

3. "Bhakti has given a distinctive character to the essential feature of medieval Vaishnavism in its conception of a loving and personal God (वही) ।

रामायण में आया। यद्यपि वाल्मीकि भक्ति के सिद्धान्तों को बहुत-कुछ आगे ले आये थे, परन्तु ज्ञात होता है कि न तो उन सिद्धान्तों का पुष्टीकरण लोक-प्रचार की दृष्टि से किया गया था और न उपासना-क्षेत्र में उनसे स्वाभाविक रूप से निकले हुए विविध कर्मों, व्यवहारों आदि के विधान हुए थे। कुछ विधान अवश्य मिलते हैं, जैसे राम-नाम संकीर्तन आदि, तथा अन्य कुछ उपायों से भी भक्ति-मार्ग को प्रशस्त किया गया है, परन्तु जनता-जनार्दन के कल्याण के लिए भक्ति-मार्ग का प्रचार तथा उसके प्रचार की जो उत्सुकता, महाभारत और उसके पश्चात् के भक्ति-प्रधान ग्रन्थों में दिखायी देती है, वह उसके पूर्व नहीं।[1] इसीलिए भक्ति का वास्तविक विकास महाभारत-काल से माना जाता है।

महाभारत के विभिन्न आख्यानों तथा उनके अन्तर्गत आने वाले पात्रों के व्यवहारों, सम्भाषणों, परिस्थितियों आदि का मर्म निश्चित करके और उनके जीवन-विषयक दृष्टिकोणों को देखने से ज्ञात होता है कि वे श्रीकृष्ण को जगत् का आदि कारण, सूक्ष्मातिसूक्ष्म, वेदान्त-प्रतिपाद्य, ज्ञानी-विज्ञानियों का चरम लक्ष्य, सगुण अवतार मानकर ही उनकी उपासना करते हैं। पंच पाण्डव, द्रौपदी, सुभद्रा, भीष्म, विदुर तथा समस्त यादव-कुल ऐसे ही उपासकों में से हैं। यादव-कुल तो सात्वत-धर्म को मानने वाला, उपासकों का सर्वप्रथम वर्ग है। इसी तरह श्रीकृष्ण की उपासना के विभिन्न सम्प्रदायों में नारायणीय, सात्वत आदि का विस्तृत प्रतिपादन इसी महाभारत ग्रन्थ में उपलब्ध होता है। इन सम्प्रदायों में प्रतिपादित विधान से चलकर सिद्धि-प्राप्त भक्तों के भी आख्यान मिलते हैं। परन्तु ग्रन्थ के अतिरिक्त जनता में इसका प्रचार कब से हुआ, इसका प्राचीन-से-प्राचीन प्रमाण हमें देख लेना चाहिए।

१. नानाघाट की गुफा के एक शिला-लेख में अन्य देवी-देवताओं के साथ संकर्षण व वासुदेव का नाम द्वन्द्व समास के रूप में आया है। यह शिला-लेख ईसा पूर्व १०० वर्ष का बताया जाता है।[2]

२. राजपूताना-स्थित घोसुण्डी नामक स्थान में एक शिला-लेख मिला है जिसमें संकर्षण व वासुदेव के पूजा-गृह के आस-पास दीवार बनाने का

1. "ऊर्ध्वबाहुर्विरौम्येष न च कश्चिच्छृणोति मे।" (भारत-सावित्री)
2. Collected Works of Sir R. C. Bhandarkar, Vol. IV. p. 4-5.

उल्लेख ग्राया है। शिला-लेख ई० पू० २०० वर्ष का अनुमित होता है।[1]

३. एक और शिला-लेख बेसनगर में प्राप्त हुआ है। उनमें हेलियोदोर (He iodora) अपने को सर्वेश्वर वासुदेव के लिए गरुड़ध्वज स्तम्भ बनानेवाला लिखता है। लेख से मालूम होता है कि हेलियोदोर भागवत-धर्म का पालन करता था। वह तक्षशिला का निवासी, दिया (Diya) का पुत्र था। वह यवनों का राजदूत था तथा राजनीतिक कार्यवश भारत आया था। नाम आदि से शिला-लेख ई० पू० २०० वर्ष के पूर्वार्ध का मालूम होता है।[2]

इन तीनों शिला-लेखों से विदित होता है कि उस समय वासुदेव सर्वेश्वर के रूप में पूजे जाते थे तथा उनके उपासक भागवत कहलाते थे। भागवत-धर्म उस समय पश्चिमोत्तर सीमा-प्रान्त में फैला हुआ था तथा उसे यूनानी लोग भी मानते थे।

४. पाणिनि के सूत्रों का भाष्य करते हुए पतंजलि स्पष्ट रूप से लिखते हैं कि सूत्रों में जो वासुदेव का नाम है वह एक सर्वाधिक पूज्य ईश्वर का नाम है। पतंजलि ने कहा है कि वासुदेव केवल क्षत्रिय राजा ही नहीं है, वरन् वह एक पूज्य ईश्वर हैं। क्या पतंजलि द्वारा बताये गये पूज्य वासुदेव वृष्णि-वंश वासुदेव से भिन्न हैं? पतंजलि ने जहाँ वे वासुदेव शब्द लिया है वहाँ वासुदेव के साथ बलदेव नाम भी आता है। इन दोनों नामों की यदि हम शिला-लेख में संयुक्त से पूजनीय बताये गये संकीर्ण-वासुदेव से तुलना करें तो मालूम होगा कि पतंजलि द्वारा बताये गये वासुदेव वृष्णि-वंशी ही हैं[3]। भागवत-धर्म के धर्म-ग्रन्थों से भी मालूम होता है कि पूजनीय वासुदेव वृष्णि-वंशी ही थे।

अंग्रेज विद्वान् पाणिनि का काल ई० पू० चौथी शताब्दी में और जर्मन तथा भारतीय मनीषी ई० पू० ५०० से पूर्व छठी या सातवीं शताब्दी में मानते हैं।[4] आजकल द्वितीय मत सर्वाधिक मान्य है। वासुदेव उपासकों का सम्प्रदाय पाणिनि के पूर्व से चला आ रहा होगा, तभी उसका उल्लेख उनके व्याकरण में मिलता है। इन सब प्रमाणों में हम इस निष्कर्ष पर पहुँचते हैं कि ई० पू० ७०० वर्ष के लगभग तथा उनसे भी

1-2. Collected Works of Sir R. G. Bhandarkar, Vol, IV. p. 4-5.
३. वही।
४. 'सामान्य भाषा विज्ञान', श्री बाबूराम सक्सेना (पृ० १४)।

पूर्व भारतवर्ष में भागवत-धर्म (वैष्णव-धर्म) का प्रचार था तथा उसका क्षेत्र पश्चिमोत्तर सीमा-प्रान्त तक पहुँच गया था। भागवत धर्म को केवल हिन्दू ही नहीं, यूनानी लोग भी मानते थे। उस समय संकीर्ण-वासुदेव, बलराम-वासुदेव आदि की संयुक्त रूप में पूजा होती थी, जो महाभारत-प्रतिपादित व्यूह-पूजा का रूपान्तर-सी मालूम होती है।

इतना देख लेने के पश्चात् अब हम महाभारत में आये वैष्णव-सम्प्रदायों को देखेंगे। वैष्णव-भक्ति के विकसित रूप का दर्शन हमें महाभारत के इन्हीं सम्प्रदायों तथा उनकी स्पष्ट रूप से विवेचना करने वाले आख्यानों में मिलता है।

नारायणी सम्प्रदाय—इसका प्रतिपादन शान्ति पर्व में किया गया है। यह तत्त्व ज्ञान मेरु पर्वत पर सप्तर्षियों एवं स्वायंभुव मनु के सामने सुनाया गया था। भगवान् ने इसके सम्बन्ध में कहा था कि यह धर्म परम्परा से आगे चलता हुआ बृहस्पति तक पहुँचेगा; बृहस्पति से राजा वसु प्राप्त करेंगे। जिसके अनन्तर इसका अन्त हो जायेगा। वसु उपरिचर जब इस सम्प्रदाय में दीक्षित हुए तब उन्होंने एक अश्वमेध यज्ञ का आयोजन किया, जिसमें पशु-बलि नहीं दी गयी तथा यज्ञ का सम्पूर्ण विधान आरण्यक के अनुसार हुआ। इसमें साक्षात् हरि (विष्णु) ने वसु को दर्शन देकर यज्ञ-भाग ग्रहण किया था, परन्तु हरि का दर्शन अन्य पुरोहितों अथवा ऋषियों को नहीं हुआ। इस पर बृहस्पति बहुत ही क्रोधित हुए। उन्हें एकता, द्विता व त्रिता ऋषियों ने अपने अनुभव के आधार पर समझाया कि हरि के दर्शन प्रत्येक को नहीं होते। जिन पर उनकी कृपा होती है वे ही उनके दर्शनों के अधिकारी हैं। श्रीहरि बलि-पशुयुक्त यज्ञ-यागादि करने वाले बृहस्पति और एकता, द्विता, त्रिता आदि कठोर तपस्वियों से प्रसन्न होते हैं। वे वसु-जैसे ऐकान्तिक उपासक से प्रसन्न होते हैं।

इसके साथ ही नारद का श्वेत द्वीप वाला प्रसंग भी है। नारद नर-नारायण की प्रेरणा से श्वेत द्वीप में जाकर परब्रह्म भगवान् की पवित्रता, ऐश्वर्य, वैभव आदि का वर्णन करते हुए प्रार्थना करते हैं। भगवान् प्रसन्न होकर दर्शन देते हैं और कहते हैं कि जो केवल मेरा ही भजन करते हैं उन एकान्त साधकों पर प्रसन्न होकर मैं दर्शन देता हूँ। अब मैं तुम्हें अपना वासुदेव धर्म सुनाता हूँ।

वासुदेव ही परब्रह्म परमात्मा हैं; वे आत्माओं के भी आत्मा हैं। वही सृष्टि-कर्ता हैं। संकर्षण वासुदेव के ही रूप हैं तथा जीव-मात्र के प्रतीक हैं। मनस्तत्त्व के प्रतीक प्रद्युम्न संकर्षण से तथा जीवात्मा के प्रतीक अनिरुद्ध प्रद्युम्न से ही निकले हैं। इस तरह संकर्षण, प्रद्युम्न व अनिरुद्ध मेरी ही मूर्तियाँ हैं। देवता, मनुष्य तथा पदार्थों की उत्पत्ति मुझ से ही होती है और वे मुझ में ही लीन हो जाते हैं। वाराह, नृसिंह, परशु-राम, रामचन्द्र मेरे ही अवतार हो चुके हैं तथा कंस आदि असुरों को मारने के लिए मैं फिर अवतार लूंगा। उस समय अपने उपर्युक्त चार रूपों से सब कार्य सम्पन्न करके और सात्वत द्वारा द्वारिका नगरी का नाश करके ब्रह्म-लोक चला जाऊँगा। इतना सब सुनकर नारद पुनः बद्रिकाश्रम नर-नारायण के स्थान पर लौट आये।

इसी पर्व के अन्य अध्यायों में वे अपनी तीन मूर्तियों या मूल तत्त्वों की सहायता से निष्पाप साधक की मुक्ति का वर्णन करते हैं।[1] ऐसा साधक मृत्यु के पश्चात् सर्वप्रथम सूर्य लोक में जाता है, जहाँ उसके सब लौकिक गुण जल जाते हैं तथा वह सूक्ष्म रूप धारण कर लेता है। तब वह अनिरुद्ध-में प्रवेश करता है, वहाँ 'मन' बनकर प्रद्युम्न में प्रविष्ट होता है। फिर इस रूप को भी छोड़कर संकर्षण अर्थात् जीव में प्रवेश करता है। फिर त्रिगुणों से छुटकारा पाकर घट-घट वासी परब्रह्म परमात्मा में लीन हो जाता है।

३४८ वें अध्याय में कहा गया है कि यह ऐकान्तिक धर्म वही गीता-धर्म है जिसे भगवान् कृष्ण ने अर्जुन से कहा था। इसकी परम्परा बताते हुए कहा गया है कि इस सनातन धर्म को समझना तथा इसके अनुसार आराधना करना कठिन होने के कारण इसे सात्वत ही पालन करते हैं।

रामायण-काल के पश्चात् बौद्ध और जैन धर्मों का भारतवर्ष में खूब प्रसार हुआ था। इन धर्मों ने प्राचीन परम्परा-प्राप्त, वेद-उपनिषद्, शास्त्र-सम्मत कर्म-विधानों तथा उपासना-पद्धतियों का खंडन करते हुए नये मार्ग का प्रतिपादन किया। यद्यपि अधिकांश जनता इस नयी तड़क-भड़क से प्रभावित हो चुकी थी, परन्तु पूर्वजों से पाये हुए धार्मिक विधानों के फलस्वरूप मन में छिपे हुए गहरे संस्कार बारम्बार जागृत हो उठते थे। भगवान् बुद्ध के महा निर्वाण के पश्चात् धर्मावलम्बियों में जो भ्रष्टा-

१. महाभारत, शान्ति पर्व, ३४४वाँ अध्याय।

चार फैला उससे जनता में और भी असन्तोष फैलने लगा। जनता की यह मानसिक स्थिति महापुरुषों से कैसे छिप सकती थी! इसलिए ब्रह्मर्षि वेदव्यास ने ऐसे धर्म की स्थापना की जिसमें वैदिक, शास्त्रीय यज्ञकर्मानुष्ठानों को, उपनिषद्, वेदान्त-प्रतिपाद्य ज्ञान योग को तथा हृदय-प्रधान भक्ति को समान स्थान प्राप्त हुआ। इसे भागवत-धर्म कहा गया, जो बौद्ध और जैन दोनों धर्मों से कहीं अधिक आकर्षक एवं स्थायी सिद्ध हुआ।[1] वसु उपरिचर के आख्यान द्वारा वेदव्यास ने अहिंसायुक्त यज्ञों की महत्ता को स्थापित किया।

निर्गुण के व्यक्त रूप सगुण, अवतारी, हरि का एकनिष्ठ भावना से उपासना का विधान पिछले काल में प्रतिपादित भक्ति के सिद्धान्तों से अधिक विकसित रूप लेकर आया। ब्रह्म, जीव तथा जगत् का एक-दूसरे से सम्बन्ध उनकी उत्पत्ति और लय का सैद्धान्तिक निरूपण भी भक्ति के अनुकूल हुआ। उसी के अनुकूल भगवान् की अन्य शक्तियों का मूर्त्त रूप में सगुण अवतार माना गया (संकर्षण, प्रद्युम्न आदि), स्वयं भगवान् का विभिन्न रूप में पृथ्वी पर अवतार,(कच्छ, नृसिंह, राम, कृष्ण आदि) भी स्वीकृत हुआ। भगवान् वासुदेव अव्यक्त, सर्वेश्वर, निर्गुण, जगत् के आदि कारण, परब्रह्म के अवतार हैं। यह बात मुख्यतः दो उद्देश्यों से कही गयी।

प्रथम भक्ति-मार्ग के पूर्व अन्य सम्प्रदायों का उपदेश निर्गुण निराकार में अपनी आत्मसत्ता को लीन कर देना था, परन्तु भक्ति-मार्ग में निराकार वासुदेव या उनके अन्य रूप (राम, कृष्ण आदि) प्रतिष्ठित किये गये। स्वभावतः प्रश्न उठता था कि निराकार सीमित सत्ता में सर्वशक्तिमान्, सर्वव्यापी, अनन्त, असीम के अंश आत्मा का विलीनीकरण कैसे होगा? इसलिए तत्त्वतः यह सिद्ध किया गया कि अनन्त, सर्वव्यापी परब्रह्म नर रूप में अवतरित होते हैं।

द्वितीय, यदि ऐसा नर रूप वासुदेव संसार में तटस्थ रूप से रहे; हमारे दुःखों को दूर करता हुआ, हमारे सुखों में साथ देता हुआ न दिखायी दे, तो उसके प्रति महत्त्व की भावना भले ही रहे, श्रद्धा, प्रेम, भक्ति नहीं

1. "Here then is an attempt to introduce a religious reform on more constructive principles than Buddhism and Jainism did"—(Collected Works of Sir R. G. Bhandarkar. Vol. IV., p. 10)

हो सकती। फिर उसके प्रति यह लगाव, यह आकर्षण, सर्वस्व त्यागकर उसके पीछे लगने की प्रबलकामना, आत्म-समर्पण की भावना उत्पन्न होगी जो भक्ति-मार्ग के उपासक के लिए अत्यन्त आवश्यक है। इसलिए ऐसे वासुदेव को आराध्य बनाया गया जो हमें, हमारे धर्म को धर्म-प्रसार में तत्पर साधु-सन्तों, महापुरुषों को दुष्टों व धर्म-संहारकों से बचाता है, सुख-शान्ति का साम्राज्य फलाता है।

वसु उपरिचर तथा नारद के उपर्युक्त आख्यान साधना-क्षेत्र में क्रमशः दो विकासोन्मुखी सोपान है। वसु के आख्यान में वासुदेव और उनके तीन रूपों का कोई उल्लेख नहीं हैं। वहाँ सर्व-शक्तिमान् परमात्मा को हरि कहा गया है, जिनकी पूजा का विधान अभी यज्ञ से ही सम्बन्धित है। द्वितीय उपाख्यान में वासुदेव, उनके भाई, लड़के तथा नाती पूजनीय बताये गये है। इस नये धर्म को गीता के प्रतिपादित धर्म के समान कहा है। इस धर्म के आद्य प्रवर्तक स्वतः नारायण हैं। पहले उपाख्यान वाले धर्म-मार्ग के प्रवर्त्तकों का कोई प्राचीन ऐतिहासिक उद्भव नहीं बताया गया है। इन बातों से विदित होता है कि उपर्युक्त उपासना-पद्धति की स्थापना बहुत प्राचीन समय में हो चुकी थी, जिसे सुनिश्चित व सुव्यवस्थित स्वरूप गीता में प्राप्त हुआ। इस धर्म के मानने वाले आगे चलकर सात्वतों से मिल गये।[1]

सात्वत् धर्म—यह जानना आवश्यक है कि सात्वतों का वृष्णि, अन्धक आदि वंशों से तथा सात्बत धर्म के चरम लक्ष्य वासुदेव से क्या सम्बन्ध है?

भीष्म पर्व के अन्त में भीष्म कहते हैं कि ये अनन्त, अलौकिक, लोक-हितकारी और परम प्रेमास्पद परमात्मा वासुदेव हैं। ब्राह्मण, क्षत्रिय, वैश्य तथा शूद्र निरन्तर इनकी पूजा करते हैं। द्वापर के अन्त में तथा कलियुग के प्रारम्भ में संकर्षण ने उनका सात्वत विधि से गुण गाया है।[2]

'विष्णु पुराण' में यादव व वृष्णि-वंश का वंश-वृक्ष दिया हुआ है। उसमें सात्वत को अमृषा का पुत्र बताया है। आगे कहा है कि सात्वत की सन्तानें सात्वत कहलायीं।[3]

1. Collected Works of Sir R. G. Bhandarkar, Vol. IV., p. 6, II.
२-३. वही

'श्रीमद्भागवत' में सात्वतों को महान् भागवत् तथा वासुदेव-परायण ब्राह्मण कहा गया है, जिनकी पूजा-पद्धति विशिष्ट प्रकार की है। इसमें सात्वत, अन्धक तथा वृष्णियों को यादव-वंशी बताया है और वासुदेव को सात्वतर्षभ कहा है।[1]

इन प्रमाणों से विदित होता है कि सात्वतों का एक स्वतन्त्र सम्प्रदाय था, जिसके अनुसार पूजा-विधान करने वाले सात्वत कहलाते थे। इनके उपास्य देव परमात्मा के ही अवतार नर-रूपी वासुदेव हैं। वासुदेव की पूजा उनके अंशावतार व्यूहों के साथ होती है।[2] वासुदेव तथा अन्य व्यूह समस्त यादव-वंश के अधिपति हैं तथा अपने विशिष्ट अलौकिक गुणों के कारण समस्त वंश के पूजनीय हैं। वृष्णि, अन्धक आदि समस्त शालाएँ यादव-कुल की हैं।

भीष्म पर्व के ३५वें अध्याय में ब्रह्म पुरुष परमेश्वर की प्रार्थना करते हुए कहते हैं—'देव, यदु-वंश की वृद्धि करें। वासुदेव, आपकी ही कृपा से यह रहस्य मैं बता रहा हूँ (रहस्य आगे कहा है) आपने स्वयं को संकर्षण रूप में प्रकट करके अपने पुत्र प्रद्युम्न को उत्पन्न किया। विष्णु ने ही अनिरुद्ध को उत्पन्न किया और उसी से मेरा जन्म हुआ। मैं भी वासुदेव के अंश से आप ही के द्वारा उत्पन्न किया गया हूँ। अगले अध्याय में प्रजापति परमात्मा का मनुष्यों के बीच नर-रूप वासुदेव के स्वरूप में अवतरित होना बतलाते हैं। अनन्त ईश्वर का सम्बोधन पूरे अध्याय में 'वासुदेव' नाम से किया गया है।

तात्पर्य यह कि प्राचीन युग में संकर्षण आदि को वासुदेव ने ही प्रकट किया था। ब्रह्मा जी ने यह प्रार्थना की कि वे इस युग में भी अपने चतुर्व्यूहों के साथ पुनः प्रकट हों। इस प्रकार वासुदेव स्वयं इस उपासना-पद्धति का प्रसार करने वाले सिद्ध होते हैं।

इस धर्म की प्राचीनता बताने के लिए गीता में कहा है कि प्रत्येक ब्रह्म के प्रारम्भ में नारायण इसका उपदेश देते हैं।[3] ब्रह्म में भी इसकी

1. Collected Works of Sir R. G. Bhandarkar, Vol. IV.
२. ऊपर बताया जा चुका है कि नारायणीय सम्प्रदाय में व्यूहों की पूजा का विधान है तथा यही धर्म आगे चलकर सात्वतों से मिल गया।
३. श्रीमद्भगवद्गीता ४.१।

सर्वप्रथम शिक्षा पितामह या प्रजापति द्वारा दी गयी थी, तदनन्तर वह दक्ष-प्रजापति को प्राप्त हुई। दक्ष से वैवस्वत मनु और फिर मनु से इक्ष्वाकु को प्राप्त हुई। यही परम्परा नारायणीय सम्प्रदाय में भी कही गयी है जिससे ज्ञात होता है कि गीता का भागवत्-धर्म तथा नारायणीय एकान्तिक धर्म एक ही है।

यह भी बताने की चेष्टा की गयी है कि सात्वत धर्म की उत्पत्ति सृष्टि-निर्माण के समय से ही चली आ रही है तथा उसका पालन भी उपर्युक्त परम्परा से चला आ रहा है। परन्तु इस बात से यह नहीं कहा जा सकता कि यह धर्म उस समय लोक-प्रचलित था। इसका प्रत्यक्ष प्रमाण नहीं मिलता कि यह धर्म उसी समय से लोक-धर्म हो गया था। इस धर्म का लोक में प्रचार कब से हुआ, इसका प्राचीनतम प्रमाण पाणिनि के सूत्र हैं। उनसे यह भी मालूम होता है कि राम-कृष्ण के मन्दिर में कीर्तन आदि के लिए भक्तगण एकत्रित होते थे। ऐसी स्थिति में इस उपासना का आरम्भ पाणिनि के अनेक वर्ष पूर्व हो गया होगा। यही बात पीछे नारायणीय धर्म के विषय में कही गयी। अतएव नारायणी सात्वत तथा भागवत धर्म एक ही है। "इसका (भागवत या नारायणीय) सात्वत नाम इसी कारण पड़ा, क्योंकि इसका प्रकार यादव अथवा सात्वत-कुल में था।"[१]

वासुदेव की उपासना के प्रसार के साथ ही नामों में परिवर्तन होता रहा। उन्हें कोई केशव, कोई जनार्दन तथा कुछ लोग कृष्ण कहते थे। पतंजलि के महाभाष्य में तीनों नामों का प्रयोग पाया जाता है। इनमें कृष्ण नाम सर्वाधिक प्रचलित होता गया। सर्वप्रथम कृष्ण नाम वेद में मिलता है। ऋग्वेद, अष्टम मंडल, ७४वें मन्त्र के द्रष्टा ऋषि कृष्ण बताये गये हैं। वे मन्त्र के तीसरे और चौथे छन्दों में अपने को कृष्ण कहते हैं। 'अनुक्रमणि' के लेखक उन्हें अंगिरस अथवा आंगिरस की सन्तान कहते हैं। पाणिनि से सम्बन्धित गण में कृष्णायन व रानायन गोत्र के प्रवर्तक क्रमशः कृष्ण व रण बताये गये हैं। दोनों ब्राह्मण-गोत्र हैं तथा वशिष्ठ-गोत्र के अन्तर्गत आते हैं।

इसके पश्चात् देवकी-पुत्र कृष्ण का नाम छान्दोग्योपनिषद् में मिलता

१. 'गीता-रहस्य' लोकमान्य तिलक (पृ० ५४२)।

है। यहाँ इन्हें घोर अंगिरस ऋषि यज्ञ-दर्शन सुनाते हैं। इससे ज्ञात होता है कि अंगिरस कृष्ण के गुरु हैं। यदि कृष्ण अंगिरस हैं तो हम कह सकते हैं कि कृष्ण नामक ऋषियों की परम्परा ऋग्वेद से छान्दोग्योपनिषद् तक चली आयी। "जब वासुदेव को परम्परा बताया गया तब उपर्युक्त परम्परा से चले आये ऋषि कृष्ण को भी वासुदेव से मिला दिया गया।"[1]

गाथा या जातक के टीकाकारों का मत है कि 'कृष्ण' एक गोत्र का नाम है। कार्षायन गोत्र प्रचलित हुआ। यह गोत्र वशिष्ठ व पराशर गोत्र के अन्तर्गत आता है। ब्राह्मणों का होने पर भी यज्ञ के समय क्षत्रिय अपने कर्मादि अनुष्ठान उस गोत्र में भी करा सके हैं। आश्वलायन सूत्र के अनुसार यज्ञ में क्षत्रिय का गोत्र उनके पुरोहितों के गोत्र के अनुसार होता है। इस तरह वासुदेव कृष्णायन गोत्र के हो गये, यद्यपि वह गोत्र ब्राह्मणों का था। कृष्णायन गोत्र का होने से वासुदेव को कृष्ण कहा गया। प्राचीन कृष्ण-सम्बन्धी समस्त ज्ञान वासुदेव में निहित बताया गया। महाभारत सभा पर्व के ३८वें अध्याय में भीष्म कहते हैं कि कृष्ण को आदर देना चाहिए, क्योंकि वे वेद-वेदांग के ज्ञाता व ऋत्विज हैं।[2]

महाभारत और गीता के आविर्भाव से पूर्व जो कर्म-प्रधान और ज्ञान-प्रधान मार्ग चले आ रहे थे, उनमें हृदय के योग का महत्त्व अधिक नहीं समझा जाता था। परन्तु वैष्णव-धर्म के क्रमिक विकास में हम यह भी देखते हैं कि जहाँ एक ओर इन मार्गों की महत्ता स्वीकृत हो चुकी थी, वहीं दार्शनिकों को हृदय के योग की भी आवश्यकता धीरे-धीरे अनुभव होने लगी थी। उसके अनुसार उन्होंने ब्रह्म के स्वरूप का निरूपण और साधना-मार्ग की प्रक्रियाओं का विधान भी हमारे सांसारिक व्यवहारों में किया।

'उपनिषद् के अनुसार ज्ञान के द्वारा मोक्ष-प्राप्ति हो सकती है। परन्तु गीता में कृष्ण कहते हैं कि मुझे आत्म-समर्पण करने वाला भी सब बन्धनों से छुटकारा पा सकता है। गीता के पूर्ववर्ती दर्शन भी यही कहते हैं कि पापियों का कर्मों से छुटकारा होना असम्भव है, परन्तु गीता में भगवान्

1. Collected Works of Sir R. G. Bhandarkar, Vol. IV.
२. वही

कृष्ण कहते हैं कि "महान् पापी भी मेरे सम्मुख होते ही साधु हो जाता है।"[1]

इस प्रकार गीता के अनुसार जीवात्मा में श्रद्धा, समर्पण, भक्ति की भावना को सर्वप्रथम महत्ता दी गयी। गीता में ही भक्ति-प्रक्रिया का उल्लेख मिलता है, जहाँ कि कर्म, ज्ञान तथा अन्तिम फल की चर्चा है। उपासकों का नित्य व्यवहार भी समर्पण-बुद्धि से करने के लिए कहा गया है। अर्जुन का हृदय व्यथित है। उसे दुख है कि तुच्छ राज्य के लिए प्रेमी सम्बन्धी-जनों को युद्ध में मारना पड़ेगा।[2] भगवान् उसे द्वितीय अध्याय से लेकर दशम अध्याय तक समझाते हैं, फिर भी उसे सन्तोष नहीं होता। तब भगवान् अपने विराट् स्वरूप का प्रदर्शन करते हैं।[3] वे कहते हैं—'उत्पत्ति, स्थिति और विनाश का कारण मैं ही हूँ, अपने को इनका कर्त्ता तू क्यों समझता है। कर्म कराने वाला, कर्म की प्रेरणा देने वाला तो मैं हूँ।"[4] अर्जुन! जो पुरुष केवल मेरे ही लिए, तथा सब कुछ मेरा ही समझता हुआ सम्पूर्ण कर्त्तव्य-कर्मों को करने वाला है, मेरा परायण, मेरा भक्त है आसक्ति-रहित है और सम्पूर्ण भूत प्राणियों में वैर भाव से रहित है, वह अनन्य भक्तियुग पुरुष मुझे ही प्राप्त करता है।[5]

गीता के कई भाष्यकारों का मत है कि, उसमें भक्ति-सम्बन्धी निष्ठा अथवा पथ का निर्देश अलग से नहीं है, और है भी तो कर्म-परक। परन्तु गीता में हृदय-हीन कर्म व ज्ञान का पोषण सर्वत्र नहीं है, केवल यथा-स्थान ही उसका निर्देश है। कर्मों का समर्पण ही भक्ति-तत्त्व है।[6] "गीता कर्म-योग का ग्रन्थ है, परन्तु वह ऐसे कर्म का सन्देश देता है जिसका पर्य-वसान ज्ञान में होता है। गीता ऐसे ही कर्म-योग की शिक्षा देती है, जिसके फलस्वरूप आध्यात्मिक ज्ञान व शान्ति प्राप्त हो। वह कर्म को

1. 'Evolution of Vaisnavism' by R. B. K. N. Mitra (B. C. Law volume, p. 678)
२. अपिचेत्सुदुराचारो भजते मामनन्यभाक्।
   साधुरेव स मन्तव्यः सम्यक् व्यवसितो हि सः॥
३. गीता, १ला अध्याय, २८ से ४६वें श्लोक तक।
४. गीता, ११वाँ अध्याय, ३२वाँ श्लोक।
५. मत्कर्मकृन्मत्परमो मद्भक्तः संग वर्जितः।
   निर्वैरः सर्वभूतेषु यः स मामेति पांडवः॥११, ५५
६. गीता १२।६।

उपासना रूप में ग्रहण करने के लिए कहती है, जिससे हम अन्त में आत्म-निवेदन तक पहुँच जायें।"[१]

गीता का महावाक्य अन्तिम अध्याय में दिया हुआ है। वहाँ भगवान् कृष्ण अर्जुन से कहते हैं कि अपने हृदय में मुझे बसाकर मेरी शरण में आ जाओ, मेरी कृपा-दृष्टि से तुम्हें परम शान्ति प्राप्त होगी। मन को पूर्णतया मुझमें लीन कर दो, मेरी उपासना करो, मेरी पूजा तथा मेरे लिए ही यज्ञ करो। तुम मोक्ष गति को अवश्य प्राप्त करोगे, क्योंकि तुम मुझे बहुत प्रिय हो। समस्त धर्मों को छोड़कर मेरी शरण में चले आओ। मैं तुम्हें समस्त पापों से मुक्त करके मोक्ष दूंगा।[२]

जिस तरह कर्मों का पर्यवसान ज्ञान में होता है उसी तरह ज्ञान की अन्तिम पराकाष्ठा सम्पूर्ण आत्म-समर्पण में है।[3] केवल बुद्धि के द्वारा ज्ञान का बाह्य-ग्रहण ही होगा, उसका केवल बोध ही होगा। वह साधना-पथ के लिए प्रारम्भिक अवस्था भले ही कही जाये, परन्तु उस ज्ञान में यदि गाम्भीर्य, आत्मसाक्षात्कार की आकुलता तथा दृढ़ निश्चय की भावना न होगी तो वह केवल श्रम ही होगा। ज्ञान तो वही है जिसमें अन्तरात्मा जागृत हो उठे, प्रकाश पाकर उससे आलिंगन, साक्षात्कार तथा एकाकार के लिए व्यग्र हो जाये। ऐसी उपासना और स्थिति केवल हृदय के भाव-प्रदर्शन-मात्र से प्राप्त नहीं होती, वरन् चिरकाल से अज्ञानान्धकार से व्याप्त हृदय के आन्तरिक प्रकोष्ठों में ज्ञान-ज्योति को पहुँचाने से होती है। उसमें सर्वस्व दान की आवश्यकता होती है, उसमें समस्त कर्मों के त्याग की आवश्यकता होती है। हमारी समस्त आन्तरिक और बाह्य चेष्टाओं, कर्मों और संकल्पों का आराध्य के चरणों में समर्पण होना चाहिए।[४]

इस प्रकार गीता आत्म-समर्पण के भाव से ओत-प्रोत है, जो भक्ति की अन्तिम व सर्वश्रेष्ठ प्रक्रिया है।

श्रीमद्भगवद्गीता में भक्ति के दार्शनिक पक्ष, साध्य पक्ष एवं साधना पक्ष का अच्छी तरह निरूपण हुआ है, परन्तु इस ग्रन्थ का महत्त्व प्रथम दो पक्षों की विवेचना के कारण न होकर अन्तिम अर्थात् साधना या

1. "Essays on Gita" by Shri Aurbindo Ghosh. Vol. II.
२. गीता १८।६५,६६।
३. गीता ४।३३।
4. "Essays on Gita" by Shri Aurbindo Ghosh, Vol. II.

उपासना-पक्ष के विस्तृत निरूपण के कारण है। अर्जुन न तो इस बात के जिज्ञासु हैं कि ब्रह्म क्या है, जगत् क्या है, जीव क्या है आदि? और न इस जिज्ञासा के कारण वे वृद्ध से ही विमुख हुए। अर्जुन तो अपने विरोध में युद्ध के लिए खड़े प्रियजनों को देखकर किंकर्त्तव्यविमूढ़ हुए हैं तथा अपने प्रिय सखा कृष्ण से ऐसी परिस्थिति में मार्ग-दर्शन की याचना करते हैं। इसी मार्ग-दर्शन, कर्त्तव्य की तीव्र लालसा के कारण भगवान् श्रीकृष्ण को अध्यायों में अर्जुन को उपदेश देना पड़ा। यह तो पहले ही कहा जा चुका है कि गीता भक्ति का सर्वप्रथम शास्त्रीय ग्रन्थ है। इसमें जो भक्ति का स्वरूप और प्रक्रियाएँ बतायी गयी हैं वे सब हृदय की स्वाभाविक प्रेरणा से उद्‌भूत हैं, जिसे भागवत्-धर्म कहते हैं। नारायणीय और गीता-धर्म की एक ही परम्परा होने के कारण गीता-धर्म भक्ति-प्रधान है। स्वयं महर्षि वैशम्पायन ने महाभारत में कहा है कि गीता में भागवत्-धर्म की ही चर्चा है।[1]

भक्ति के दो स्वरूप हैं। प्रेम-स्वरूप-भक्ति में साधक कर्मों का अवलम्बन न लेकर आराध्य की प्रेमयुक्त क्रीड़ाओं आदि में वृत्तियों को रमाता हुआ गन्तव्य स्थल तक पहुँचता है। मर्यादा-भक्ति में आराध्य की उपासना के साथ वैदिक-शास्त्रीय आदि कर्मों का विधान भी रहता है। भक्ति के भावावस्था के अनुसार दो भेद किये गये हैं—(१) परा भक्ति और (२) साधन-स्वरूपा भक्ति। परा भक्ति शुद्ध प्रेमावस्था है और साधन-स्वरूपा भक्ति परा भक्ति की अवस्था तक पहुँचने के पूर्व नव-विद्या भक्ति है। गीता में नव-विद्या भक्ति का प्रतिपादन है तथा वह प्रेम-स्वरूपा भक्ति की पोषक न होकर मर्यादा भक्ति की पोषक है।

गीता में कहा है कि इस मार्ग पर चलने वाले व्यक्ति में श्रद्धा का होना अत्यन्त आवश्यक है। जिसकी बुद्धि शंकाओं और तर्कों से भरी है, वह आगे क्या बढ़ सकेगा? उसने तो अभी अपना ही पथ निश्चित नहीं किया। विवेकहीन, श्रद्धा-रहित और संशययुक्त पुरुष परमार्थ से भ्रष्ट हो जाते हैं।[2] श्रद्धा की नितान्त आवश्यकता का निरूपण भगवान् यही कहकर करते हैं कि श्रद्धावान् पुरुष ज्ञान को प्राप्त होता है तथा ज्ञान के

१. महाभारत, शान्ति-पर्व ३४६।१०।
२. गीता ४।४०।

कारण उसे भगवद्-प्राप्ति से परम शान्ति मिलती है।[1]

श्रद्धा की महत्ता बताने के लिए उसका अत्यन्त प्रारम्भिक रूप भी अंकित किया गया है। भगवान् कहते हैं कि जो कोई श्रद्धापूर्वक दोष न देखते हुए इस गीता का ही श्रवण करेगा, वह पापों से मुक्त होकर शुभ लोकों को प्राप्त होगा।[2]

यही श्रद्धा के सात्विक स्वरूप के प्रथम सोपान का महत्त्व है। भगवान् राजसी व तामसी श्रद्धा से युक्त देव-यक्ष, भूत-प्रेतादि के पूजने वालों का भी तिरस्कार नहीं करते।[3] परन्तु वे कहते हैं कि उनका यह पूजन अविधि एवं अज्ञानपूर्वक किया गया है।[4]

श्रद्धा का राजसी व तामसी रूप विकृत है। जीवन-भर इस प्रकार पूजन करते हुए भी अन्त में उपासकों का पतन ही होता है।[5] अन्तःकरण की शुद्धि के लिए तो श्रद्धा का सात्विक रूप अङ्गीकार करना ही श्रेयस्कर है। गीता का बारहवाँ अध्याय भक्ति-योग के नाम से प्रसिद्ध है। भगवान् कृष्ण अर्जुन से कहते हैं कि मेरी प्राप्ति के लिए ग्रहण की हुई श्रद्धा से जो मुझे भजता है, उपासना करता है, उसे मैं श्रेष्ठ योगी मानता हूँ।[6]

भक्ति-मार्ग में श्रद्धा की महत्ता स्थापित करने वाला यह श्लोक भक्ति-योग के प्रारम्भ में ही बताया गया है तथा समस्त भक्ति-योग सुनाने के पश्चात् भगवान् फिर से श्रद्धा की आवश्यकता बताते हैं।[7]

अन्तःकरण की शुद्धि के लिए सबसे पहली आवश्यकता भगवान् १२वें अध्याय में बताते हैं। यह उपाय है—कर्मों के फल का त्याग।[8] फल-त्याग

१ गीता ४।३६।

२. श्रद्धावाननसूयश्च शृणुयादपि यो नरः।
सोऽपि मुक्तः शुभांल्लोकान्प्राप्नुयात्पुण्यकर्मणाम् ।।१८।७१।।

३. गीता ६।२३।

४. गीता ६।२५।

५. गीता ६।२४।

६. मय्यावेश्य मनो ये मां नित्ययुक्ता उपासते।
श्रद्धया परयोपेतास्ते मे युक्तमा मताः ।।१२।१।।

७. गीता १२।२०।

८. गीता १२।११।

से तत्काल ही परम शान्ति प्राप्त होती है।[1] फल की इच्छा न रखते हुए कर्म करना निष्काम कर्म है। निष्काम कर्म से पाप नष्ट हो जाते हैं।

इसके साथ ही मनुष्य को भगवान् का भजन करना चाहिए। भजन की प्रेरणा या तो आपत्तियाँ पड़ने पर होती है अथवा अन्तःकरण की शुद्धि के पश्चात्। प्रथम प्रेरणा भक्ति-मार्ग की ओर ले जाने वाली नहीं है। द्वितीय प्रेरणा को ही गीता अधिक महत्त्व देती है।[2] भजन का इतना प्रभाव है कि महान्-से-महान् पापी भी भजन के प्रभाव से साधु हो जाता है।[3]

भजन के अन्तर्गत कीर्तन तथा नाम-स्मरण आते हैं। भगवान् कहते हैं कि अन्तकाल में जिस-जिस भाव का स्मरण करता हुआ मनुष्य शरीर-त्याग करता है, उसी गति को वह प्राप्त होता है। जो मेरा स्मरण करता हुआ मृत्यु को प्राप्त होगा वह मेरे साक्षात् स्वरूप को प्राप्त करेगा।[4] इसीलिए हे अर्जुन, तू सब समय में मेरा स्मरण करता हुआ युद्ध कर![5]

नाम-स्मरण के साथ-ही-साथ गीता साधकों से कीर्तन करने के लिए कहती है। कीर्तन नाम-रूपादि का होता है। भगवान् कहते हैं कि भक्त-जन निरन्तर मेरे नाम और गुणों का कीर्तन करते हुए अनन्य भाव से मेरी उपासना करते हैं। वे वार्तालाप आदि करते हैं, तो भी भगवान् के ऐश्वर्य, रूप, गुण आदि का।[6]

इन सबके साथ-ही-साथ 'पाद-सेवन', अर्थात् पूजा का भी विधान है। भगवान् भक्त के पत्र-पुष्प-फल से ही प्रसन्न हो जाते हैं।[7] भक्ति-भाव से की हुई पूजा से भगवान् की प्राप्ति अवश्य होती है। इस बात को भगवान् प्रतिज्ञापूर्वक कहते हैं।[8]

१. गीता १२।१२।
२ येषां त्वन्तगतं पापं जनानां पुण्य कर्मणाम् ।।गीता ७।२८।।
३. गीता ९।३०।
४. गीता ८।५।
५. तस्मात्सर्वेषु कालेषु मामनुस्मर युध्य च ।।८।७।।
६. गीता १०।९।
७. पत्रं पुष्पं फलं तोयं यो मे भक्त्या प्रयच्छति।
तदहं भक्त्युपहृतमश्नामि प्रयतात्मना।
८. गीता १८।६५।

भक्ति-शास्त्रों में उपासना करने की विभिन्न भाव-भूमियाँ बतायी गयी हैं। वे हैं—अंशाशी-भाव, दास्य-भाव, सख्य-भाव तथा कान्ता-भाव। जब अर्जुन भगवान् के विराट् स्वरूप की वन्दना करता है, तब इन समस्त भावों का आभास उसमें मिल जाता है। विशेषतया दास्य-भाव स्पष्ट रूप से दिखायी देता है। उस विराट् रूप को देखकर अर्जुन भयभीत-सा होकर अपराधी सेवक की तरह भगवान् से प्रार्थना करने लगता है।[१]

आत्म-निवेदन भक्ति-प्रक्रिया की अन्तिम अवस्था है। भगवान् कहते हैं कि हे अर्जुन, तू जो कर्म करता है, जो कुछ खाता है, हवन करता है, दान देता है, तप करता है, सब मुझे अर्पण कर।[२] इससे मन और बुद्धि दोनों भगवान् में लग जाते हैं। भगवान् कहते हैं कि ऐसे उपासक फिर अपने प्राण भी मुझे अर्पित कर देते हैं।"[३]

कृष्ण ने कहा था :

सर्वं धर्मान्परित्यज्य मामेकं शरणं व्रज।

उपर्युक्त विवेचन से स्पष्ट है कि गीता एक भक्ति-ग्रन्थ है तथा उसमें भक्ति की समस्त विधियों का समावेश है। "श्रद्धा विश्वास की उपासना में अधिक महत्त्व देने के कारण गीता को भक्ति का ग्रन्थ समझना चाहिए।"[४]

उच्च-से-उच्च स्थिति के पहुँचे हुए भक्त से गीता कर्म करने के लिए कहती है। जो ब्रह्म में एकाकार हो गया है, जिसने परा भक्ति को प्राप्त कर लिया है उसे भी वेद-शास्त्र एवं लोक-सम्मत कर्मों का सम्पादन करना चाहिए, क्योंकि लोक-संग्रह के लिए उनका करना अत्यन्त आवश्यक है। ज्ञान की अत्यन्त उच्च अवस्था तक जाने वाले जनक आदि कर्म करते हैं।[५]

१. तस्मात्प्रणम्य प्रणिधाम कायं,
प्रसादये त्वमहमीशमीड्यम् ॥
पितेव पुत्रस्य सखेव सख्युः,
प्रियः प्रियायार्हसि देव सोढुम् ॥११॥१४॥

२. गीता ९।२७।

३. गीता १०।९।

4. "The Geeta must be judged mainly as a treatise on Bhakti by virtue of the prominence accorded to the element of faith" (From "The Bhakti Doctrine in Sandilya Sutra" by Dr. B. M. Barua, M. A., D. Litt. 2nd Oriental Congress, Calcutta, p. 437.)

५. गीता ३।२०।

इससे ज्ञात होता है कि गीता वैधी अर्थात् मर्यादा-भक्ति की समर्थक है। ऊपर दो-तीन स्थानों पर बताया गया है कि नारायणीय और गीता का भागवत्-धर्म एक ही है। महाभारत में नारायणीय धर्म को प्रवृत्ति-परक अर्थात् संसार के व्यवहारों से लगा हुआ कहा है।[१] "इसका तात्पर्य यह नहीं कि 'श्रवणं कीर्तनं विष्णोस्मरणं' आदि नव विधा भक्ति गीता को मान्य नहीं है। वह कर्मों को गौण कहकर छोड़ देने और नव विधा में ही लीन रहने की स्थिति उचित नहीं बताती। हमें शास्त्रीय कर्मों का सम्पादन, परमेश्वर का स्मरण करते हुए, उसी की निर्मित सृष्टि के संग्रहार्थ निष्काम बुद्धि से करना चाहिए।"[२]

सूत्र काल

नारद-शांडिल्य भक्ति-सूत्र—भक्ति को छोड़कर अन्य मुक्ति-मार्गों का निरूपण सूत्र-पद्धति से विभिन्न आचार्यों ने किया था। भक्ति का व्यवस्थित विवेचन कदाचित् नारद और शांडिल्य ने ही सर्वप्रथम किया।

"जीवात्मा परमात्मा का अंश है, यह सिद्धान्त 'छान्दोग्योपनिषद्' में शांडिल्य के नाम से प्रसिद्ध है। सदानन्द अपने 'वेदान्त सार' में इसका उल्लेख करते हुए इसे शांडिल्य का बताते हैं। इस कारण शांडिल्य को उपर्युक्त सिद्धान्त का प्रथम प्रवर्त्तक मानते हैं।"[3] यह भक्ति-मार्ग के आचार्यों द्वारा आगे जाकर अपनाया गया है, क्योंकि वह भक्ति के तात्विक विवेचन के लिए आवश्यक है। फिर भी शांडिल्य का 'भक्ति-सूत्र' गीता के आधार पर लिखा हुआ कहा जाता है।[४] शांडिल्य ने भक्ति का जो निरूपण किया है वह नारद से कहाँ तक मिलता है यह देख लेना चाहिए।

देवर्षि नारद ने भक्ति की व्याख्या की है।[५] "उनके अनुसार भक्ति चित्त की वह वृत्ति है, जिसकी प्राप्ति होने पर व्यक्ति के सारे कर्म, सारे

१. महाभारत, शान्ति पर्व ३४७।८१।
२. 'गीता रहस्य', लोकमान्य तिलक (पृ० ४३५)
3. "The Bhakti Doctrine in the Shandilya Sutra" by Dr. B. H. Barua M.A., D. Litt. 2nd Oriental Conference, Calcutta. p, 413..
४. वही, पृ० ४३७।
५. नारदस्तु तदर्पिताखिला चारता।
तद्विस्मरसो परमव्याकुलता चेति॥ (नारद-भक्ति-सूत्र १९)

आचार ईश्वर को अर्पित हो जाते हैं और तदनुरूप ही साधक साध्य अथवा ध्येय की विस्मृति होते ही अत्यन्त व्याकुल और अधीर हो उठता है।"[१] इससे ज्ञात होता है कि प्रेम की पराकाष्ठा में, जब साधक अपने-आपको भूल जाता है, तब उसे कर्मार्पण करने की आवश्यकता नहीं होती, कर्म स्वयं ही आराध्य को अर्पित हो जाते हैं। फिर उसके कर्म अपने लिए नहीं होते। गीता की भाँति नारद भी भक्ति की अन्तिम अवस्था तक कर्मों का होना मानते हैं। परन्तु जहाँ गीता का स्पष्ट निर्देश है कि साधक को अन्त तक लोक-संग्रहार्थ कर्म करना चाहिए, वहाँ नारद प्रेम-तत्त्व को अधिक महत्त्व देते हुए कर्मों का 'ईश्वरार्पण' होना स्वयं ही स्वीकार करते हैं। प्रेम की इतनी उच्च स्थिति न हुई, तो वह पूर्ण रूप से भक्ति न कहलायगी। नारद भक्ति की चरमावस्था में कर्म करना अथवा न करने का प्रश्न ही नहीं उठाते। इस प्रकार कर्म को थोड़ा छोड़कर भक्ति या प्रेम के तत्त्व का अधिक समावेश नारद-भक्ति की विशेषता है। इसी प्रेम-प्रधान भक्ति को नारद प्रेम-रूपा-भक्ति कहते हैं।[२]

महर्षि शांडिल्य ने भी कुछ इसी प्रकार भक्ति की व्याख्या की है—"सा परानुरक्तिरीश्वरे।"[3]

"उनके अनुसार 'परा' भक्ति ईश्वर में अनुरक्ति या अनुराग है। 'अनुरक्ति' का 'अनु' इस बात का द्योतक है कि वह राग, प्रेम-भाव ध्येय के महत्त्व, अनन्य, नित्यत्व आदि के जान लेने के बाद ही उत्पन्न होता है और जैसे-जैसे ध्येय के महत्त्वादि गुण आत्म-दर्शन का रूप धारण करते जाते हैं वैसे-ही-वैसे वह रागात्मिका वृत्ति या प्रेम-भाव भी प्रगाढ़ और अद्वितीय होता जाता है, यहाँ तक कि परिपाक की चरम सीमा पर परा भक्ति का नामान्तर हो जाता है।"[४]

स्पष्ट है कि शांडिल्य साधक के लिए, साध्य के ज्ञान का होना परम आवश्यक मानते हैं। ज्यों-ज्यों साध्य का स्पष्टीकरण, साक्षात्कार और

१. 'नारद और शांडिल्य की भक्ति-पद्धति', लेखक श्री आद्याप्रसाद मिश्र एम० ए० (हिन्दुस्तानी एकेडेमी की त्रैमासिक पत्रिका, अक्तूबर-दिसम्बर १९४६)।
२. नारद-भक्ति-सूत्र २।
३. शांडिल्य-भक्ति-सूत्र २।
४. 'नारद और शांडिल्य की भक्ति पद्धति', लेखक श्री आद्याप्रसाद मिश्र एम० ए० (हिन्दुस्तानी एकेडेमी की त्रैमासिक पत्रिका, अक्तूबर-दिसम्बर १९४६, पृ० ३५१)।

आत्मानुभव होता जायेगा त्यों-त्यों प्रेम भी बढ़ता जायेगा। "आवश्यक होने के कारण उसे भक्ति का बहिरंग न कहकर अन्तरंग बताया है।"[1] गीता में भी ज्ञानी भक्तों को अन्य तीन भक्तों से श्रेष्ठ बताया है। वहाँ श्रेष्ठता का कारण साध्य में दृढ़ निष्ठा होना बताया है।[2] वह प्रेम की निष्ठा है अथवा अन्य किसी भाव की, इस विषय में गीता कुछ नहीं कहती। गीता ज्ञान को मुक्ति की साधनावस्था मानती है, तो शांडिल्य ज्ञान को शुद्ध प्रेमा-भक्ति की प्राप्ति का पूर्व अंग। शांडिल्य के अनुसार भक्ति शुद्ध रागात्मिका वृत्ति है। कर्म का क्या स्वरूप है, क्या अवस्था है इस विषय में शांडिल्य कुछ भी नहीं कहते। नारद ज्ञान के सम्बन्ध में कुछ नहीं कहते, तो शांडिल्य कर्म के सम्बन्ध में मौन हैं।

शांडिल्य के अनुसार शुद्ध राग ही भक्ति है, हरि-स्मरण-कीर्तनादि नहीं। "नारद के अनुसार वही ईश्वर के प्रति सर्वाधिक प्रेम-भाव का लक्षण है अथवा वही उसकी परीक्षा का निष्कर्ष है।"[3] महर्षि शांडिल्य ने भक्ति-भाव प्राप्त होने की स्थिति को दो भागों में बाँटा है। पहली अवस्था साधनावस्था है, जिसे वे अपरा भक्ति कहते हैं। पूजा, कथा, श्रवण आदि इसी साधना या अपरा भक्ति की आवश्यक रीतियाँ हैं। द्वितीय या अन्तिम अवस्था, जिसे परा भक्ति कहा है, शुद्ध भाव-भूमि है।

नारद और शांडिल्य की भक्ति-पद्धति की तुलना से यही ज्ञात होता है कि दोनों की भक्ति का स्वरूप बहुत-कुछ एक-सा ही है। शांडिल्य जहाँ भक्ति के अन्तिम स्वरूप-फल-के सम्बन्ध में कह देते है वहाँ नारद उसके विषय में मौन हैं। परन्तु इसका अर्थ यह नहीं कि उनकी भक्ति की चरमावस्था का रूप कुछ दूसरा ही है। दोनों के कथन का तात्पर्य एक ही है, शब्द भिन्न हैं।

इन दोनों आचार्यों ने सूत्र-पद्धति से भक्ति का शास्त्रीय निरूपण किया। भागवतकार ने भक्ति के विभिन्न अंगों एवं उपांगों का विस्तृत हृदयग्राही निरूपण, भगवान् और उनके भक्तों के लोक-पावन चरित्रों द्वारा किया।

१. 'नारद और शांडिल्य की भक्ति-पद्धति' लेखक श्री आद्याप्रसाद मिश्र एम०ए० (हिन्दुस्तानी एकेडेमिक त्रैमासिक पत्रिका, अक्तूबर-दिसम्बर १९४६, पृ० ३५१।)
२. गीता ७।१७,१८।
३. 'नारद और शांडिल्य की भक्ति-पद्धति' लेखक श्री आद्याप्रसाद मिश्र एम० ए० (हिन्दुस्तानी एकेडेमिक त्रैमासिक पत्रिका, अक्तूबर-दिसम्बर १९४६, पृ० ३५२)।

पौराणिक युग

श्रीमद्भागवत—वेदों और ब्राह्मणों के कर्म-काण्ड, उपनिषदों और आरण्यकों के ब्रह्म-ज्ञान और वेदान्त-शास्त्रों के वर्णाश्रम-धर्म तथा सांख्य, वैशेषिक, न्याय के तर्क-ज्ञान आदि के समन्वय और सारन्व का सम्पादन, मानव-कल्याणार्थ, महर्षि व्यास ने बृहद् ग्रन्थ 'महाभारत' में किया। उनका कथन है कि इस ग्रन्थ में बतलाये मार्ग पर चलकर मनुष्य सांसारिक पुरुषार्थों की प्राप्ति सहज ही कर सकता है। इतना महान् लोक-कल्याण करने के पश्चात् भी महर्षि व्यास को शान्ति का अनुभव नहीं हुआ, तब देवर्षि नारद ने बताया कि व्यास ने धर्मादि पुरुषार्थों का जैसा निरूपण किया है, भगवान् की महिमा का वैसा निरूपण नहीं किया। व्यास जी, आपका ज्ञान पूर्ण है। आप भगवान् की कीर्ति का, उनकी प्रेममयी लीला का वर्णन कीजिए। इसी से दुःख की शान्ति हो सकती है।[1]

देवर्षि नारद के भाषण से अनुमित होता है कि 'महाभारत' और 'गीता' ग्रन्थ की रचना करके भी भक्ति के वास्तविक स्वरूप का उद्घाटन नहीं किया गया था। उसमें मनुष्य 'स्व' को केन्द्र मानकर समस्त पुरुषार्थों की प्राप्ति में तत्पर होता है। भक्ति में वह भगवान् को ही सब-कुछ मानकर उसकी प्राप्ति के लिए जीवन को प्रेम में पागकर अन्त में उस महा प्रेमार्णव में लीन हो जाता है। चतुष्पुरुषार्थ रूप सांसारिक धर्म के अर्थ में 'मानव-धर्म' कहकर श्री अक्षयकुमार वन्द्योपाध्याय ने कहा है कि[2] "महाभारत में मानव-धर्म का सम्यक् प्रचार हुआ है। भागवत्-धर्म का वास्तविक प्रचार नहीं हुआ। दोनों के दृष्टिकोण में महान् अन्तर है। मानव-धर्म के दृष्टिकोण में रहता है।—मनुष्य का स्वभाव और प्रयोजन। हमें परम शान्ति मिले, इसलिए ब्रह्म तत्त्व का श्रवण और निदिध्यासन करते हैं······परन्तु भीतर-बाहर प्रेममय होकर अपने समस्त पुरुषार्थ-साधन की बुद्धि का परित्याग करके अनन्त-प्रेम रस के आधार श्री भगवान् में पूर्ण रूप से आत्म-समर्पण, यही सब पुरुषार्थों से परे परम पुरुषार्थ है। अपने जीवन के प्रत्येक व्यापार में तथा अखिल विश्व के प्रत्येक

१. श्रीमद्भागवत, प्रथम अध्याय ५।८,९, ४०।
२. 'महर्षि श्रीकृष्णद्वैपायन और भागवत्-धर्म, लेखक श्री अक्षयकुमार वन्द्योपाध्याय एम० ए० ('कल्याण' भाग १६, सं० ३, पृ० ११७६-११८२)

व्यापार में भगवान् के आत्म-प्रकाश तथा आत्म-संयोग की लीला के आस्वादन करने की साधना का नाम भागवत्-धर्म है। (भागवतोक्तभक्ति)।"

लगभग यही बात तिलक ने भी कही है "महाभारत' और 'गीता' में नैष्कर्मपरक भागवत्-धर्म का जो निरूपण है उसमें यथायोग भक्ति का निरूपण नहीं है इसीलिए भक्ति-प्रतिपादन करने वाले भागवत-पुराण की रचना की गयी।"[१] "वास्तव में भगवान् के आविर्भाव से भक्ति का नया रूप मिला।"[२] भक्ति का वास्तविक प्रचार और प्रसार तथा उसका सत्य-स्वरूप भागवत्-ग्रन्थ में आकर ही प्रकट हुआ।

भक्ति के जिन सिद्धान्तों का निरूपण वेदों से लेकर भक्ति-सूत्र-ग्रन्थों तक हुआ, प्रत्यक्ष जगत् से उदाहरण लेकर उन्हीं को भक्ति में ढाल देने की स्वाभाविक प्रक्रिया का आविर्भाव अभी तक नहीं हुआ था। गीता नवविधा-भक्ति का निरूपण बुद्धि-पुरस्सर प्रयत्न था। हृदय को उन विधियों की उस मनोहर, आकर्षक एवं स्वाभाविक झाँकी का दर्शन न कराया गया था, जिसे देखकर घोर-से-घोर विषयी, कठोर-से-कठोर हृदय वाला, शुष्क-से-शुष्क तार्किक अनजाने ही अखण्ड-सौन्दर्य का पुजारी हो जाये। "भागव ने श्रीकृष्णचरित्र के माधुर्य का लोगों को रसास्वादन कराकर कृष्णोपासना के वैष्णवपन्थ, द्राविड़, महाराष्ट्र, गुजरात, राजपूताना, उत्तर हिन्दुस्तान और बंगाल में स्थापित किये।"[3] इसका इतना प्रचार "भगवान् के काव्य-मय भावपूर्ण यश-गायन के कारण हुआ है।[४]

श्रवण-भक्ति के द्वारा गोकर्ण के छोटे भाई ने भूत-योनि से उद्धार पाकर वैकुण्ठ की प्राप्ति की।[५] नाम-स्मरण के कारण पापी अजामिल ने नरक से छुटकारा पाकर विष्णु-धाम में स्थान पाया।[६] पाद-सेवन अर्थात् सेवा द्वारा क्षत्रिय-कुल-भूषण राजा अम्बरीष महान् भागवत्-भक्त हो गये,

१. 'गीता-रहस्य', लोकमान्य तिलक, पृ० ५४०।
2. "Early History of the Vaishnava Faith and Movement in Bengal" by S. K. De, M. A., D. Litt., p. 5.
३. 'मराठी वाङ्मया चा इतिहास' लेखक ला० रा० पांगारकर (प्रथम खण्ड, पृष्ठ ११०)।
4. "Early History of Vaishnava Faith and Movement in Bengal" by S. K. De, M. A., D. Litt., p. 4.
५. 'श्रीमद्भागवत्-माहात्म्य' (कल्याण भागवतांक, पृ० १७५)।
६. 'श्रीमद्भागवत्' षष्टम स्कन्ध १-२।

इत्यादि अनेकानेक उदाहरणों द्वारा भागवत्कार ने हमें विश्वास दिलाया कि यह कोई नयी बात नहीं है। इन मार्गों द्वारा पहले भी कई भक्तों की उद्धार हो चुका है।[1]

भक्त का उद्धार भगवान् प्रत्येक परिस्थिति में करते हैं। उसकी समस्त कामना पूर्ण करने का भार भगवान् अपने ऊपर ले लेते हैं। भक्त ध्रुव के बाल-हठ की पूर्ति हुई। आर्त स्वर से पुकारने वाली द्रौपदी की रक्षा भगवान् ने की। जिज्ञासु भक्तों में परीक्षित आदि हैं, परन्तु साकार रूप धरकर श्रीकृष्ण भगवान् ने अपने परमश्रेष्ठ जिज्ञासु भक्त उद्धव की जिज्ञासा शान्त की।[2] भगवत् में ज्ञानी भक्तों के भी कई उदाहरण हैं जिनमें प्रह्लाद का बड़ा मर्मस्पर्शी चित्र है। कठोर-से-कठोर एवं भयंकर-से भयंकर विपत्तियों में से शान्तिपूर्वक भगवान् का स्मरण करते जाते हैं।

साधन-मार्ग में साधक को जिन विभिन्न भावों के हृदय में धारण कर अपना सम्बन्ध भगवान् से स्थापित करना चाहिए, उसका विस्तृत, व्यावहारिक एवं आदर्श निरूपण 'भागवत्' ने बड़ी हृदय-ग्राही पद्धति से किया है। इसका अभाव पूर्व ग्रन्थों में था। 'महाभारत' ग्रन्थ में भी भगवान् कृष्ण की विभिन्न लीलाओं का वर्णन है। इसमें कहीं-कहीं उपर्युक्त भावों के दृष्टिकोण से उन कथाओं का स्पष्टीकरण भी है। परन्तु साधना की दृष्टि से इन भावों का विस्तृत हृदय-ग्राही विवेचन 'भागवत' में ही है। 'महाभारत' ऐतिहासिक ग्रन्थ है। उसमें इन भावों का सामान्य संकेत ही है।

दास्य-भाव से युक्त भक्त की दिनचर्या, विश्व से उसका सम्बन्ध, गुरुजनों आदि से व्यवहारादि का विस्तृत विवेचन, राजा अम्बरीष के आख्यान द्वारा किया गया है।[3] इस अध्ययन में दी हुई दिनचर्या थोड़े-बहुत अन्तर से अन्य भक्तों की भी होती है।

सख्य और वात्सल्य के माधुर्य का भण्डार दशम स्कन्ध का पूर्वार्ध है। जन्म से लेकर मथुरा जाने तक की विविध लीलाओं में सख्य, वात्सल्य और रतिभावों का समावेश है। बाल्य-काल में कृष्ण अपनी मधुर लीलाओं, शारीरिक चेष्टाओं, तोतली मधुर वाणी, बाल-हठ आदि से नन्द-यशोदा

१. 'श्रीमद्भागवत्' स्कन्ध नवम चतुर्थ अध्याय।
२. 'श्रीमद्भागवत्', ११वाँ स्कन्ध।
३. वही

एवं गोपियों को वात्सल्य प्रेम का आनन्द प्रदान करते हैं। वे ही आगे चलकर गो-चारण आदि अवसरों पर अपने सखाओं से हिल-मिलकर खेलते हुए सख्य के वास्तविक प्रेम का माधुर्य चखाते हैं। दास्य से अधिक सख्य, सख्य से अधिक वात्सल्य और इन सबसे अधिक रति-भाव में आराध्य सान्निध्य रहता है। अतएव उत्तरोत्तर आनन्द की भी वृद्धि होती है। रति-भाव 'भागवत्' का आदर्श भाव है। भक्तिमार्ग में वही सबसे श्रेष्ठ भाव समझा जाता है। माखन-लीला, चीर-हरण, महा रास आदि सब रति-रूपी महा रस प्रदान करने की क्रीड़ाएँ हैं। इन सब क्रीड़ाओं में रास-लीला, प्रेमा भक्ति या रति-भाव की आदर्श क्रीड़ा है।

श्रीकृष्ण की मधुर मुरली को सुनकर गोपियाँ पिता-पुत्र-पुत्रादि की सेवा के साथ-ही-साथ शास्त्र-मर्यादा व लोक-लज्जा को कुचलती हुई, कृष्ण जहाँ दूर एकान्त कुञ्ज में शरद-शर्वरी के शुभ्र मंजुल प्रकाश में मुस्करा रहे थे, दौड़ी हुई पहुँचीं। परन्तु वहाँ जब गोपियों ने सुकोमल मधुर प्रेम-वार्तालाप के स्थान पर कृष्ण के कठोर सती-धर्म, गृह-धर्म, लोक-धर्म के उपदेश सुने तो वे क्रोध-युक्त उपालम्भों से बोलीं—"तू बड़ा धर्म-वेत्ता है, यह हमें सब्र मालूम है। पतिपुत्रादि की सेवा का जो तूने उपदेश दिया, वह तू अपने पास ही रख···हे कृष्ण ! तेरा मन्द स्मित मुख-कमल देखते ही, मधुर सम्भाषण का माधुर्य चखकर हमारा तद्विषयक काम हो गया है। यदि तू हम लोगों को प्रणय-भिक्षा देकर शरण में न लेगा, तो तेरा ही ध्यान धारण करके हम अपने प्राण तेरे पदारविन्दों पर त्याग देंगी।"[1] गोपियों के प्रेमयुक्त वचन सुनकर श्रीकृष्ण ने परम आनन्ददायक महारास की क्रीड़ा की। इस क्रीड़ा का बड़ा मर्मस्पर्शी वर्णन भागवत्कार ने किया है, जो रतिभाव का परिपोषक है।[2]

"जैसे छोटा लड़का पानी के प्रतिबन्ध से खेलता है वैसे ही कृष्ण ने गोपियों से आलिंगन, हस्त-स्पर्श, सप्रेम अवलोकन, मनोहर-विलास, हास्य इत्यादि विहार करके जल-क्रीड़ा की तथा उनके मनोरथों को पूर्ण किया।"[3]

१. 'श्रीमद्भागवत्', १० स्कन्ध २९।१८ से २७ तक।
२. वही, १० स्कन्ध ३३।१५ से २६ तक।
३. एवं परिष्वंग कराभिमर्श स्निग्धेक्षणोद्दामविलास हासैः।
रेमे रमेशो व्रजसुन्दरीभिर्यथार्भकः स्व प्रतिबिंबविभ्रमः ॥१७॥

रति-भाव द्वारा भगवान् की इस क्रीड़ा में परमानन्द-लाभ 'भागवत्' की विशेषता है। 'भागवत्' ने गोपियों के अपार प्रेम को देखकर ही रास-लीला का आयोजन किया। योग-माया को अंगीकार करके कृष्ण ने गोपियों के साथ विहार करने का निश्चय किया :

"वीक्षरंतु मनश्चक्रे योगमायामुपाश्रितः।"

वेद-विहीन, ज्ञान-विहीन, कर्म-कांडों से दूर शत-सहस्र गोपियों का उद्धार भगवान् ने प्रेम के बल पर किया। गोपियाँ कृष्ण को सर्वस्व समझकर अपने हृदय की प्यास बुझाने गयी थीं, परन्तु कृष्ण ने उन्हीं को सर्वाधिक आनन्द दिया।[1]

यही भागवत् की महत्ता है। कामासक्त गोपियों के भाव का अनादर तो दूर रहा, उसे दिव्य प्रेम में परिणत करके भगवान् कृष्ण ने विशुद्ध आनन्द का दान दिया।[2] जो शुद्ध रति भाव से भगवान् से मिलना चाहेगा उसका कहना ही क्या है? इसी रस की प्राप्ति के लिए आदि काल से ऋषि-महर्षि, दार्शनिक, कर्मकांडी, ज्ञानी आदि विभिन्न मार्गों की खोज करते चले आ रहे थे। वह रस उन्हें मिलता जा रहा था, उसका संचय होता जा रहा था। वही रस श्रीमद्भागवत् में आकर सम्पूर्णतः परिपक्व होकर मधुरातिमधुर हो गया।[3] महर्षि व्यास ने चिल्ला-चिल्लाकर कहा है कि हे रसिक जनों, यदि वास्तविक रस का आनन्द लेना है तो भागवत्-रस को चखो। हे भावुक जनो! तुम्हारे भाव की तृप्ति, हृदय के परमानन्द की प्राप्ति इसी रस-सरिता में अवगाहन करने से होगी।

श्रीमद्भागवत् की रस-सरिता में भारत की जनता को मार्जन कराकर उसका मधुर रस चखाने वाले आगे चलकर मुख्यतः श्रीरामानुज, श्री मध्व, श्री निम्बार्क एवं श्री वल्लभ हुए।

१. 'श्रीमद्भागवत्' ११।१२।१३।
2. "Early History of Vaishnavism" by S. K. De, M. A., D.Litt., p. 5.
३. निगम कल्पतरोर्गलितं फलं शुक मुखादमृत द्रवसंयुतम्।
पिबत भागवतं रसमालयं मुहुरहोर सिका भुवि भाविकाः॥

'श्रीमद्भागवत्' १।१।३।

भक्ति-सम्बन्धी दार्शनिक सम्प्रदाय

भारतवर्ष में आठवीं शताब्दी घोर अशांति एवं अव्यवस्था से परिपूर्ण थी। "गौतम बुद्ध के समय से तर्क-शक्ति और बौद्धिक विचारों का प्राबल्य ख़ूब बढ़ गया था। परन्तु लोगों को यह भली भाँति विदित हो गया था कि तर्क-शक्ति से ब्रह्मज्ञान असम्भव है। इस कारण मीमांसकों की प्रवृत्ति शब्द-प्रामाण्य की ओर बढ़ी। उन्हीं के नियमों के अनुसार शंकराचार्य ने वेदान्तशास्त्र का निर्माण किया। तर्क-शक्ति के अप्रतिष्ठित और अनिश्चित रहने के कारण ब्रह्म ज्ञान का वास्तविक आधार शास्त्र-उपनिषद् हैं और उन उपनिषदों के वाक्यों का समन्वय करना ही ब्रह्म-ज्ञान का मार्ग है। सनातन-धर्म के इस सिद्धान्त की स्थापना करके आचार्य ने तर्क-बुद्धि द्वारा चंचल बुद्धि को शांत किया।...अशान्त चित्तों को 'तत्त्वमसि' आदि वाक्यों द्वारा अन्तर्मुख करके 'अहं ब्रह्मास्मि' का साक्षात्कार कराया। तर्क-वितर्कों की तरंगों में धक्के खाने वाले मन को ब्रह्म-ज्ञान द्वारा स्थिरता प्रदान की।"[1]

प्राचीन वैदिक-औपनिषदिक धर्म की पुनर्स्थापना का समस्त श्रेय श्री शंकराचार्य को ही है और इसमें सन्देह नहीं कि दर्शन-क्षेत्र की उस विरोधी प्रबल धारा के आवेश को केवल शंकर का अद्वैतवाद ही रोक सकता था।

शंकराचार्य के अद्वैत सिद्धान्त के कारण, उपासना-क्षेत्र में "सेवक

१. 'शंकराचार्य', महादेव राजाराम बोडस।

सेव्य भाव बिनु, भव न तरिय उरगारि" का सिद्धान्त टिक नहीं सकता था। जब यह दृश्य जगत् ब्रह्म ही है, उससे भिन्न नहीं, जीवात्मा भी ब्रह्म है, उसकी स्वतन्त्र सत्ता नहीं, तब भक्ति कैसे हो ? प्रेम किससे किया जाय, गुण किसके गाये जायँ ? "इस सिद्धान्त के फलस्वरूप व्यावहारिक जगत् में प्रेम और स्नेह को कोई स्थान ही न रहा। यद्यपि शंकराचार्य के शिष्यों ने आत्मा की अज्ञानावस्था में प्रेम आदि को स्थान दिया था, पर यह सिद्धान्त प्रचलित होकर वैष्णव धर्म के मूल में कुठाराघात का कारण हुआ।"[१]

धर्म और अद्वैत के इस कठोर प्रतिपादन के कारण, जन-प्रिय वैष्णव धर्म की सहज अबाध गति में बड़ी बाधा पड़ी। इसका तात्पर्य नहीं है कि शंकराचार्य धर्म के इस लोक-ग्राह्य स्वरूप के विरोधी थे। वे भक्ति के कई सिद्धान्तों को स्वीकार करते थे तथा उन्होंने सर्वप्रथम उपासना-मार्ग में सम्बन्ध लाने के हेतु 'पंचायतन-पूजा' की पद्धति आरम्भ की थी। परन्तु शंकराचार्य के सम्मुख धर्म-रक्षा का कार्य था। वे भारतवर्ष के वातावरण के प्रतिकूल बहने वाली दार्शनिक धारा को रोककर, उसकी मूल धारा को फिर प्रवाहित करना चाहते थे। धर्म के किसी एक साम्प्रदायिक अंग के प्रचार का उस समय प्रश्न न था। यह कार्य अद्वैतवाद ही कर सकता था। जब अद्वैतवाद के सम्मुख अन्य धर्म परास्त हो गये और सनातन वैदिक-धर्म की पुनर्स्थापना हो गयी, तब अन्य आचार्यों ने धर्म के सहज स्वरूप का प्रचार किया, जिससे केवल पंडित ही नहीं किन्तु ब्राह्मण से लेकर चाण्डाल तक अपनी मुक्ति की साधना कर सकें। अद्वैतवाद केवल पण्डित वर्ग के काम की वस्तु थी।

इसका विरोध करने के लिए "श्री यामुनाचार्य ने अपने शिष्य श्री रामानुजाचार्य को 'बादरायण सूत्र' पर भाष्य करने का आदेश दिया। ब्रह्म-सूत्र और उपनिषद् के आधार पर स्थापित शंकर के अद्वैत के सामने भक्ति-सिद्धान्त की स्थापना असम्भव होती देखकर वैष्णव आचार्यों ने इस भाष्य की रचना की आवश्यकता समझी।"[२]

1. "Collected Works of Sir R. G. Bhandarkar, Vol. IV., p. 71.
२. वही

श्री रामानुजाचार्य का विशिष्टाद्वैतवाद

शंकराचार्य के अनुसार ब्रह्म की एकता अद्वितीय है। उससे भिन्न कोई वस्तु नहीं है। परन्तु रामानुजाचार्य ब्रह्म की एकता अद्वितीय नहीं मानते, प्रत्युत चिन्मय आत्मा तथा जड़ प्रकृति से विशिष्ट। इस तरह रामानुज ने ब्रह्म को तीन गुणों से युक्त बताया—चित् अर्थात् भोक्ता, जीव-अचित अर्थात् भोग्य जगत् तथा ईश्वर अर्थात् अन्तर्यामी। रामानुज का यह सिद्धान्त उपनिषद् के 'भोक्ता भोग्यं प्रेरितारं च मत्वा सर्वं प्रोक्तं त्रिविधं ब्रह्म एतत्' पर आधारित है।[1]

रामानुज भी ब्रह्म की अद्वैत सत्ता को मानते हैं, परन्तु उनके अनुसार ब्रह्म उपर्युक्त तीन गुणों से विशिष्ट रहने के कारण विशिष्टाद्वैत है। शरीर तथा उसे धारण-पोषण करने वाला आत्मा और आत्मा का भी धारण-पोषण व नियन्त्रण करने वाला ईश्वर, इन तीनों की समष्टि ही अद्वैत है। रामानुज के मत में सगुण या सविशेष ब्रह्म ही उपनिषद् का प्रतिपाद्य विषय है, क्योंकि जगत् में निर्गुण वस्तु की कल्पना नहीं हो सकती।

ब्रह्म पाँच रूपों में प्रकट होता है।[2]

१. **परब्रह्म**—इसे नारायण या वासुदेव भी कहते हैं। इनका निवास-स्थान बैकुण्ठ है, जो द्वारपालों से निरन्तर रक्षित रहता है। वहाँ भगवान् शेषनाग पर विराजमान श्री, भू, लीला आदि से सेवित हैं। वे दिव्य अलंकारों से सुशोभित, चारों हस्तकमलों में शंख, चक्र, गदा, पद्म धारण किये हैं तथा अनन्त, गरुड़, विष्वक्सेन प्रभृति पार्षद एवं मुक्त-काम मुनियों, तपस्वियों से सदा परिवेष्टित रहते हैं।

२. **व्यूह**—परब्रह्म ने चार रूप (जिन्हें व्यूह कहते हैं) धारण किये हैं, (१) वासुदेव, (२) संकर्षण, (३) प्रद्युम्न और (४) अनिरुद्ध। ये रूप परब्रह्म ने पूजा तथा विश्व-उत्पादनार्थ धारण किये हैं।

३. **वैभव**—कच्छ-मच्छादि अवतार।

४. **अर्चा या मूर्ति**—जो मन्दिरों, घरों आदि में स्थापित की जाती हैं। इन मूर्तियों में परब्रह्म सूक्ष्म शरीर से रहता है।

१. "श्वेताश्वतरोपनिषद्" १।१२।
२. "स्वलीला बशादर्चा विभव व्यूह सूक्ष्मांतर्यामि भेदेन", (सर्वदर्शन संग्रह) ४

५. अन्तर्यामि—अन्तःकरण प्रेरक के रूप में।

इन पाँच रूपों में आविर्भूत होने का कारण भगवान् की भक्त-वत्सलता तथा करुणा ही है। वे उपासकों के अनुरोध से ऐसा करते हैं।[1]

रामानुज सम्प्रदाय में परम उपास्य श्री लक्ष्मीनारायण हैं। आचार्य ने दोनों का स्वरूप इस तरह वर्णित किया है—

नारायण—भगवान् नारायण लक्ष्मी जी के पति सम्पूर्ण अवगुणों से रहित, कल्याणमय तथा अपने अतिरिक्त समस्त वस्तुओं से विलक्षण एक-मात्र अनन्त ज्ञानानन्द स्वरूप हैं।[2] वे कल्याण गुणों के समूह हैं। उनका दिव्य श्री विग्रह स्वेच्छानुरूप सदा एकरस अचिन्त्य, दिव्य, अद्भुत, नित्य निर्मल, उज्ज्वल, सुगन्धित, सुन्दर, सुकुमार, लावण्य, यौवन आदि अनन्त गुणों का भण्डार है। वे आभूषणों एवं दिव्य अस्त्रों से सम्पन्न हैं।

लक्ष्मी—नारायण अपने मन के अनुरूप नित्य-निरवद्य-स्वरूप श्री-विग्रह तथा गुण, वैभव, ऐश्वर्य, शील आदि असीम कल्याणकारी गुणों से सम्पन्न, श्री (लक्ष्मी) के प्रियतम हैं।

श्री लक्ष्मीनारायण के संकल्पानुरूप पूर्ण दास-भाव-युक्त तथा अनन्त गुण-सम्पन्न पार्षद युगल चरणों की स्तुति किया करते हैं।

नारायण की लीला जगत् का उद्भव, स्थिति एवं संहार है। परब्रह्म पुरुषोत्तम नारायण ब्रह्मा से लेकर कीट-पतंगे तक की सृष्टि करने के उप-रान्त भी अपने ही रूप में अवस्थित रहते हैं।[3]

वे देव मनुष्यों की आराधना के विषय नहीं हैं। अपार करुणा, सुशीलता आदि के वशीभूत होकर, अपने स्वभाव को न छोड़ते हुए देव मनुष्यों के सजातीय स्वरूपों में अपने को ही प्रकट करते हैं और आराधित होते हैं।[4] वे ही भगवान् भूमि का भार हरण करने के लिए जीवों को शरण देने के लिए, भूमि पर अवतीर्ण हुए।

शंकराचार्य के अनुसार समस्त इन्द्रियगम्य सृष्टि ब्रह्म का प्रतिबिम्ब-मात्र है। उन्हें ब्रह्म में अविद्या की कल्पना करनी पड़ी जिसके कारण ब्रह्म अपने भीतर विविध नामरूपात्मक मिथ्या जगत् को देखता है। इस अविद्या

१. "सर्वदर्शन संग्रह—रामानुज दर्शनम्" ४६।
२. 'श्रियः पति।' (गीता रामानुज भाष्य)
३. गीता रामानुज भाष्य, पृ० १-४।
४. वही

के हट जाने से ज्ञान का प्रकाश होता है और सब कुछ ब्रह्म रूप दिखाई देता है। "ब्रह्मा ही जगत् का सूक्ष्म रूप में कारण और स्थूल जगत् रूप में कार्य है। इस पर भी वह विकार-रहित होता है। यह विश्व ब्रह्म में लीन है और ईश्वर विश्व में अन्तर्निहित है। जीव और जगत् उसके शरीर हैं। दोनों नित्य और सत्य हैं, मिथ्या नहीं। सृष्टि का प्रयोजन केवल लीला है।" बालक जिस प्रकार खिलौने से खेलता है उसी प्रकार वह लीला-धाम जगत् उत्पन्न करके खेल किया करता है।[1] माया ब्रह्म की शक्ति है।

शंकर के अनुसार जीव एक और विभु है, परन्तु रामानुज उपनिषदों के आधार पर उसे विभु न मानकर अणु मानते हैं[2] तथा जीव को एक न मानकर अनन्त मानते हैं। ब्रह्म विभु और अणु है। दोनों में सजातीय और विजातीय भेद नहीं है फिर भी स्वभावगत भेद है। जीव कार्य और ईश्वर कारण है। ब्रह्म पूर्ण और जीव अंश है। उपनिषद् 'य आत्मानमंतरो यमयति स त आत्मा अन्तर्याम्यमृत' आदि वाक्यों द्वारा जीव का ब्रह्म से पृथकत्व प्रतिपादित करते हैं।

जीव तथा जगत् यद्यपि नित्य तथा स्वतन्त्र है फिर अन्तर्यामी परमात्मा का सर्वत्र वास होने के कारण दोनों ईश्वर के अधीन हैं। ईश्वर जीव का नियामक है। जीव अपने कार्य-कलापों और मुक्ति के लिए ईश्वर पर अवलम्बित है।

रामानुज के अनुसार जीव तीन तरह के हैं—

१. **बद्ध**—ब्रह्मा से लेकर क्षुद्रकीट, पतंगे, वृक्षादि जो संसार-चक्र में बँधे हैं।

(२) **मुक्त,**

(३) **नित्य।**

बद्ध के दो वर्ग हैं—(१) भोगेच्छु और (२) मुमुक्षु। भोगेच्छु सांसारिक तुच्छ पदार्थों तथा स्वर्गादि की प्राप्ति के लिए शास्त्रोक्त कर्म होम, हवन, तीर्थाटन, दान आदि करते हैं। इसमें कुछ भगवान् में मन लगाते हैं तथा कुछ देवी-देवताओं का पूजन करते हैं। मुमुक्षुओं में कुछ

१. 'भारतीय दर्शन', श्री बलदेव उपाध्याय, पृ० ४६६।
२. 'श्वेताश्वतरोपनिषद्' ५.६।

ऐसे होते हैं जो मुक्ति के द्वारा ईश्वर-साक्षात्कार करना चाहते हैं, वे अविद्या के बन्धन का नाश भक्ति द्वारा करते हैं।

शंकर के अनुसार अविद्या जीव के बन्धन का कारण है। इसे रामानुज भी मानते हैं। शंकर के अनुसार ज्ञान होने से अविद्या अस्त हो जाती है और अविद्या का अन्त होना ही मुक्ति है; मुक्ति क्रिया-साध्य नहीं है। आत्मा नित्य मुक्त है, केवल अज्ञान का नाश होते ही मुक्त आत्मा अपने स्वरूप में प्रकाशित होता है। परन्तु रामानुज मुक्ति या ईश्वर-साक्षात्कार-क्रिया या उपासना को साध्य मानते हैं। ईश्वर की उपासना करने पर ईश्वर का साक्षात्कार होता है।

"रामानुज दर्शन के अनुसार जब जीवात्मा ईश्वर को भूलकर स्वयं को स्वतन्त्र समझने लगता है, तब ईश्वर उसे कर्म के कटु फल द्वारा वास्तविक स्थिति का बोध कराते हैं। तब उसे अपने पापपूर्ण कर्मों का स्मरण होता है। अन्तर्यामी परमात्मा की प्रेरणा से वह अपने पापों को पहचानता है और ईश्वर से सहायता के लिए प्रार्थना करता है। रामानुज दर्शन में पाप-कर्मों को स्वीकार करने तथा कर्मों का उत्तरदायित्व पहचानने को महत्त्व देता है। यामुनाचार्य ने स्वयं को पापों का आगार कहकर भगवान् से सहायता के लिए विनय की है।"[1]

रामानुज भक्ति के साधन-पक्ष में कर्मयोग और ज्ञानयोग को महत्त्व देते हैं। पक्ष में नित्य-नैमित्तक कर्म तथा आराध्य की पूजा है। पूजा-विधान में अर्चन, प्रतिमा-पूजन है। उपासना करने से दुरित-राशि दूर होती है। ऐसा आचार्य का मत है और उससे विभवोपासना में अधिकार संघटन होता है। इसके पश्चात् उपासक व्यूह की उपासना का अधिकारी होता है। तदनन्तर सूक्ष्म उपासना का अधिकारी होता है। इन सबके पश्चात् अन्तर्यामी के साक्षात् की शक्ति समुद्भूत होती है।[2]

पूजा पाँच तरह की बताई गयी है—

(१) **अभिगमन**—देवता के स्थान और मार्ग का मार्जन और लेपन।

(२) **उपादान**—गन्ध-पुष्पादि एकत्रित करना।

1. 'Indian Philosophy' by Shri Radhakrishnan, p. 703
२. **'सर्वदर्शन संग्रह—रामानुज दर्शनम्' ४४।**

(३) **इज्या**—देवता का पूजन।

(४) **स्वाध्याय**—अर्थानुसंधानपूर्वक मंत्र-जाप, वैष्णव-सूक्त, स्तोत्र पाठ तत्त्व-प्रतिपादक शास्त्रों का अध्ययन।

(५) **योग**—देवता अनुसंधान। इसके अन्तर्गत यम-नियमादि अष्टांग योग के साथ ही शुद्ध सात्विक अन्न-जल ग्रहण करना एवं अन्त-र्बाह्य पवित्रता रखना।[१]

इन सबके अतिरिक्त उपवास, तीर्थ, दान, यज्ञादि निष्काम भाव से करना। सत्य, शौच, अहिंसा आदि नियमों का भी विधान है। 'पद्म पुराण' के अनुसार कुछ अन्य कर्म-विधान जोड़े गये हैं जैसे शरीर पर शंख-चक्रादि के चिन्ह बनाना, चन्दन लगाना, मन्त्रोच्चार करना, वैष्णवों की सेवा करना, एकादशी व्रत करना, पूजा में श्रीहरि को तुलसी-पत्र चढ़ाना आदि।

कर्मयोग के इस पथ पर चलकर साधक की आत्मा धीरे-धीरे शुद्ध होती है, वायुदेव प्रसन्न होते हैं। फिर वह ज्ञान-योग के योग्य हो जाती है।[२] "रामानुज के अनुसार निष्काम कर्म से संचित कर्मों का नाश होता है। आडम्बरपूर्ण कर्मों का फल अस्थायी होता है तथा ब्रह्म-ज्ञान का फल अक्षय होता है। परन्तु कर्मों का सम्पादन भगवान् को समर्पित किया जाय तो वह मोक्ष का कारण होता है।[3]

अपने को प्रकृति से अभिन्न मानते हुए भगवान् का अंश (Attribute) मानना ज्ञान है। ज्ञान-प्राप्ति के पश्चात् भक्ति-मार्ग प्रशस्त होता है।[४]

उपर्युक्त भक्ति-साधन में केवल त्रिवर्णों को ही अधिकार है, शूद्रों को नहीं। रामानुज भक्ति के लिए मुक्ति ही को प्रधान मार्ग कहते हैं, तथा भक्ति में भी परा प्रपत्ति अर्थात् शरणागति का होना अत्यन्त आवश्यक मानते हैं। जीव-पक्ष में ईश्वर की शरणागति और ईश्वर-पक्ष में जीव के प्रति अहैतुकी की कृपा, रामानुज-दर्शन की विशेषता है। जब तक जीव भगवान् की शरण में नहीं जाता, तब तक उसका परम कल्याण नहीं हो सकता। जीव तथा जगत् यद्यपि नित्य तथा स्वतन्त्र है, फिर भी अन्त-

१. वही। 'तत्राभिगमनम् नाम देवता स्थान मार्गस्य" आदि, पृ० ६३।
२ 'सर्वदर्शन संग्रह', ५२।५३।५४।
3. 'Indian Philosophy' by Shri Radhakrishnan, p. 704.
४. 'सर्वदर्शन-संग्रह', ६०।६१।६२।

र्यामी परमात्मा का सबके भीतर वास होने के कारण, वह ईश्वर के अधीन है। ईश्वर जीव का नियामक है। जीव अपने कार्य-कलापों के लिए ईश्वर पर अवलम्बित है। इसलिए संसार के कठोर बन्धनों से छुटकारा पाने के लिए भगवान् नारायण की शरण में जाना चाहिए। इसी को प्रपत्ति कहते हैं।

भगवान् को आत्म-समर्पण करना ही प्रपत्ति है। आचार्य ने अपने गद्य-त्रय में इस पर पर्याप्त प्रकाश डाला है। गुरु से प्राप्त करके भक्ति के साधन-मार्ग पर चलने में असमर्थ होने के कारण शरणापन्न भक्त अपने को भगवान् के भरोसे छोड़ देते हैं। यह मार्ग शूद्रों के लिए भी खुला है।

जो इनमें से कोई भी साधना न कर सके, उसे आचार्य के सम्मुख आत्म-समर्पण कर देना चाहिए। इसे आचार्याभिमान योग कहते हैं। इस योग में साधक प्रत्येक बात में आचार्य का आज्ञानुसार व्यवहार-साधनादि करता है और अन्त में मुक्ति-लाभ करता है।

शंकर जीवन्मुक्ति को स्वीकार करते हैं। उनका कहना है कि आत्मा नित्य मुक्त है। अज्ञान का नाश होते ही आत्मा अपने स्वरूप में प्रकाशित होता है। परन्तु श्री रामानुज जीवन्मुक्ति नहीं मानते। उनका यह मत है कि मुक्तावस्था में भी जीव ब्रह्म का दास ही है, क्योंकि एक ईश है दूसरा अनीश, एक असीम तथा दूसरा ससीम, एक प्राज्ञ तथा दूसरा अज्ञ है। इस तरह आत्मा परमात्मा के समान होकर भी पृथक् रहता है।

मुक्त जीव में सर्वज्ञत्व तथा सत्य संकल्पत्व अवश्य आ जाता है, परन्तु सर्व-कर्तृत्व गुण ईश्वर के साथ ही रहता है। रामानुज का मुख्य सिद्धान्त है कि आत्मा बिना शरीर के किसी भी अवस्था में अवस्थित नहीं रह सकता, अतः मुक्तावस्था में भी आत्मा को शरीर प्राप्त होता है। परन्तु शुद्ध सत्व का बना हुआ वह शरीर अप्राकृत होता है और भगवान् की सेवा करने के निमित्त धारण किया जाता है। इसी शुद्ध सत्व से बैकुण्ठ आदि लोक निर्मित होते हैं। यह बैकुण्ठ नारायण के ही योग्य विविध विचित्र और अनन्त भोग्य पदार्थों तथा भोग्य स्थानों से सम्बद्ध, अनन्त आश्चर्यमय, महा वैभव विस्तार-युक्त, नित्य-निर्मल, क्षय-रहित परम व्योम है।[1] यहाँ मुक्त आत्मा श्री, भू, लीला देवियों के साथ सेवा

१. "नित्यनिरवद्याक्षर परम व्योमनिलयः" (गीता, 'श्रीरामानुज भाष्य')।

करती हुई, ईश्वर की अपार लीला में नारायण के समान ही परम आनन्द का उपभोग करती हैं। यही कैंकर्य है, जिसकी प्राप्ति करना रामानुज-दर्शन की दृष्टि में, परम पुरुषार्थ है।

श्री रामानन्द जी की उपासना-पद्धति

दर्शन पक्ष में श्री रामानन्द जी श्री रामानुजाचार्य की ही परम्परा में माने जाते हैं। केवल उन्होंने रामानुज से भिन्न उपास्य के स्वरूप को ग्रहण किया। वही यहाँ हमें लेना चाहिए।

श्री रामानुज के उपास्य देव श्री लक्ष्मीनारायण हैं। श्री रामानन्द के उपास्य श्री सीताराम हैं।

भगवान् श्रीराम परम तत्त्व है उनसे परे अन्य कोई नहीं।[1] उनमें और श्री सीता में नित्य सम्बन्ध रहा करता है।[2] वे उनसे उसी प्रकार अभिन्न है, जिस तरह सूर्य से प्रभा।

अनन्या राघवेणाहं भास्करेण प्रभा यथा।

श्री सीताजी अनन्त ऐश्वर्य और गुणों से विभूषित हैं। उनका अपने भक्त जनों पर वात्सल्य भाव नित्य रहता है। वे वात्सल्य रस की चरम सीमा है।[3] भगवान् श्रीराम जानकी जी के पति एवं साकेत-धाम के एक-मात्र अधीश्वर हैं। वे भक्तों की इच्छाओं को पूर्ण करने वाले हैं।[4]

साकेतराज श्रीरामचन्द्र हमारे जैसे हैं। उनके श्रीविग्रह का आकार हम सब-जैसा ही है, वे चतुर्भुज न होकर द्विभुज हैं। वे हमारे बीच में पृथ्वीवासी दशरथ के पुत्र-रूप अवतरित हुए थे। वे हमारे वन्दनीय हैं।[5]

रामानन्द-सम्प्रदाय में एक विशेषता मिलती है लक्ष्मण सहित श्री-सीताराम का उपास्य रूप में ग्रहण। केवल सीताराम का ध्यान कदाचित् ही किसी श्लोक में मिले। श्री राधाकृष्ण-परक सम्प्रदायों में यह बात नहीं है।

१. "रामात्परतरं तत्त्वं श्रुति सिद्धान्त गोचरम्", (सिद्धान्त दीपक)।
२. "माता पुरुषकारस्य नित्यसम्बन्ध उच्चते" ॥४॥ (वैष्णव मताब्ज भास्कर)।
३. "अखिलमद्भुत शुभगुणा वात्सल्य सीमा च या" (वैष्णव मताब्ज भास्कर)।
४. 'सिद्धान्त दीपक' १ श्लोक।
५. 'वैष्णव मताब्ज भास्कर' ५।

राम और नारायण एक ही हैं। जहाँ 'ध्येयः सदा सवितृ-मण्डल मध्यवर्ती, नारायण सरसिजा सरसन्निविष्टाः' कहकर सूर्य को नारायण कहा है। वहाँ "सूर्य मण्डल मध्यस्थं रामं सीता समन्वितम्" कहकर सूर्य और सीताराम में अभेदत्व स्थापित करके नारायण और राम को अभिन्न कहा है।[१]

जिस तरह रामानुज-सम्प्रदाय में श्री लक्ष्मीनारायण मंत्र-तारक मंत्र माना जाता है उसी तरह रामानन्द-सम्प्रदाय में श्री राम-नाम मंत्र।[२] वे मन्त्र ये हैं—

"श्रीमद्रामचन्द्र चरणौ शरणं प्रपद्ये।"

"श्रीमते रामचन्द्राय नमः।"

राम नाम मन्त्र के प्रवर्तक श्री हनुमानजी माने जाते हैं जो मंत्र जपने वाले भक्तों की अपने वज्र शरीर से रक्षा किया करते हैं।[३]

साधक दो तरह के बताये गये हैं—(१) 'जो संसार के समस्त प्रपंचों को छोड़कर श्रीराम जी को ही सर्वस्व समझते हैं।[४] ये भक्त श्रीराम के ही यश-श्रवण, कीर्तन आदि में लगे रहते हैं। ये शुद्ध या प्रपन्न भक्त कहलाते हैं।[५] (२) दूसरे व्यक्ति वे हैं जो कोई उपाय न होने से पुरुषकार सीता जी का ध्यान करते हैं अथवा वात्सल्य रूप राम को इष्ट मानते हैं।[६] कोई-कोई साधक गुरु का आश्रय ग्रहण करते हुए शरण में जाते हैं।[७]

वैसे तो रामानुज ने शूद्रों को भी भक्ति का अधिकार दे दिया था, परन्तु इस विचार को उन्होंने उतना व्यापक रूप न दिया जितना रामानन्द ने। इन्होंने कहा कि शक्त, अशक्त, (द्विजाति या शूद्र) कुलवान, कुलहीन सभी को बिना देश-काल, शुद्धता-अशुद्धता का विचार किये भक्ति करने का अधिकार है।[८] इनके रैदास चमार, कबीर जुलाहे आदि भी

१. 'सनत्कुमार संहिता'।
२. वैष्णव मताब्ज भास्कर' १।
३. 'सिद्धान्त दीपक' ३।
४. 'वैष्णव भेद निरूपण' ८ (वै० म० भा०)
५. 'वैष्णव भेद निरूपण' १४।
६. 'कृपादि भेद निरूपण' ५,६ (वै० म० भा०)
७. 'प्राप्य परात्वा।चिरादि मार्ग निरूपण' ५ (वै० म० भा०)।
८. 'न्याय-स्वरूप-निर्णय' ६ (वै० म० भा०)।

शिष्य थे।

रामानन्द ने कैंकर्य भाव से उपासना करने का निर्देश किया था[1] तथा कर्मों का अनुष्ठान लोक-संग्रह भाव से—

लोक संग्रहणार्थं तु श्रुति चोदित कर्मणाम् ।।१२।।
(श्री वैष्णव-मताब्ज; न्यास-स्वरूप निर्णय)

इन्होंने साधना पक्ष में वही कर्म-विधान रखे जो सब वैष्णव-सम्प्रदायों में प्रचलित थे। श्री रामनवमी व्रतोत्सव, श्री जानकी नवमी व्रतोत्सव तथा श्री हनुमज्जन्म-व्रतोत्सव इस सम्प्रदाय की विशेषताएँ हैं।

इन्होंने अनन्य भाव, छल-कपट प्रपंचों से रहित, विवेकयुक्त, यम-नियमादि अष्टांग योग युक्त, तैलधारवत् निरन्तर अनुराग को ही परा-भक्ति अथवा श्रेष्ठ भक्ति कहा है।[2] इस भक्ति के द्वारा भगवान्, श्रीराम का साक्षात्कार करके भक्त उस अमृत-सिंधु में स्नान करता है जहाँ संसार के पाप-ताप नष्ट हो जाते हैं और वह आनन्द-महासागर में निमग्न होकर फिर नहीं लौटता।[3]

श्री मध्वाचार्य का द्वैतवाद

मध्वाचार्य ने विष्णु को ही सर्वोच्च परम तत्त्व कहा है।[4] भगवान् विष्णु अनन्त व असीम गुणों से विभूषित हैं। भगवान् में अचिंत्य शक्ति का वास होता है। यह शक्ति अद्‌भुत और अलौकिक सामर्थ्य-सम्पन्न होती है। इसी शक्ति के कारण भगवान् में विषम गुणों का होना असम्भव नहीं होता।

१. 'कैंकर्य भीर्ष्यो रहित सुचित:·········।'
शेष भूतैरनुष्ठाने त कैंकर्य परायणै ।।१२।। (वै० म० भा०, न्यास-स्वरूप निर्णय)।

२. 'मुक्ति साधन प्रकरण', ६, ७ (वै० म० भा०)।

३. शीतांत सिध्वा प्लुत एव धन्यो,
गत्वा परब्रह्म सुवीक्षितोऽथ।
प्राप्यं महानन्द महाब्धि मग्नो,
नावर्तते ततः पुनः सः ।।१०।।
(वै म० भा० प्राप्यपरातत्त्वार्चिरादि मार्ग-निरूपण।)

४. 'पूर्ण प्रज्ञा दर्शन' २३ (सर्वदर्शन संग्रह)।

भगवान् का शरीर सच्चिदानन्दमय है, अतः वे शरीर होने पर भी नित्य तथा स्वतन्त्र हैं। भगवान् के मच्छ, कच्छपादि अवतार स्वयं पूर्ण होते हैं।[1] "मत्स्य कूर्मादि स्वरूपों से, कर चरणादि अवयवों से, ज्ञानानन्दादि गुणों से भगवान् अत्यन्त अभिन्न है, अतएव भगवान् तथा भगवान् के अवतारों में भेद दृष्टि रखना नितान्त अनुचित है।[2]

कदाचित् वैष्णव भक्तों के आराध्य नराकार विष्णु का परम तत्त्व से अभेद स्थापित करने वाले मध्वाचार्य ही हैं। अन्य आचार्यों ने निर्गुण तत्व के विभिन्न स्वरूपों का वर्णन करते हुए साधना-मार्ग में प्रतीक रूप विष्णु को माना है। परन्तु मध्व के विष्णु उस परम तत्त्व के प्रतीक न होकर स्वयं परम तत्त्व हैं। इसके पूर्व कदाचित् उपासकगण परम तत्त्व तथा अपने सगुण आराध्य में थोड़ा-बहुत भेद मानते हों, पर माध्व सम्प्रदाय ने वह भेद बिल्कुल ही नहीं रखा। इससे ज्ञात होता है कि मध्वाचार्य शंकराचार्य की कैवल्य मुक्ति नहीं मानते। यह भी कहा जा सकता है कि जैसे अन्य आचार्यों ने भक्ति रूपा मुक्ति को सर्वश्रेष्ठ स्वीकार करते हुए भक्ति के द्वारा भक्ति और मुक्त दोनों को साध्य समझा, मध्वाचार्य भक्ति द्वारा विष्णु की प्राप्ति ही को एकमात्र मुक्ति मानते थे।

भागवत् में भगवान् के अनेक अवतारों का वर्णन है। भागवत्कार से भगवान् श्रीकृष्ण को पूर्णावतार कहा गया है, शेष सभी को अंशावतार।[3] माध्व ने भगवान के सभी अवतारों को पूर्ण कहा। इस तरह माध्वाचार्य विश्वास दिलाते हैं कि भगवान् के किसी भी अवतार को उपास्य मानकर भक्ति की जा सकती है, उनकी भक्ति से हमें पूर्णता की ही प्राप्ति होगी।

लक्ष्मी केवल विष्णु भगवान् के अधीन रहती हैं। वह उनसे भिन्न हैं।[4] 'लक्ष्मी' की शक्ति एवं गुण परमात्मा से कहीं अधिक कम हैं। लक्ष्मी भी नित्य मुक्त, अप्राकृत, अक्षर, दिव्य शरीर-सम्पन्न तथा व्यापक हैं।[5] यह माया रूप-धारिणी भगवान् की भार्या हैं।

१. 'अवतारादयोविष्णोः सर्वे पूर्णाः प्रकीर्तिता (माध्व बृहद् भाष्ये)।
२. 'भारतीय दर्शन', श्री बलदेव उपाध्याय, पृ० ४६१।
३. 'श्रीमद्भागवत्' १।३।२८।
४. 'परमात्म भिन्ना तन्मात्राधीना लक्ष्मीः।'
५. 'द्वावेव नित्यमुक्तोतु परमः प्रकृतिस्तथा।'
देशतः कालतश्चैव समन्याव्याप्तादुभावजो। (भागवत तात्पर्य निर्णय)।

माध्व सम्प्रदाय में चेतन दो माने गये हैं—जीव और ईश्वर। इस संसार में दो पुरुष हैं, क्षर और अक्षर। सब भूत क्षर शब्द का वाच्य है और स्वयं कूटस्थ को अक्षर कहते हैं।[1] अक्षर का कभी नाश नहीं होता, एवं इसकी कल्पना किसी प्रकार नहीं की जा सकती।[2] जीव और ईश्वर इन दो तत्त्वों को नित्य मानने के कारण इनका दर्शन द्वैतवादी कहा जाता है।[3]

जीव माया-मोहित है, अतएव अनादि काल से बद्ध है तथा अज्ञत्वादि नाना धर्मों का आश्रय है। जिस तरह पक्षी और सूत्र, वृक्ष और रस, नदी और समुद्र आदि भिन्न हैं उसी तरह जीव और ईश्वर भिन्न और विलक्षण हैं।[4] उसी विष्णु के शरीर से इस चराचर जगत् की सृष्टि हुई है।

विष्णोर्देहात् जगत्सर्वमाविरासीत् (तत्त्व विवेक)

वेदों में भगवान् को सत्य-संकल्प कहा है। सत्य-संकल्प द्वारा निर्मित सृष्टि मिथ्या नहीं हो सकती, वह सत्य है। वह शंकराचार्य के अनुसार 'रज्जुसर्पवत्' भ्रमात्मक नहीं है।

समस्त जीव परम सामर्थ्य-सम्पन्न भगवान् विष्णु के अधीन हैं। परमात्मा स्वतन्त्र एवं जीव परतन्त्र है। जीव विष्णु का दास है। जीव को अपने उद्धार के लिए भगवान् विष्णु की उपासना करनी चाहिए।

जीव अपनी भुक्ति-मुक्ति के लिए ईश्वर के अधीन है। भगवान् का अनुग्रह हुए बिना मुक्ति प्राप्त करना कठिन है।[5] अतएव जीव को कृपा-प्राप्ति के लिए भगवान् का गुण-कथादि श्रवण, मनन, ध्यान आदि करना चाहिए।

भगवान् की सेवा भी तीन प्रकार की है—

(१) **अंकन**—रूप-स्मरण आदि के लिए शरीर पर चक्रादि आयुधों का चिह्न बनाना। यह कृत्य पापों से छुटाने वाला है।

(२) **नामकरण**—पुत्रादिकों के विष्णुपरक नाम रखना। उद्देश्य

१. 'पूर्णप्रज्ञा दर्शन' (स० द० सं०) २७।
२. वही, २५।
३. 'सर्व दर्शन संग्रह' २६ पृ० ११२।
४. 'वही' ३८, ३९।
५. 'मोक्षश्चविष्णु प्रसादमन्तरेण न लभ्यते', ३३ पृ० ११३ (स० द० सं०)

यह है कि सदैव आराध्य का स्मरण बना रहे।

(अ) **वाचक**—सत्य, हित, प्रिय वचन तथा स्वाध्याय, यह वाचिक भजन हैं।

(ब) **कायिक**—दान, परित्राण, परिरक्षण।

(स) **मानसिक**—दया, स्पृहा, श्रद्धा। भगवान् के दासत्व में एकांतिक अभिलाषा स्पृहा है। विषय-स्पृहा से यहाँ कोई तात्पर्य नहीं।[1]

इन सबको एक-एक करके नारायण में समर्पण करने को भजन कहते हैं :

अत्रैकैकं निष्पाद्य नारायणे समर्पणं भजनम्।

दो प्रकार की उपासना और बताई गयी है। सतत शास्त्राभ्यास-रूपा और ध्यान-रूपा। अधिकारी-भेद से उपासना अपनाई जाती है।

इनके साथ ही तारतम्य परिज्ञान तथा पंचम भेद का ज्ञान होना आवश्यक है। जगत् के समस्त पदार्थ एक-दूसरे से बढ़कर हैं, ज्ञान-सुखादि का अवसान भगवान् में ही होता है, यही तारतम्य-ज्ञान है।। ईश्वर-जीव-ईश्वर-जड़, जीव-जड़, जीव का दूसरे जीव तथा जड़ का दूसरे जड़ से भेद पंचम भेद कहलाते हैं।

इन सब साधनों को करते-करते भगवान् के प्रति निर्मल प्रीति अर्थात् 'अमला-भक्ति' प्राप्त होती है। अमला भक्ति के पश्चात् भगवान् का अनुग्रह मिलता है, जो मुक्ति का कारण होता है।

स्वरूप-घटक आनन्द का प्रतिद्वन्द्वी सम्पर्क-रहित आवरण-शून्य साक्षात्कार जीव का मोक्ष है।[2] मोक्ष चार प्रकार का होता है—(१) कर्मक्षय, (२) उत्क्रान्ति, (३) अचिरादि और (४) भोग। कर्म-क्षय होने के पश्चात् विश्व से विशेष रूप में अलग होने को उत्क्रान्ति कहते हैं तथा संसारी लोगों से भिन्न जीवन-पद्धति को अचिरादि-मार्ग कहते हैं। भोग-मुक्ति चार प्रकार की है—(१) सालोक्य, (२) सामीप्य, (३) सारूप्य, (४) सायुज्य।

भगवान् में प्रवेश करके उन्हीं के शरीर से आनन्द-भोग करना सायुज्य मुक्ति है।[3] मुक्त पुरुष के अधिकारानुसार आनन्द की प्राप्ति होती है,

१. 'पूर्ण प्रज्ञा-दर्शन (स० द० सं०) १७।
२ 'कल्याण वेदान्तांक' पृ० ५१।
३. 'भारतीय दर्शन', श्री बलदेव उपाध्याय, पृ० ४६३।

जिसे आनन्द अनुभूति का परस्पर तारतम्य कहते हैं। ज्ञानादि की उच्च अवस्थानुसार आनन्द की प्राप्ति होती है।[१] यह सिद्धान्त माध्व-सम्प्रदाय में अपनी विशेषता रखता है।

श्री निम्बार्काचार्य का द्वैताद्वैतवाद

ब्रह्म अद्वैत, अविभक्त और सदा निर्विकार है। वह सर्वशक्तिमान्, सर्वज्ञ तथा सब गुणों का आश्रय भी है। "निम्बार्क के मत में ब्रह्म की कल्पना सगुण रूप से की गयी है।"

यद्यपि ब्रह्म निर्विकार है, तथापि माया के कारण उसका स्वाभाविक आनन्द अनन्त रूप में अनुभूत होता है। ब्रह्म में ऐसा सामर्थ्य है कि वह अपने को अविकृत और अविभक्त रखते हुए नाना रूपात्मक पदार्थों में उत्पन्न करके आनन्द का उपभोग कर सकता है।

ब्रह्म ही इस सृष्टि का उपादान और निमित्त कारण है उसके अनन्त व्यक्त रूपों का नाम विश्व है। रामानुज के ही अनुसार इनके ईश्वर चित्-अचित् युक्त हैं। सृष्टि के समस्त अनुभवगम्य पदार्थों में नारायण बाहर-भीतर व्याप्त हैं।[२] परमात्मा के ही परब्रह्म, नारायण, भगवान्, कृष्ण, पुरुषोत्तम आदि नाम हैं। जीव अपनी जीव दशा में परमात्मा का पूर्ण अंश है, परन्तु उसका परमात्मा से अभेद्य सम्बन्ध है। "उनकी सम्मति में जीव अवस्था-भेद से ब्रह्म के साथ भिन्न भी है और अभिन्न भी।"[३] इसीलिए इनके सिद्धान्त को भेदाभेद या द्वैताद्वैतवाद कहते हैं। ऊपर जीव परमात्मा का अंश कहा गया है, वहाँ अंश का अर्थ अवयव या विभाग नहीं, वरन् शक्ति-रूप है।[४]

ईश्वर एक ही साथ संसार के सम्पूर्ण पदार्थों को देख सकता है, इसलिए ईश्वर सर्व-द्रष्टा है। जब ईश्वर सब पदार्थों को अलग-अलग करके दिखाता है तब ईश्वर की संज्ञा जीव होती है। ईश्वर और जीव विभिन्न रूपों में ब्रह्म की चिच्छक्ति के प्रत्यक्षीकरण हैं। ईश्वर ज्ञान-

१. "यच्च किञ्चिज्जगत्यस्मिन् दृश्यते श्रूयतेपि वा।
अंतर्बहिश्च तत् सर्वं व्याप्त नारायणः स्थितः।"
२. वही
३. 'भारतीय दर्शन', लेखक श्री बलदेव उपाध्याय, पृ० ४८७।
४. "अंशो हि शक्ति रूपो ग्राह्य" २।३।४२ (पर वेदान्त कौस्तुभ)।

स्वरूप है। वह इन्द्रियों की सहायता के बिना किसी भी विषय का ज्ञान प्राप्त करने में समर्थ है। परन्तु जीव की दृष्टि सदोष होने से वह पदार्थों को एक-एक करके देखता है। उसके ज्ञान में एक के पश्चात् दूसरा पदार्थ आता है, इसलिए वे उसे जीते, मरते अर्थात् परिवर्तनशील दिखायी देते हैं, परन्तु ईश्वर के ज्ञान में वे सदा वर्तमान रहते हैं।

ईश्वर और जीव के चित्त में कभी परिवर्तन नहीं होता, किन्तु संसार में अनन्त रूप होने के कारण इन रूपों के द्रष्टा जीव भी अनन्त हैं। ईश्वर सार्वभौम है, परन्तु जीव अणु रूप होकर समस्त पदार्थों में निवास करके अपने-आपको अनुभव का विषय बनाता है। जीव कर्ता है। प्रत्येक दशा में जीव में कर्तृत्व का सद्भाव है। संसारी दशा में कर्ता होना अनुभवगम्य है। परन्तु मुक्त होने पर भी श्रुतियाँ उसे कर्ता बताती हैं।

चेतना-विहीन पदार्थ को अचेतन कहते हैं। यह तीन प्रकार का है—(१) प्राकृत—प्रकृति से उत्पन्न जगत्। (२) अप्राकृत—प्रकृति से परे वैकुण्ठ आदि (३) काल—यह जगत् का नियामक होने पर भी ईश्वर से नियम्य है।[1]

नीचे के विवेचन में ब्रह्म के रूप बताये गये हैं—

(१) **पर अमूर्त**—परम अक्षर तत्त्व। यह अवस्था सर्व निरपेक्ष है, इसमें स्वागत सुधासिंधु में ही निमज्जन है।

(२) **अपर अमूर्त**—यही ईश्वर है जो सर्वथा द्रष्टा और सब शक्तियों के उद्भव हैं। इस दशा में ब्रह्म को ईश्वरत्व के साथ सम्पूर्ण सृष्टि का भाव रहता है।

(३) **पर मूर्त**—इसे हिरण्य-गर्भ भी कहते हैं। यह वह स्वरूप हैं जो समस्त संसार को धारण करता है और व्यक्त रूप का मूल स्रोत है।

(४) **अपर मूर्त**—यह जीव रूप है। इसमें रूप, रस, गन्ध, स्पर्श और शब्द की यथा-क्रम व्यक्तिगत अनुभूति होती है।

भगवान् के प्रसाद से, अनादिकाल से माया से दुःखित जीव को सच्चे स्वरूप का ज्ञान प्राप्त हो सकता है।[2] प्रपत्ति के द्वारा भगवद् अनुग्रह जीवों पर होता है। अनुग्रह के फलस्वरूप भगवान् के प्रति उत्कट प्रेम

१. 'दशश्लोकी' ३।
२. वही

का ग्राविर्भाव होता है, जिससे फिर भगवद्-साक्षात्कार होता है। जीव भगवद्-भावापन्न होकर समस्त क्लेशों से मुक्त हो जाता है। जीव का जब तक शरीर से सम्बन्ध है, तब तक भगवद्-भावोत्पत्ति ग्रसम्भव होती है, ग्रतएव जीवन्मुक्ति की दशा भी ग्रसम्भव है।[1]

मोक्ष-दशा में जीव ब्रह्म से ग्रभिन्न होने पर भी ग्रपने स्वरूप की प्राप्ति करता है :

"स्वेन रूपेणाभिनिष्पद्यते।" छा० ८-३-४

इस दशा में उसका व्यक्तित्व स्वतन्त्र रहता है। मुक्ति की ग्रवस्था में जीव कर्तृत्व की सत्ता नहीं खोता, ऐसा श्रुतियों का वचन है।[2]

उपासना पक्ष में इनके सम्प्रदाय को सनक-सम्प्रदाय कहते हैं। इसमें राधा-कृष्ण की युगल मूर्ति की उपासना होती है। निम्बार्काचार्य की लिखी दशश्लोकी ग्रथवा वेदान्त कामधेनु है। इसमें राधाकृष्ण का स्वरूप एवं उपासना की सम्पूर्ण प्रक्रिया दी है।

श्रीकृष्ण केवल स्मरण-मात्र से ग्रविद्यापर्यन्त समस्त ग्रनर्थों के हरने वाले हैं, इसीलिए वे हरि हैं। वे ग्रविद्या, ग्रस्मिता, राग-द्वेष, ग्रभिनिवेशादि दोषों से निरत हैं। वे सम्पूर्ण दोषों से रहित सत्य-स्वरूप ज्ञान-स्वरूप हैं। वे कल्याणीय गुणों की राशि हैं ग्रर्थात् मोक्ष-दान, ग्रनन्त, ग्रचिन्त्य, स्वाभाविक सम्पूर्ण ज्ञान, शक्ति, बल, ऐश्वर्य, तेज ग्रादि से युक्त हैं।

वे व्यूहांग ग्रर्थात् नृसिंह-नारायण ग्रादि व्यूहों के ग्रंगी हैं। श्रीकृष्ण स्वयं ब्रह्म हैं। भगवान् श्रीकृष्ण के शेष सब ग्रंग हैं। वे कारणों के कारण, ईश्वरेश्वर, देवों के देव ब्रह्म रुद्रादिकों के गुरु ग्रौर उन्हें उत्पन्न करने वाले हैं। वे कमल-नेत्र-मुमुक्षुग्रों को वरेण्य ग्रर्थात् स्वीकार करने योग्य हैं।[3]

श्री राधा की उद्भावना भागवत् ग्रन्थ में नहीं हुई है। वे कालान्तर के पुराणों में श्रीकृष्ण की प्रेयसी ग्रौर ग्राराधिका के रूप में ग्रायी हैं। तभी से राधाकृष्ण की उपासना का ग्रारम्भ समझना चाहिए। परन्तु

१. 'वेदान्त रत्न-मंजूषा' दश श्लोकी के ६वें श्लोक पर टीका।

२. पर वेदान्त कौस्तुभ १४।२१।

३. दश श्लोकी ४।

सम्प्रदायों में ग्रहण इन आचार्यों के पश्चात् ही होता है। राधा का इन परवर्ती उपनिषदों व पुराणों में क्या स्थान है, इसे देखते हुए हम निम्बार्क की राधा का भी स्वरूप देखेंगे।

श्रीमद्‌भागवत् में राधा का नाम नहीं आया है। कुछ विद्वान् भागवत् के द्वितीय स्कन्ध के एक श्लोक में राधा का नाम आया बताते हैं।[1]

'स्कन्द पुराण' के भागवत्-माहात्मय में राधा का स्वरूप वर्णित है—आत्माराम श्रीकृष्ण है[2] और श्रीराधा उनकी आत्मा है। आत्मा राधा में श्रीकृष्ण आत्माराम नित्य रमण किया करते हैं। "यद्यपि श्रीकृष्ण सदा आत्माराम ही हैं अर्थात् राधा के सिवा अन्यत्र कहीं उनका स्मरण नहीं है तथापि गोपियों के साथ रमण करने लगे।"[3] इस सबका तात्पर्य यह है कि राधा कृष्ण को आनन्द देने वाली हैं। वे उनकी आत्मा होने के कारण श्रीकृष्ण से अभिन्न हैं।

राधिकोपनिषद् में राधा और कृष्ण को एक-दूसरे की सेवा करने वाला कहा है।[4] राधा को श्रीकृष्ण की ह्लादिनी शक्ति बताया है। इसी उपनिषद् में आगे चलकर लिखा है—"इन राधिका के शरीर से ही गोपियाँ, श्रीकृष्ण की महिषियाँ और लक्ष्मीजी हुई हैं। वे राधा और कृष्ण रस-सागर श्री महाविष्णु के एक शरीर से ही क्रीड़ा के लिए दो हो गये हैं। ये श्री राधिकाजी भगवान् हरि की सर्वेश्वरी, सम्पूर्ण सनातनी विद्या और प्राणों की अधिष्ठात्री देवी हैं।···जिस पर उनकी कृपा होती है, परम धाम उनके हाथ में आ जाता है। इनकी अवज्ञा करके जो केवल

१. "नमोनमस्तेऽस्त्वृषभाय सात्वतां विदूर काष्ठाय मुहुः कुयोगिनाम्।
निरस्त साम्या विषयेन राधसा स्वधामनि ब्रह्मणि रंस्यते नमः॥"
('कल्याण', श्रीकृष्णांक, पृ० २७०)

२ "आत्मा तु राधिका तस्य तयैव रमणादसौ।
आत्माराम इतिप्रोक्तो मुनिभिर्गूढ़ वेदिभिः॥"
··· ··· ···
"आत्मारामस्य कृष्णस्य ध्रुवमात्मास्ति राधिका।
तस्यादास्य प्रभावेन विरहोस्मान्न संस्पृशेत्॥"

३. 'श्री राधा रहस्य,' ले० आचार्य श्रीहितरूपलालजी गोस्वामी।
('कल्याण', श्रीकृष्णांक, पृ० ३८१)

४. 'कृष्णेनाराध्यते इति राधा' (राधिकोपनिषद्)

श्रीकृष्ण की आराधना करना चाहता है वह महामूर्ख है।"[१]

निम्बार्काचार्य की उपास्य श्रीराधा का भी यही स्वरूप है।[२] वे श्रीकृष्ण के वामांग में सुशोभित हैं। श्रीकृष्ण की वे अर्धाङ्गिनी अर्धवामांग हैं। वे उनसे अभिन्न हैं। वे श्रीकृष्ण के ही सदृश्य सौन्दर्य-सम्पन्न हर्ष से सुशोभित हैं। एक ही रस सागर के दो विग्रह सौन्दर्य में भिन्न कैसे हो सकते हैं ? राधा तो फिर कृष्ण की ह्लादिनी तथा प्राणेश्वरी हैं। इनकी शक्ति व ऐश्वर्य से गोपियाँ, महिषियाँ और लक्ष्मी तथा हजारों सखियाँ उत्पन्न होकर सेवा करती हैं :

"सखी सहस्त्रं परिसेवितां सदा" दश श्लोकी ॥

जो भी कोई इनका प्रेम-पूर्वक स्मरण करता है उनकी सकल कामनाएँ पूर्ण हो जाती हैं, परम धाम उसे प्राप्त हो जाता है।[३]

आचार्य का कहना है कि इन्हीं श्रीराधा-कृष्ण को निरन्तर भजना चाहिए। जो कर्मरूप बन्धन से छूटकर नित्य मुक्त अवस्था में रहने का इच्छुक है, ऐसे मुमुक्षु के लिए गंगा-प्रवाहवत् (निरन्तर) श्रीकृष्ण सहित श्रीराधिका उपासनीय हैं।[४] श्रीराधाकृष्ण के चरणारविन्दों को छोड़कर जीव की अन्य कहीं भी गति नहीं। वे चरणारविन्द ब्रह्माशिवादि से वन्दित हैं।

"नान्या गतिः कृष्णपदारविन्दात् संदृष्यते ब्रह्मशिवादिवंदिदात्

(दशश्लोकी ८)

परम तत्त्व भगवान् श्रीकृष्ण ब्रह्मादि से चिन्तनीय नहीं हैं, परन्तु वे भक्तों के वश में होकर ही उन्हीं की इच्छा से चिन्तन-योग्य सुचिंत्य विग्रह धारण करते हैं।[५]

श्री वल्लभाचार्य का शुद्धाद्वैतवाद

वल्लभ विष्णु स्वामी की परम्परा में माने जाते हैं। नाभा जी ने

१. 'अस्या एव कायव्यूह रूपा गोप्यो महिष्य श्रीश्चेति।···एतामविज्ञाह यः कृष्णामाराधयितुमिच्छति स मूढ़तमो मूढ़ तमश्चेति। (राधिकोपनिषद्)
२. 'वेदान्त कामधेनु', ५।
३. 'दश श्लोकी', ५।
४. 'दश श्लोकी', ६।
५. 'वेदान्त कामधेनु', ८।

अपनी 'भक्तमाल' में आचार्य को विष्णु स्वामी की परम्परा में बताया है।[1] विष्णु स्वामी के ही दार्शनिक सिद्धान्तों को मानते हुए इन्होंने शुद्धाद्वैत का प्रतिपादन किया। श्री जी० एच० भट्ट बल्लभाचार्य को विष्णुस्वामी की परम्परा में नहीं मानते।[2]

ब्रह्म माया से अलिप्त, अतः नितान्त शुद्ध है। ऐसी माया से अलिप्त ब्रह्म अद्वैत है। अतः इस मत का शुद्धाद्वैत नाम यथार्थ ही है।[3] ब्रह्म उभय लिंग-युक्त निर्गुण और सगुण दोनों हैं। इन्होंने सर्ववाद स्वीकार करते हुए ब्रह्म में सर्वधर्म विशिष्टत्व माना है। अतः मानवी बुद्धि को विरोधी मालूम होने वाले धर्मों की स्थिति उसमें सम्भाव्य एवं नित्य है। वह छोटे से भी छोटा और महान् से भी महान् है। वह अनेक रूप होकर भी एक है। स्वतन्त्र होने पर भी भक्त-पराधीन है। शंकराचार्य ने ब्रह्म के निर्गुण रूप को पारमार्थिक तथा सगुण रूप को उपासनायोग, व्यावहारिक एवं माया से भासित होने वाला रूप माना है। परन्तु वल्लभ का कहना है कि जब ब्रह्म सर्वकर्मा और सर्वशक्तिमान् है तब वह सर्वकर्ता और सर्वभोक्ता भी है। उसका उभयरूपात्मक होना श्रुतिसिद्ध है।[4]

ब्रह्म के तीन स्वरूप हैं—(१) आधिदैविक—पर ब्रह्म, (२) आध्यात्मिक-अक्षर ब्रह्म, (३) आधिभौतिक-जगत् ब्रह्म। जगत् ब्रह्म रूप ही है, क्योंकि कार्यरूप जगत् कारण रूप ब्रह्म से ही आविर्भूत होता है। वल्लभ सूत्र के आधार पर इस सृष्टि को ब्रह्म की आत्मकृति कहा है। भगवान् को जब रमण करने की इच्छा होती है, तब वे सत्, चित् अथवा आनन्द में किसी एक का या एकाधिक का आविर्भाव करके जीव और जड़ की उत्पत्ति करते हैं। इस व्यापार में क्रीड़ा की इच्छा ही प्रधान कारण है, माया नहीं। सृष्टि के उत्पादन में वल्लभ का आविर्भाव-तिरोभाव का सिद्धान्त

१. "आचरज हरिदास अतुलबल आनन्द दाइन।
तिहिं मारग बल्लभ विदित प्रथु पधित पराइन ॥भक्तमाल॥

2. "The connection between Vishnuswami and Vallabhacharya, cannot, therefore, be accepted as historically and philosophically correct," ("A further note on Vishnuswami and Vallabhacharya." by Prof. G. H. Bhatt. M.A. 8th Oriental Conference, Mysore.)

३. "शुद्धाद्वैत मार्तण्ड" २७।

४. "उभय व्यपदेशात् त्वंहिकुण्डलवत्" (ब्रा० स० पर अणभाष्य ३।२।२७)

विलक्षण है।

ब्रह्म अपनी 'संधिनी' शक्ति द्वारा 'सत्' का, 'संवित' द्वारा 'चित्' का तथा 'ह्लादिनी' द्वारा 'आनन्द' का आविर्भाव करता है। अक्षर ब्रह्म में आनन्दांश का थोड़ा तिरोधान रहता है, पर पुरुषोत्तम आनन्द से परिपूर्ण रहता है। वह इन तीन गुणों से प्रकाशित रहता है। जीव में आनन्द को छोड़कर बाकी दो का आविर्भाव रहता है। जड़ में केवल 'सत्' का आविर्भाव रहता है, चित् और आनन्द का तिरोभाव रहता है।[1]

इस तरह जीव को मोहने वाली या बन्धन में डालने वाली माया-जैसा वस्तु वल्लभ को मान्य नहीं। जीवात्मा ब्रह्म ही है, केवल उसका आनन्द स्वरूप आवृत रहता है। इस प्रकार आत्मा और परमात्मा के शुद्ध अद्वैत भाव का प्रतिपादन करने से भी वल्लभ का सिद्धान्त शुद्धाद्वैत कहलाता है।

जीव के आविर्भूत होने का कारण भगवान् की रमण करने की इच्छा है। अतः जीव भगवत्स्वरूप है। जीव भगवान् से उसी प्रकार निकला है जिस प्रकार अग्नि से विस्फुलिंग। श्रुतियाँ भी इसी तत्त्व का प्रतिपादन करती हैं।[2] जीव और ब्रह्म में अभेद है। ब्रह्म और जीव विभु होने से अनन्य हैं। जब जीव ब्रह्म भाव प्राप्त कर लेता है, तब वह विभु हो जाता है। 'ब्रह्म सूत्र' के अनुसार जीव ब्रह्म से अनन्य होने पर भी ब्रह्म अधिक होने के कारण जीव ब्रह्म से भिन्न है।[3] केवल ऐश्वर्य के तिरोधान से हीन, श्री के तिरोधान से दीन या विपत्ति-ग्रस्त, ज्ञान के तिरोधान से शरीर में आत्मबुद्धि तथा आनन्द के तिरोधान से दुःख की उपाधि को प्राप्त होता है। उसमें जब इनका आविर्भाव हो जाता है तब वह सच्चिदानन्द स्वरूप हो जाता है।

जीव नित्य है। उसकी उत्पत्ति नहीं होती। श्रुतियों में जीव का व्युच्चरण होना कहा है। जीव अणु है इसके प्रतिपादनार्थ वल्लभ ने एक 'अणुभाष्य' लिखा है। शंकर जीवात्मा को ज्ञान स्वरूप मानते हैं परन्तु वल्लभ उसे ज्ञाता मानते हैं।

शंकराचार्य ने जीव को ब्रह्म के समान अकर्ता अभोक्ता माना है।

१. 'प्रमेय रत्नार्णव', पृ० ७-६।
२. 'यथाग्नेः क्षुद्राः विस्फुल्लिगाः'।
३. 'ब्रह्म सूत्र', २।१।२८।

परन्तु वल्लभ जीव को कर्ता और अभोक्ता मानते हुए भी उसे दुःख से परे मानते हैं।

वल्लभ ने जीव तीन तरह के माने हैं—(१) शुद्ध जीव की वह दशा, जिसमें आनन्दांश का तिरोभाव हो, पर अविद्या से सम्बन्ध न हो, शुद्ध कहलाती है। (२) संसारी अविद्या से सम्बन्ध हो जाने पर जीव संसारी कहलाता है। ये दैव और असुर दो तरह के हैं। (३) मुक्त—इनमें कुछ जीव-मुक्त होते हैं तथा कुछ मुक्त।

जगत्तत्त्व के वेदान्त में श्री वल्लभाचार्य ने अविकृत परिणामवाद का प्रतिपादन किया है। जिस प्रकार कामधेनु, मन्त्र, कल्पवृक्ष आदि पदार्थों में से नाना प्रकार के पदार्थ उत्पन्न हो सकते हैं तथापि वे विकृत नहीं हो सकते, उसी प्रकार ब्रह्म में से यह जगत् उत्पन्न हुआ है फिर भी ब्रह्म में कोई विकृति नहीं आती।

इस तरह जगत् का न तो नाश ही होता है और न उत्पत्ति, वरन् उसका आविर्भाव और तिरोभाव होता है। जब वह हमारे अनुभव में रहता है तब उसका आविर्भाव माना जाता है तथा अनुभव के परे होने से तिरोभाव।[1] जगत् उसे कहते हैं जो ईश्वर की इच्छा व विलास के आविर्भूत हो। परन्तु अविद्या के प्रभाव से कल्पना तथा ममता द्वारा जीव जो पदार्थ निर्मित करता है उसे संसार कहते हैं। अतः ज्ञान होने पर संसार का तो नाश हो जाता है परन्तु जगत् ब्रह्मरूप होने से नष्ट नहीं होता।[2] वह ब्रह्म और जीव के समान नित्य है।

वल्लभाचार्य का शुद्धाद्वैतवाद भक्ति-साधन-मार्ग में पुष्टि-मार्ग कहलाता है। "पोषणं तदनुग्रहः" के आधार पर इस मार्ग का साधक भगवान् के अनुग्रह से पोषित होता है। उसका एकमात्र अवलम्ब यही पोषण रहता है। इस मार्ग की आवश्यकता को समझते हुए वल्लभ ने 'कृष्णाश्रय' नामक प्रकरण में देश काल की विपरीत दशा का वर्णन किया है जिसमें वेद मार्ग अथवा मर्यादा मार्ग का अनुसरण उन्हें अत्यन्त कठिन दिखायी पड़ा।

१. "विद्वन्मण्डन", पृ० ७।
२. "प्रपंचो भगवत्कार्यं स्तद्रूपो माययाभवत्।
संसारस्य लयो मुक्तौ न प्रपंचस्य कर्हिचित्" (कल्याण वेदांतांक, पृ० २६१ से उद्धृत)।

इस परिस्थिति में भागवत् की प्रेम-लक्षणा भक्ति के प्रचार द्वारा ही लोगों के कल्याण-मार्ग की ओर आकर्षित होने की सम्भावना आचार्य जी को दिखाई पड़ी।[1] 'उन्होंने भक्ति को ही मुक्ति का एकमात्र साधन मानकर' अपने वेदान्त में इसका विचार किया है और सिद्ध किया है कि कलि में ज्ञान और कर्म से ब्रह्म-प्राप्ति के साधन नष्ट हो गये हैं और भक्ति-मार्ग अथवा भगवच्चरण मार्ग ही ब्रह्म-प्राप्ति हो सकता है।[2]

ज्ञाननिष्ठा तदा ज्ञेया सर्वज्ञो हि सदा भवेत्।
कर्मनिष्ठा तदा ज्ञेया यदा चित्तं प्रसीदति।
भक्ति निष्ठा तदा ज्ञेया यदा कृष्णः प्रसीदति॥

जैसे भगवान् के आधिदैविक आदि तीन रूप हैं, वैसे ही उसे प्राप्त करने के तीन मार्ग हैं—(१) आधिभौतिक कर्म मार्ग कहलाता है, (२) आध्यात्मिक को ज्ञान मार्ग कहते हैं, और (३) आधिदैविक भक्ति मार्ग है। ज्ञान से अक्षर ब्रह्म की उपलब्धि होती है, परन्तु भक्ति ही एक मार्ग है जिसके द्वारा परब्रह्म सच्चिदानन्द पुरुषोत्तम की प्राप्ति होती है। अक्षर गणितानन्द है और पुरुषोत्तम पूर्णानन्द। ज्ञानी का मोक्ष दुःख का अभाव है, भक्त का मोक्ष परमानन्द की प्राप्ति है। भक्ति या पुष्टि-मार्ग साक्षात् पुरुषोत्तम के शरीर से निकला है। भगवान् के चरणारविन्दों की भक्ति मर्यादा-भक्ति है, मुखारविन्द की पुष्टि-भक्ति है।

जीवन को साधना मानते हुए जीव तीन प्रकार के हैं—

(१) **पुष्टिमार्गीय**—या भक्ति-मार्ग पर चलने वाले।

(२) **मर्यादामार्गीय**—वेद-प्रतिपादित कर्मों और ज्ञान का सम्पादन वाले।

(३) **प्रवाहमार्गीय**—संसार या लोक के प्रवाह में पड़कर लौकिक सुखोपभोग के लिए प्रयत्न करनेवाले। इनमें पुष्टिमार्गी ही सर्वश्रेष्ठ हैं, जो भजन-कीर्तन आदि हृदय से प्रेरित होकर करते, शास्त्र-आज्ञा-पालनार्थ नहीं।

इस तरह इन मार्गों पर चलने वाले जीवों का वर्गीकरण भी किया गया है।

१. 'सूरदास', पं० रामचन्द्र शुक्ल, पृ० ११८, ११९।
२. 'कल्याण वेदांतांक', पृ० २६१।

(१) **पुष्ट जीव**—ये केवल भगवान् का भरोसा रखते है। य भगवान् के आनन्दांश से आवि-ूत होते हैं और पुरुषोत्तम की सीमा-सृष्टि में प्रवेश करते हैं।

२. **मर्यादा जीव**—ये अपनी योगक्षेम आदि के लिए वेद-विधियों पर भरोसा रखते हैं। ये भगवान् के चिद् अंश में प्रकट होते हैं। इन्हें वेदोक्त मोक्ष की प्राप्ति होती है।[1]

३. **प्रवाह जीव**—ये भगवान् के सद्-अंश से उत्पन्न होते हैं। ये परमेश्वर के मन या संकल्प से प्रेरित होत हैं। इन जीवों को असुर कहा गया है। ये दुर्ज्ञ और अज्ञ दो तरह के होते हैं। अज्ञ केवल ऊपरी तौर से असुर रहते हैं। वे दुर्ज्ञों का अनुसरण करते हैं और सुसंस्कार प्राप्त होने पर उसका असुरत्व दूर हो जाता है। अतः दुर्ज्ञ प्रकृति से असुर होते हैं। ये मायिक होते हैं और माया ही में लीन होते हैं। एक तरह के और जीव होते हैं, जिनका कोई स्थिर स्वरूप नहीं। ये जैसी संगति में पड़ते हैं, वैसे ही बन जाते हैं। इन्हें सम्बन्धी जीव कहते हैं।

मिश्र पुष्टि जीव—पुष्टि जीव कभी-क‌ी लौकिक और वैदिक प्रवाह में पड़ जाते हैं, तब वे मिश्र-पुष्टि-जीव कहलाते हैं। परन्तु इनका कल्याण नहीं होता। वे सहज वैष्णव होते हैं। वे वैदिक और लौकिक कर्म निष्काम भाव से करते हैं। उनका चरम साध्य भगवत्प्राप्ति ही होता है।

पुष्टि-भक्ति भी चार प्रकार की बतायी गयी है :

(१) **प्रवाह-पुष्टि**—इसमें सांसारिक कर्मों में फँसे रहने पर भी साधक भगवत्प्राप्ति के लिए प्रयत्न करता रहता है।

(२) **मर्यादा-पुष्टि**—इसमें साधक विषय-भोगों से संयम करके श्रवण-कीर्तनादि द्वारा कल्याण-मार्ग पर अग्रसर होता है।

(३) **पुष्टि-भक्ति**—इस मार्ग के साधक कुछ अनुग्रह प्राप्त किये रहते हैं तथा भक्ति के साथ-ही-साथ ज्ञान-प्राप्ति में लगे रहते हैं। वे तत्त्व-चिन्तन से भगवान् के नाना विधानों को समझते रहते हैं।

(४) **शुद्ध पुष्टि-भक्ति**—इसमें साधक केवल भगवान् के प्रेम में मग्न रहता है। भजन-कीर्तनादि उसके व्यसन हो जाते हैं। वह भगवत्प्राप्ति के लिए कोई भी बौद्धिक प्रयत्न नहीं करता।

१. 'प्रमेय रत्नार्णव', पृ० १९।

भगवान् का जिस पर अनुग्रह होता है उसे पहले भगवान् की ओर प्रवृत्ति होती है, भगवान् अच्छे लगते हैं तत्पश्चात् वह भगवान् के स्वरूप-परिचयार्थ ज्ञान प्राप्त करता है जिसके बाद प्रेमा-भक्ति का उदय होता है। इसकी तीन भूमियाँ हैं—(१) प्रेम, (२) आसक्ति और (३) व्यसन। व्यसन प्रेम की परिपुष्ट दशा है। इस दशा को पहुँचा हुआ भक्त चारों मुक्तियों का तिरस्कार कर देता है। उसे भीतर-बाहर सब जगह भगवान् दिखायी देते हैं।

आचार्य ने आधिदैविक मार्ग को भक्ति-मार्ग बताया है। ब्रह्म का आधिदैविक स्वरूप परब्रह्म है। परब्रह्म सच्चिदानन्दमय है। क्षर से अतीत तथा अक्षर से उत्तम होने के कारण गीता में परब्रह्म को पुरुषोत्तम कहा है। अन्तर्यामी पुरुषोत्तम सत्वगुण विष्णु-रूप से विश्व का पालन करता है तथा लोक-रक्षणार्थ अवतार लेता है। वही रजोगुणमय ब्रह्म रूप से उत्पत्ति तथा तमोगुणमय रुद्र रूप से संहार करता है। पुरुषोत्तम की देह सच्चिदानन्दमय है। सच्चिदानन्द या सदानन्द का पर्यायवाची कृष्ण है, अतः इसको कृष्ण भी कहा गया है। इस प्रकार वेदांत में जिसको ब्रह्म, हरि, यज्ञ; स्मृति में जिसे परमात्मा और भगवान् में जिसे भगवान् कहा गया है, उसी को शुद्धाद्वैत सिद्धान्त में परब्रह्म कृष्ण कहते हैं।[1]

भगवान् अपने चतुर्भुज या द्विभुज रूप में अपने भक्तों के साथ बैकुण्ठ से परे व्यापी बैकुण्ठ में क्रीड़ाएँ किया करते हैं। भगवान् की शक्तियाँ श्रीस्वामिनी, राधा-यमुना आदि आधिदैविक रूपों में यहाँ प्रकट होती है। क्रीड़ा-विस्तारार्थ पुरुषोत्तम ने नित्य गो-लोक निर्माण किया है, जिसमें नित्य वृन्दावन, गोवर्धन, यमुना, पशु-पक्षी, वृक्ष, कुंज आदि हैं।

पुरुषोत्तम अपनी आनन्दमयी लीला का आनन्द देने के लिए श्रुतियों के प्रार्थनानुरूप, कृपायुक्त होकर श्रीकृष्ण के रूप में आविर्भूत हुए। श्रुतियाँ गोपियों के रूप में तथा अन्य लीला परिकर भी हुए। इस प्रकार समस्त ब्रज गो-लोक रूप में हो गया।

अक्षर ब्रह्म दो रूप में प्रकट होता है। एक तो पुरुषोत्तम-धाम रूप में, जिसे नित्य व्यापी बैकुण्ठ कहते हैं तथा दूसरा अनादि, अनन्त निर्वि-

१. 'परं ब्रह्म तु कृष्ण हि' (सि० मु०)।

शेष निर्गुण रूप में। यह दूसरा रूप केवल आविर्भाव तिरोभाव की अचिंत्य शक्ति से प्रतीत होता है, जिसमें परमात्मा के गुण तिरोहित रहते हैं, पुरुषोत्तम में ही पूर्ण आनन्दांश का आविर्भाव रहता है। जीव में आनन्दांश का आविर्भाव होने पर वह सच्चिदानन्द स्वरूप हो जाता है। अतएव आचार्य इसी आनन्दांश स्वरूप पुरुषोत्तम को वास्तविक ब्रह्म का स्वरूप मानते हैं जो भक्तों को आनन्द देने के लिए श्रीकृष्ण रूप में पृथ्वी पर अवतार धारण करता है।

वल्लभ सम्प्रदाय में श्रीराधा, श्रीकृष्ण (परब्रह्म) की आत्म-शक्ति के कारण उनसे अभिन्न मानी गई हैं। इसीलिए पुष्टि-मार्ग के परम आराध्य देव श्रीनाथ जी के साथ भिन्न रूप से स्वामिनी का रूप नहीं रखा है। जहाँ कहीं भिन्न रूप से स्वामिनी का स्वरूप पाया जाता है वहाँ मूल आत्म-शक्ति के धर्म-रूप से केवल लीला अनुभवार्थ।"[1] आचार्य ने परब्रह्म बालकृष्ण का बाल-रूप ही उपास्य बताया था। परन्तु आचार्य के समस्त शिष्यों ने माधुर्य भाव को अपनाते हुए राधा-कृष्ण की प्रेम-लीलाओं में जितना आनन्द प्रकट किया है उतना बालकृष्ण में नहीं।

इस मार्ग में लौकिक और वैदिक कर्म-फलों को छोड़कर साधक अपने-आपको भगवान् के चरणों में समर्पित कर देता है। यहाँ से उस मार्ग का आरम्भ होता है जिसमें साधक का अवलंबन भगवान् की अनुग्रह रूप पुष्टि होती है। भक्त अनेक सेवाएँ करता हुआ अन्त में समस्त बन्धनों का नाश करके भगवान् के स्वरूप के अनुभव की क्षमता प्राप्त करता है, तथा लीला-सृष्टि में प्रवेश करके अपने गन्तव्य स्थान पर पहुँच जाता है।

सेवा दो तरह की बताई गई है—(१) नाम-सेवा और (२) स्वरूप-सेवा। स्वरूप-सेवा तनुजा, वित्तजा और मानसी होती है। वित्तजा सेवा के कारण बड़े-बड़े वैभव-युक्त पूजा-विधान, ५६ पकवानों के नैवेद्य, बृहद् उत्सव आदि होते हैं। मानसी सेवा भी दो प्रकार की है—(१) मर्यादा मार्गीय में काम-क्रोधादि के संयम में बड़े कष्ट होने के उपरान्त फल मिलता है तथा (२) पुष्टिमार्गीय में प्रारम्भ से भगवान् के अनुग्रह की भक्त कामना करता है। उन्हीं पर निर्भर रहने के कारण निश्चिन्तता से बिना कष्ट किये फल-प्राप्ति करता है। इस मार्ग में वैदिक यज्ञ-यागादि

१. 'सूर निर्णय', पृ० २११।

के स्थान पर भाव-पूजा का विधान है। पूजा शास्त्रीय विधियों से होकर लौकिक भाव-पद्धति पर की जाती है। इस तरह आचार्य ने अत्यन्त सुखी आडम्बर-हीन भक्ति-पद्धति की स्थापना की।

इसमें ब्रह्म-सम्बन्ध या आत्म-निवेदन भी होता है, जिसमें साधक को अपनी सर्वश्रेष्ठ वस्तु, यहाँ तक कि शरीर तक का समर्पण कर देना पड़ता है। वल्लभ-सम्प्रदाय में गोसाइयों को श्रीकृष्ण का स्वरूप समझा जाता है, इसलिए आत्म-समर्पण गोसाइयों के प्रति भी किया जा सकता है।

सूर की जीवनी और व्यक्तित्व

भक्तिकालीन कवियों के व्यक्तिगत जीवन की घटनाएँ आज बहुत कम ज्ञात हैं। भक्ति-काल के कवि केवल कवि ही नहीं थे, वे अपने आराध्य देव के महान् प्रेमी भक्त थे। उनकी प्रेम-तन्मयता की पराकाष्ठा उच्च कोटि की थी, उन्हें अपने विषय में कहने का जीवन-भर अवकाश ही न मिला। उनका व्यक्तित्व और स्वार्थ अपने प्रिय द्वारा निर्मित सृष्टि के कण-कण में व्याप्त हो गया था। उनके संसर्ग में आने वाले व्यक्तियों ने भी उनकी जीवनी बहुत ही कम लिखी है।

यही बातें हमारे चरित-नायक 'सूर-सागर' के रचयिता सूरदास जी के जीवन के सम्बन्ध में चरितार्थ होती हैं। सूरदास जी ने अपने विषय में अपने ग्रन्थों में कुछ विशेष नहीं कहा है। कहीं-कहीं जो कुछ उल्लेख आये हैं, ने प्रसंगवश आ गये हैं। परन्तु इन उल्लेखों को पढ़कर हम निश्चित रूप से यह नहीं कह सकते कि वे वाक्य उन्होंने अपने लिए कहे हैं अथवा उनमें उन्होंने साधारण जन की मनोवृत्ति का परिचय दिया है।

उनकी रचनाओं के अतिरिक्त अन्य लेखकों द्वारा लिखी रचनाओं में भी सूरदास जी की जीवन-घटनाएँ थोड़ी-बहुत मिल जाती हैं। इनमें गो० गोकुलनाथ जी लिखित '८४ वैष्णवों की वार्ता', 'अष्ट सखान की वार्ता', हरिराय-कृत 'भाव प्रकाश' और मियाँसिंह का 'भक्त विनोद' आदि हैं।

जन्म-तिथि

सूरदासजी की जन्म-तिथि पर हम विचार करें तो उसका उल्लेख किसी भी ग्रन्थ में नहीं है। स्वयं सूरदासजी ने भी इस विषय में कुछ नहीं कहा है। 'सूर सारावली' के १००२ वें पद में आयु-सम्बन्धी एक पंक्ति मिलती है तथा 'साहित्य लहरी' के एक पद में इसी ग्रन्थ के रचना-काल का निर्देश किया गया है, जो दृष्टकूट रूप में होने के कारण विवाद का विषय बना हुआ है। उपर्युक्त दोनों उल्लेखों को लेकर विद्वानों ने सूरदास की भिन्न-भिन्न जन्म-तिथियाँ निश्चित की हैं।

'सूर सारावली' का पद है :

गुरु परसाद होत यह दरसन सरसठ बरस प्रवीन।
शिवविधान तप कियो बहुत दिन तऊ पार नहिं लीन॥

इस पद के आधार पर समस्त विद्वान् 'सूर सारावली' की रचना के समय सूरदासजी की आयु ६७ वर्ष निश्चित करते हैं। परन्तु श्री मुंशी-राम शर्मा अपना भिन्न मत प्रकट करते हैं। उनका कहना है कि इन पंक्तियों के कुछ पहले व पश्चात् आई हुई पंक्तियों को साथ पढ़ने से उपर्युक्त पंक्तियाँ 'सूर सारावली' की रचना के समय की नहीं मालूम होतीं। आचार्यजी से दीक्षित होने पर सूरदासजी को जब श्रीकृष्णजी के दर्शन हुए थे तब की लिखी मालूम होती हैं; वे पीछे से 'सारावली' में संग्रहीत कर ली गई होंगी।[1]

निवेदन है कि 'सूर सारावली' का उपर्युक्त पद दीक्षा के समय का बनाया हुआ नहीं मालूम होता। सर्वप्रथम तो यही कहा जा सकता है कि उसका उल्लेख '८४ वैष्णवों की वार्ता' में कहीं नहीं है, जो सूर-आचार्य-मिलन वर्णन करने वाला एकमात्र प्रामाणिक ग्रन्थ है। वार्ता में लिखा है कि आचार्यजी की विशेष कृपा होने पर सूरदासजी को दो अवसरों पर भगवद्-लीलाओं का दर्शन हुआ। इस अवसर पर सूरदासजी ने जो पद गाये हैं उनका उल्लेख वार्ता में किया हुआ है। इसमें 'सूर सारावली' की उपर्युक्त पंक्तियाँ कहीं भी नहीं दिखाई देतीं। यथा—

"तब सूरदासजी ने भगवल्लीला वर्णन करी। अनुक्रमणिका त सम्पूर्ण लीला फुरी सो क्यों जानिये। दशम स्कन्ध की सुबोधिनी में मंगला-

१. 'सूर-सौरभ', पृ० ६, भाग १।

चरण को प्रथम कारिका किये हैं···और ताही समय श्री महाप्रभु के सन्निधान पद किये। सो पद। राग बिलायल। 'चकई री चलि चरण सरोवर जहाँ न प्रेम वियोग।' यह पद सम्पूर्ण करिके सूरदासजी ने गायो।···पाछें सूरदासजी ने नन्द महोत्सव कीयौ। सो श्री ग्राचार्य महाप्रभून के ग्रागे गायो। राम देन गन्धार। 'ब्रज भयो महर के पूत जब यह बात सुनी।'·······"पाछें श्री ग्राचार्यजी महाप्रभून ने सूरदासजी को पुरुषोत्तम सहस्र नाम सुनायो तब सूरदासजी को सम्पूरण भागवत स्फुरना भई। पाछें जो पद कियो सो श्री भागवत प्रथम स्कन्ध ने द्वादश स्कन्ध ताई किये।"[1]

'सूर सारावली' का 'गुरु-परसाद' वाला पद यदि इसी समय का होता तो कदाचित् वार्ताकार उसे ग्रवश्य उद्धृत करते। ये पंक्तियाँ लिखने में उन्हें बड़ा लाभ होता। वह यह कि एक ग्रनुभवी सन्त द्वारा शैव-भक्ति से वैष्णव-भक्ति की श्रेष्ठता प्रदर्शन तथा उनके गुरु श्री वल्लभाचार्यजी की शक्ति का परिचय। सम्भव है 'सूर सागर' की रचना के समय तथा पश्चात् 'सारावली' की रचना में उन्हें लीलाग्रों का स्फुरण होता रहा हो, ग्रौर उसे गुरु-प्रसाद का प्रभाव समझकर ग्रपने को धन्य मानकर सूरदास गाते फिरते हों।

ऐसी परिस्थिति में हम 'सूर सारावली' का उपर्युक्त पद ग्रन्य पुष्ट प्रबल प्रमाणों की ग्रनुपस्थिति में सारावली की रचना के समय का मानने के पक्ष में हैं।

दूसरा पद 'साहित्य-लहरी' में मिलता है, वह इस प्रकार है :

मुनि पुनि रसन के रस लेख।
दसन गौरी नन्द को लिखि, सुबल संबल पेख॥
नंद-नंदन मास छै तैं हीन तृतिया बार।
नंद-नंदन जनमते हैं बान सुख ग्रागार॥
तृतीया ऋक्ष सुकर्म जोग विचारि सूर नवीन।
नंद-नंदनदास हित साहित्य-लहरी कीन॥

उपर्युक्त पद में केवल 'रसन' शब्द ही विवाद का विषय बना हुग्रा है। कोई रसन का ग्रर्थ रस से हीन ग्रर्थात् शून्य कहकर 'साहित्य-लहरी'

१ 'ग्रष्टछाप', डॉ० धीरेन्द्र वर्मा।

का निर्माण-काल सं० १६०७ निश्चित करते हैं।[1] कोई रचना अर्थात् जिह्वा कहकर उसके १ कार्यानुसार (वाक्) १ संख्या का वाची मानते हैं तथा साहित्य-लहरी १६१७ सम्वत् में रची मानते हैं। परन्तु श्री मुंशीराम शर्मा रसना का अर्थ उसके कार्यानुसार (स्वाद और वाक्) मानकर २ का संख्या-वाची मानते हैं और 'साहित्य-लहरी' का निर्माण-काल १६२७ सं० निश्चित करते हैं।[2]

श्री मुंशीरामजी ने अपनी पुष्टि के लिए ज्योतिष का भी आधार लिया है। वे सुबल-सम्बल को वृषभ सम्वत् का पर्यायवाची मानते हैं और यह सिद्ध करते हैं कि वृषभ सम्वत् १६०७ अथवा १६१७ में न पड़कर १६२७ में ही पड़ता है। परन्तु केवल पर्याय के आधार पर सुबल-सम्वत् को वृषभ-सम्वत् स्थिर करना पुष्ट प्रमाण प्रतीत नहीं होता।

"साहित्य-लहरी के पद में उसकी समाप्ति के दिन वैशाख की अक्षय तृतीया रविवार कृतिका नक्षत्र और सुकर्म योग लिखा गया है। यह दिन गणित करने पर सम्वत् १६०७ अथवा १६०७ की अपेक्षा १६१७ में ही आता है। इसलिए पद में प्रयुक्त रसन शब्द का अर्थ '१' मानकर ही 'साहित्य-लहरी' का रचना-काल १६१७ मानना चाहिए।"[3]

इस प्रकार अब तक के उपलब्ध प्रमाणों से 'साहित्य-लहरी' का रचना-काल सम्वत् १६०७ अथवा १६१७ माना जाता है।

'सूर सारावली' ६७ वर्ष की आयु में तथा 'साहित्य-लहरी' उपर्युक्त तीन विभिन्न सम्वतों में रची गई—जब विद्वानों ने यह निश्चित कर लिया, तब कुछ विद्वानों ने 'सूर सारावली' तथा 'साहित्य-लहरी' को एक साथ की रचना (सम्वत् १६०७) कहकर सूरदासजी का जन्म सम्वत् १५४० निश्चित किया।[4] परन्तु इसका कोई प्रमाण उपस्थित नहीं किया कि वे दोनों ग्रन्थ एक साथ कैसे लिखे गये ? केवल अनुमान से ही एक साथ १-२ वर्ष के अन्तर से संग्रहीत होना मान लिया।[5] सम्भव है

१. 'सूरदास', पं० रामचन्द्र शुक्ल, पृ० १४०।
२. 'सूर-सौरभ' भाग १।
३. 'सम्मेलन-पत्रिका', पौष २००६।
४. 'सूरदास' पं० रामचन्द्र शुक्ल, पृ० १४०-१४१।
५. 'संक्षिप्त हिन्दी नवरत्न', श्री मिश्रबन्धु, पृ० ८८-८९।
'सूरदास' पं० रामचन्द्र शुक्ल, पृ० १४०।

कि दोनों ग्रन्थ उपर्युक्त कालों में संग्रहीत हुए हों, परन्तु बिना पुष्ट प्रमाणों के यह निश्चयपूर्वक नहीं कहा जा सकता।

श्री नलिनीमोहन सान्याल ने लिखा है कि "चैतन्य महाप्रभु का जन्म ई०१४८५ (सम्वत् १५४२) में हुआ था। कुछ प्रमाण मिले हैं कि महात्मा सूरदास का जन्म चैतन्य महाप्रभु के जन्म के १ वर्ष पहले हुआ था।[1] इस तरह श्री सान्यालजी के अनुसार सूरदास का जन्म सम्वत् १५४०-४१ के आस-पास ठहरता है। परन्तु श्री सान्यालजी ने अपनी पुस्तक में अपने कथन का कोई भी प्रमाण नहीं दिया।

उपर्युक्त दो अन्तर्साक्ष्यों के आधार पर हम सूर की जन्म-तिथि निश्चित नहीं कर सके, इसलिए अब उसका निर्णय हम बहिर्साक्ष्य के आधार पर करेंगे।

पुष्टि सम्प्रदाय में सूरदासजी आचार्यजी से १० दिन छोटे माने जाते हैं। इसका सर्वाधिक प्राचीन प्रमाण 'निज-वार्ता' है।[2] इनके १० दिन छोटे होने का उल्लेख अन्य पुराने भक्तों व लेखकों ने भी किया है। इनमें श्री द्वारिकेशजी, श्री रसिकदासजी व श्री जमुनादासजी उल्लेखनीय हैं। अभी हाल में डॉक्टर दीनदयाल गुप्त ने नाथद्वारे में यही खोज की है।[3]

श्री आचार्यजी का जन्म सं० १५३५ वैशाख कृष्ण ११ रविवार को हुआ था। अतएव सूरदासजी की जन्म-तिथि १५३५ वैशाख शुक्ला ५ को ठहरती है।

बड़ौदा-कालिज के संस्कृत के प्रो० श्री भट्टजी ने आचार्य के जीवन-विषयक समस्त ग्रन्थों के आधार पर सिद्ध किया है कि आचार्यजी का जन्म-संवत् १५३० मानना अधिक युक्ति-संगत है, संवत् १५३६ शंकाओं से परे नहीं है।[4]

१. 'भक्त-शिरोमणि महाकवि सूरदास', श्री न० मो० सान्याल पृ० ६।
२. "सो श्री आचार्यजी सों दिन दस छोटे हुते।" ('निजवार्ता' श्री गोकुलनाथजी)।
३. 'सूर-निर्णय' लेखक श्री प्र० द० मीतल तथा श्री द्वा० ना० पारीख पृ० ५२-५३।
4. "The evidence in support of the year 1473 A. D. is earlier and stronger and can easily outweigh the evidence in support of 1479 A. D. which is decidedly later and weak." ("The Birth Date of Vallabhacharya, the Advocate of Suddhadvait Vedant", by Prof. Bhatt of Baroda College, From 9th All India Oriental Conference, Trivendrum, p. 60)

यदि यह बात सत्य है तो फिर सूरदासजी का भी जन्म-काल हमें सम्वत् १५३० मानना पड़ेगा।

वंश-परिचय और जाति

'साहित्य-लहरी' में एक पद सूरदास के वंश-परिचय का मिलता है। इससे उनके विषय में कई घटनाओं पर प्रकाश पड़ता है। वह पद इस प्रकार है :

प्रथम ही प्रभु जागतें भे प्रकट अद्भुत रूप।
ब्रह्मराव विचारि ब्रह्मा राखु नाम अनूप ॥
× × ×
तासु बंस प्रसंस में भौ चन्द चारु नवीन।
भूप पृथ्वीराज दीन्हौं तिन्हैं ज्वाला देश।
तनय ताके चार कीन्हौं प्रथम आप नरेस ॥
दूसरे गुन चन्द ता सुत सील चन्द सरूप।
वीर चन्द प्रताप पूरन भयो अद्भुत रूप ॥
रंतभौर हमीर भूपति संग खेलन जात।......आदि

इस पद से मालूम होता है कि पृथु यज्ञ से एक ब्राह्मण की उत्पत्ति हुई। उसी वंश में पृथ्वीराज के दरबारी कवि चन्दबरदाई हुए। चन्दबरदाई की सन्तानों का नाम देते हुए सूरदास ने अपने पिता का नाम न जाने क्यों नहीं दिया। इस पर श्री मुंशीराम का कहना है कि उनके पिता ने अपने छः पुत्रों को युद्ध में भेजकर और स्वतः मुसलमान बनकर उस कायरतापूर्ण वृत्ति का परिचय दिया था जो परम्परा से चली आई हुई वीर कीर्ति-सम्पन्न कुल में महान् कलंक और लज्जा का कारण हुआ। इसलिए सूरदास ने उनका नाम न लिखना ही उचित समझा हो।[1]

उपर्युक्त वंशावलि के अनुसार सूरदासजी के ६ बड़े भाई थे तथा सूरदास ७वें सबसे छोटे थे। इनके सब भाई बड़े शूरवीर, प्रतापी एवं महान् रणधुरन्धर थे तथा स्वभाव से गम्भीर भी थे। यही बात भक्ति-क्षेत्र में हम सूरदासजी में पाते हैं। उन्होंने अन्धे होकर भी अपने कुल का नाम संसार में उज्ज्वल कर दिया।

इस वंशावलि में सूरदास का नाम सूरजचन्द है। अन्धे होने के कारण

१. 'सूर-सौरभ' भाग १, लेखक श्री मुंशीराम शर्मा, पृ० १६।

मानव स्वभाव में जो एक दैन्य की भावना आ जाती है उसी का अनुसरण करके कदाचित् सूरदासजी ने अपना शोभाशाली नाम बदलकर दैन्य भाव-युक्त सूरदास रख लिया हो। इनके सब भाई तत्कालीन शाह से युद्ध करते-करते वीरगति को प्राप्त हुए। हमारे सूरदासजी अन्धे होने के कारण कुछ न कर सके। इसका उन्हें अपार दुःख हुआ। वे दुःख के मारे असहाय जहाँ-तहाँ घूमते फिरते थे। एक दिन अचानक एक कुएँ में गिर पडे। ६ दिन भूखे-प्यासे रहने के पश्चात् श्रीकृष्णजी ने उनका उद्धार किया, दिव्य चक्षु देकर अपना दर्शन कराया तथा वरदान माँगने को कहा। सूरदासजी ने स्वभाव से ही शत्रु-नाश करने वाली भक्ति की याचना की तथा जिन आँखों से श्याम-सुन्दर का लोक पावन रूप देखा उनसे फिर अनश्वर संसार दिखाई दे, ऐसा वर माँगा। श्रीकृष्णजी ने 'एवमस्तु' कहकर इच्छा पूर्ण की तथा उनकी हृदयाग्न को शान्त करने के लिए कहा—

"प्रबल दक्षिण विप्र-कुल तें सत्रु ह्वै है नास।
अखिल बुद्धि विचारि विद्या मान मानै सास॥"[१]

सूरदासजी कहते हैं कि मेरा नाम सूरदास व सूर-श्याम रखकर श्याम-सुन्दर अन्तर्धान हो गये। इसके पश्चात् सूरदासजी ब्रज गये जहाँ उन्हें अष्टछाप में स्थान मिला।

पद की प्रथम पंक्ति में 'पृथु-जाग' शब्द भिन्न-भिन्न प्रतियों में भिन्न पाठान्तर से मिलता है। कहीं तो वह 'पृथ जगाते' हैं तो कहीं 'पृथ-जगात'। इसी पाठ को लेकर कई विद्वानों ने इसे चन्दबरदाई का गोत्र वाचक कहकर उन्हें पार्थज गोत्री होना मान लिया।[२] अन्य विद्वानों ने जगात का अर्थ जगातिया अर्थात् भाट लगाया। परन्तु वास्तव में पाठ ही जब भ्रमात्मक है तब जाति कहाँ ठीक हो सकती है। इसके स्थान पर 'पृथु-जाग' ही ठीक होगा। यही पाठ कई विद्वानों ने मानकर इसे गोत्र या जाति-सूचक नहीं माना है।[3]

१. 'सूर सारावली' का वंश-परिचय वाला पद।
२. 'संक्षिप्त हिन्दी नवरत्न' श्री मिश्रबन्धु।
'भक्त-शिरोमणि महाकवि सूरदास', श्री नलनीमोहन सान्याल।
३. 'सूरदास', पं० रामचन्द्र शुक्ल।
'सूर सौरभ', श्री मुंशीराम (प्र० खं०)।

इन पंक्तियों के आधार पर सूरदासजी की जाति कैसे निश्चित कर दी जाय यह एक विवाद का विषय है। कई विद्वान् 'सूर सारावली' के इस पद को प्रक्षिप्त मानते हैं। प्रक्षिप्त मानने के अन्यान्य कारणों में से एक कारण उसमें उल्लिखित "प्रबल दक्षिण विप्र कुल तें शत्रु ह्वै है नास" यह पंक्ति है। श्री शर्माजी जहाँ विप्र-कुल का अर्थ आचार्यजी का कुल तथा 'शत्रु' का अर्थ काम-क्रोधादि शत्रुओं के समूह को मानते हैं, वहाँ आचार्य रामचन्द्र शुक्ल तथा श्री मिश्रबन्धु विप्र-कुल का अर्थ पेशवा मानते हैं। "हमारा अनुमान है कि 'साहित्य-लहरी' में यह पद पीछे किसी भाट द्वारा जोड़ा गया है, इसे सूर के कालान्तर की रचना बता रही है। 'प्रबल दच्छिन विप्रकुल तें' से पेशवाओं की ओर संकेत है, इसे खींच-तानकर आध्यात्मिक पक्ष की ओर मोड़ने का प्रयत्न व्यर्थ है।"[1]

सूरदास अपने भाइयों की युद्ध में वीर-गति से अत्यन्त दुखी होकर यहाँ-वहाँ भटक रहे थे। इसी दुःख में कुएँ में गिर जाने से असहाय अवस्था में शत्रुओं को पानी पी-पीकर कोस रहे होंगे। श्रीकृष्णजी ने उनकी सान्त्वना के लिए यदि पेशवाओं द्वारा मुसलमानों के नाश की सूचना देकर हृदय शान्त किया हो तो कोई आश्चर्य की बात नहीं ! पेशवाओं का युद्ध सूरदास से लगभग २०० वर्ष पश्चात् हुआ। इसलिए उपर्युक्त पद सूर द्वारा रचा जाना असम्भव है। २०० वर्ष पश्चात् घटने वाली घटना का उल्लेख उपर्युक्त पद की प्रामाणिकता में बाधक सिद्ध हो रहा है। "हमारा विचार है कि उनसे लगभग २०० वर्ष पीछे पेशवाओं का अभ्युदय और मुगलों का पतन देखकर किसी ब्रह्म भट्ट ने लगभग बाजीराव के समय में ये छन्द बनाकर सूरदास की कविता में रख दिये।"[2]

इस पद को श्री मुंशीरामजी सूरदास का ही लिखा हुआ मानकर उन्हें दाई का वंशज तथा ब्रह्म राव तथा ब्रह्म भट्ट निश्चित करते हैं। 'भट्ट' से 'भाट' कैसे हुआ तथा वे ब्राह्मण क्यों थे, इसका उन्होंने प्रमाण भी दिया है। इस तरह सूरदास को ब्राह्मण सिद्ध किया है।[3]

ऐसे ही एक वंशावली म० म० पं० हरप्रसादजी शास्त्री को राज-

१. 'सूरदास', पं० रामचन्द्र शुक्ल, पृ० १४३।
२. 'संक्षिप्त हिन्दी नवरत्न', मिश्रबन्धु।
३. 'सूर सौरभ', पहला भाग, पृ० १६-१७।

पूताना में प्राचीन ऐतिहासिक ग्रन्थों की खोज करते समय मिली थी। वह वंशावली उन्हें नागौर-निवासी श्री नानूराम भाट के पास प्राप्त हुई, जो अपने को चन्दबरदाई का वंशज घोषित करते हैं। शास्त्रीजी इसे प्रामाणिक मानते हैं।

यह वंशावली 'साहित्य-लहरी' में दी हुई वंशावली से मिलती है, केवल अन्तर इतना ही है कि 'साहित्य-लहरी' के अनुसार जो परम्परा गुणचन्द से प्रारम्भ होती है वही नानूराभ भाट वाली वंशावली में जल्लचन्द से प्रारम्भ होती है।

दोनों वंशावलियों के विषय में आचार्य शुक्लजी ने 'हिन्दी-साहित्य का इतिहास' में विवेचन किया है।[1] परन्तु कौन-सी वंशावली ठीक है कौन-सी भ्रामक, अथवा दोनों ही भ्रामक हैं, सूरदास चन्दबरदाई के वंशज हैं अथवा नहीं इस विषय में उन्होंने कुछ नहीं कहा।

सर जार्ज ग्रियर्सन, एनसाइक्लोपीडिया ब्रिटेनिका, मुंशी देवीप्रसाद आदि 'साहित्य-लहरी' के पद को ठीक मानकर सूरदास को चन्दबरदाई का वंशज मानते हैं। आगरा का 'एजुकेशनल गजट' व कल्याण का 'योगांक' भी उन्हें चन्दबरदाई का वंशज मानते हैं।

जहाँ एक ओर उपर्युक्त मत है वहाँ दूसरी ओर गोस्वामी विट्ठलनाथजी के पुत्र गोस्वामी यदुनाथजी तथा विट्ठलनाथजी के ही सेवक श्रीनाथ भट्ट ने तथा इन्हीं के समकालीन प्राणनाथ कवि ने सूरदास को स्पष्ट रूप से ब्राह्मण लिखा है।[2] ये सूरदास के समकालीन थे, अतः इनके लेखों पर उपर्युक्त विद्वानों से अधिक विश्वास किया जा सकता है।

'भविष्य पुराण' भी उन्हें चन्द्रभट्ट वंश का लिखता है।[3] यदि सूरदास को चन्दबरदाई का वंशज माना जाय तो चन्दबरदाई को या तो ब्राह्मण होना चाहिए या सूरदास को भाट। परन्तु दोनों ही बातें प्राप्त साक्ष्यों से आधार पर तथ्यपूर्ण नहीं सिद्ध होतीं।

१. 'हिन्दी साहित्य का इतिहास' पृ० ४४ से ४८ तक।

२. "ततो व्रज समागमते सारस्वत सूरदासोऽनुगृहीतः।। ('वल्लभ दिग्विजय, पृ० ५०)।

३. 'सूरदास इति ज्ञेयः कृष्ण लीलाकरः कवि।
शंभुर्वे चंद्रभट्टस्य कुले जातो हरि प्रियः।।"
(भविष्य पुराण प्रतिसर्ग पर्व, तृतीय भाग, २२वाँ अध्याय, श्लोक ३३वाँ)।

सूरदास के पिता

सूरदास के पिता का नाम न तो उपर्युक्त पद में है और न उनके जीवन-सम्बन्धी अन्य ग्रन्थों में। 'आइने अकबरी' में अकबर के दरबारी गायकों तथा कवियों के नाम हैं। इनमें ग्वालियर-निवासी रामदास व उनके पुत्र सूरदास का नाम है। इस बात को लेकर कई लोगों ने 'सूरसागर' के रचयिता सूरदास को अकबर का दरबारी कवि होना व रामदास को उनका पिता होना मान लिया है। 'आइने अकबरी' में रामदास को बैरागी कहा गया है। सूरदास भक्त होने से वैरागी थे ही। अतएव 'वैरागी' शब्द के आधार पर ही रामदास को सूरदास का पिता मान लिया गया है।

अकबर सम्वत् १३१३ में गद्दी पर बैठा। इसके कई वर्ष पहले हमारे सूरदास आचार्य के शिष्य हो चुके थे। आचार्य का बैकुण्ठ-गमन सं० १५८७ में हुआ अर्थात् अकबर के गद्दी पर बैठने के कई वर्ष पहले वे शरणापन्न हो चुके थे। शरण में आने के पहले वे विरक्त अवस्था में गौ-घाट पर रहते थे। 'भाव-प्रकाश' और 'भक्त-विनोद' के अनुसार वे बाल्य-काल में ही विरक्त हो गये थे। अकबर के गद्दी पर बैठने के समय तो सूरदास काफी वृद्ध हो चुके थे तथा उनके मन की वृत्ति उत्कट वैराग्य की ओर थी। ऐसी परिस्थिति में हम सूरदास का दरबारी कवि होना नहीं मान सकते, और न उनके पिता का नाम ही रामदास था।

इसके सिवा वार्ता के अनुसार अकबर ने सूरदास को अपने दरबार में गाने के लिए बुलाया था; यदि हमारे सूर और रामदास के पुत्र सूर-दास एक ही होते तो अकबर को उन्हें बुलाने की क्या आवश्यकता थी ?

श्री मुंशीराम शर्मा ने पं० नानूराम से प्राप्त वंशावली में सूर के पिता का नाम रामचन्द्र दिया है, उसी को वैष्णवों में 'रामदास' होना अनुमान किया है।[1] परन्तु एक तो यह विशुद्ध अनुमान ही है तथा नानू-राम वाली वंशावली को अप्रामाणिक सिद्ध किया जा चुका है।

सूरदास की अंधता—सूरदास जन्मान्ध थे अथवा पश्चात् अन्धे हुए इस विषय पर अभी विद्वानों में मतभेद है परन्तु इतना तो सभी मानते हैं कि 'सूरसागर' तो आचार्य से दीक्षित होने के पश्चात् लिखा गया है। उनके विनय के पदों में यत्र-तत्र अन्धे होने के उल्लेख हैं :

१. 'सूर सौरभ' पृ० १५।

यहै जिय जानि कै अन्ध भव त्रास तैं।
सूर कामी कुटिल सरन आयो ।।[1]
सूरदास सौं कहा निहोरौं नैनन हूँ की हानि।[2]
सूर कूर आँधरौ, मैं द्वार पर्यौ गाऊँ।[3]
कर जोरि सूर बिनती करै, सुनहुन हो रूकुमिनी रवन।
कटौ न फंद मो अंध के, अब बिलंब कारन कवन ।।[4]
सूरदास अंध अपराधी, सो काहे बिसरायो।[5]
ऐसी अंध अधम अविवेकी खोटनि खरत खरे।[6]
इत-उत देखत जनम गयो।
या झूठी माया के कारण दुहूँ दृग अंध भयो।[7]

इन पदों के आधार पर हम यही कह सकते हैं कि सूरदास अन्धे थे, परन्तु वह निश्चित नहीं कह सकते कि वे जन्मान्ध थे अथवा बाद में अन्धे हुए। क्रमांक २-३ में की पंक्तियों से ऐसा भासित होता है कि सूरदास जी के जीवन में ऐसी कोई घटना घटी होगी जिससे संसार के उत्कट वैराग्य हो जाने के कारण अथवा किसी विषय-भोग के सीधे फलस्वरूप उनकी आँखों की ज्योति चली गयी हो।

कई विद्वानों ने बिल्वमंगल सूरदास के जीवन की यह घटना, जिसमें वैश्या के प्रति उत्कट वैराग्य हो जाने के कारण सूरदास को आँखें फोड़ लेनी पड़ी थीं, इन्हीं 'सूरसागर' के रचयिता सूरदास से सम्बन्धित बताई है।[8] यदि यह बात सत्य भी मान ली जाये तो क्रमांक ३ में उद्धृत पंक्तियाँ इस घटना से लागू हो सकती हैं। परन्तु बिल्वमंगल सूरदास बनारस के पास कृष्णवेना के निवासी थे, अतएव उपर्युक्त घटना हमारे सूरदास के जीवन में नहीं घटी।

१. 'सूरसागर', १।५।
२. वही, १।३३५।
३. वही, ६।१६६।
४. वही, १।१८०।
५. वही, १।१६२।
६. वही, १।१६८।
७. वही, १।१६५।
८. 'संक्षिप्त हिन्दी नवरत्न', श्री मिश्रबन्धु।

इनके अन्धे होने का बाह्य साक्ष्य कुछ ग्रन्थों में मिल जाता है :

"जन्म अंध दृग ज्योति विहीना" (भक्त विनोद)

"जनमहि ते हैं नैन विहीना" (राम-रसिकावलि)

सूरदास अन्धे थे, इस वचन की पुष्टि में विद्वानों को उपर्युक्त पंक्तियाँ मान्य हैं, परन्तु वे जन्मान्ध थे इस बात पर वे विश्वास नहीं करते। इन लोगों का मत है कि 'चौरासी वैष्णवों की वार्ता' में कहा है कि उन्होंने चौपड़ खेलते हुए लोगों को देखकर कहा "सो वा चौपड़ में एते लीन हैं जो कोऊ आवते-जावते की सुधि नाहीं······जो देखो वह प्राणी कैसो अपनौ जनमारो खोवत है।"[1] इस प्रसंग के आधार पर वे सूर को जन्मान्ध नहीं मानते।

साथ ही उनके काव्य में रंगों, हावों-भावों, जीवन तथा शरीर के सूक्ष्म व्यापारों, प्रकृति के विविध क्रिया-कलापों का जो वर्णन है, वह जन्म से अन्धे व्यक्ति के द्वारा होना दुःसाध्य है।

इन तर्क को कम-से-कम सूरदास-जैसे पहुँचे हुए भक्त के सम्बन्ध में अन्तिम प्रमाण मान लेना ठीक नहीं। स्वयं सूरदासजी ने अपने पदों में भगवान् की अघटित घटना घटने वाली शक्ति पर आस्था प्रकट की है।[2] यह आस्था सूरदास जैसे अनुभवी ब्रह्मदर्शी महात्मा ने प्रकट की है। इसकी पुष्टि 'चौरासी वैष्णवों की वार्ता' से भी हो जाती है "इनके हृदय में स्वरूपानन्द को अनुभव है। तासौं तुम जैसो श्रृंगार करोगे सो तैसो ही पद सूरदास वर्णन करिकै गावेंगे।" प्राचीन ब्रह्मवादी मुनियों ने आत्मा की सर्वज्ञता के अनुभव वेदों, उपनिषदों एवं पुराणों में लिख रखे हैं। आधुनिक युग में भी स्वयं सूर के गुरु वल्लभ भी पुष्टि प्राप्त भक्त को सर्वज्ञ मानते हैं।

'चौरासी वैष्णवों की वार्ता' में आचार्य से दीक्षा लेने का प्रसंग है "तब सूरदासजी अपने स्थल तें आयकै श्री आचार्यजी महाप्रभून के दर्शन को आये तब श्री आचार्यजी प्रभून ने कह्यो जो सूरदास आवो बैठो। तब सूरदास श्री आचार्यजी महाप्रभून को दर्शन करिकै आगे आय बैठे।" केवल महाप्रभून के दर्शन के आधार पर हम उन्हें इस समय चक्षुयुक्त

१. 'अष्टछाप', सं० श्री धीरेन्द्र वर्मा, (सूरदास की वार्ता में चौथी वार्ता)।

२. "जाकी कृपा पंगु गिर लंघै अन्धे को सब कछु दरसाई।" (सूरसागर १।१।)

नहीं कह सकते, क्योंकि आगे चलकर भी कई स्थानों पर वर्णन आया है कि वे श्री नवनीत प्रिया के दर्शन करने जाया करते थे जब कि इस समय अन्धे थे ही। मृत्यु के समय भी गोस्वामी विट्ठलनाथजी के दर्शन का उल्लेख है।

इसी वार्ता के अन्तर्गत वार्ता क्रमांक ३ में सूर ने देशाधिपति को एक पद सुनाया जिसकी अन्तिम पंक्ति की "हो जो सूर ऐसे दरस को मरत लोचन प्यास।" अकबर ने पूछा "जो सूरदासजी तुम्हारे लोचन तो देखियत नाहीं सो प्यासे कैसे मरत हैं।" इस प्रश्न का उत्तर सूरदासजी ने कुछ भी नहीं दिया। परन्तु कहा जाता है कि बिना उत्तर के ही अकबर को समाधान हो गया।

इन प्रसंगों से ज्ञात होता है कि यद्यपि सूरदास अन्धे थे तो भी उन्हें दिव्य चक्षु से सब-कुछ दिखायी देता था।

श्री शर्मा का मत है कि गोटों की ध्वनि, पौबारह आदि को सुनकर अनुमान से तो साधारण अन्धा व्यक्ति भी कह सकता है कि चौपड़ हो रही है। सूर तो पहुँचे हुए महात्मा थे। "वे भगवद्-भक्त थे। अघटित घटना घटाने वाले प्रभु के सच्चे भक्त के सामने विश्व के निगूढ़ रहस्य भी अनवगत नहीं रहते। जन्मांध नाभाजी, प्रज्ञाचक्षु स्वामी विरजानन्द जी, स्वामी पूर्णानन्दजी तथा ऐसे ही अन्य अनेक सन्तों ने मानवलीलाओं एवं भावनाओं का अनुभव किया हुआ सा वर्णन किया है। वास्तव में कवि एवं महात्माओं के दिव्य नेत्रों में हमारे नेत्रों से महान् अन्तर रहता हैं।"[१]

श्री मीतलजी ने उपनिषद्, सूर के पद, पौराणिक महापुरुषों के वाक्य वल्लभ के दर्शन आदि का विस्तृत विवेचन करते हुए कहा है : "अतः हमें मानना होगा कि सूरदास महाप्रभु की कृपा से तत्त्वज्ञानी और आत्मा में रति करने वाले पूर्ण भक्त हो चुके थे। वे स्वयं प्रकाश हो गये थे, अतएव बाह्य चक्षुओं के आश्रित नहीं थे उन्होंने जो कुछ भी वर्णन किया है वह अपनी आध्यात्मिक ज्ञान-शक्ति के आधार पर किया है।"[२]

इस समस्त चर्चा से इतना तो सिद्ध हो जाता है कि उन्होंने अपनी

१. 'सूर-सौरभ', खंड १।
२. 'सूर-निर्णय', पृ० ६४ से ६७ तक।

रचनाएँ अन्धे की अवस्था में की थीं तथा यदि वे जन्म से अन्धे रहे हों तो भी वैसी रचना करना उन्हें असम्भव न था। वे जन्मांध थे अथवा नहीं इसका स्पष्टीकरण उपर्युक्त विवेचन से अभी नहीं हो सका है। इसके लिए हमें बाह्य साध्य का ही सहारा लेना पड़ेगा।

(१) सूरदास के ही समकालीन श्रीनाथ भट्ट ने सूरदास को जन्मान्ध कहा है।[1]

(२) प्राणनाथ कवि ने भी इन्हें जन्मान्ध कहा है—

बाहर नैन विहीन सो भीतर नैन बिसाल।
जिन्हें न जग कछु देखिबौ लखि हरि रूप निहाल।।

(३) ऊपर 'राम-रसिकावली' एवं 'भक्त-विनोद' की पंक्तियाँ उद्धृत की गयी हैं, जो उनके जन्मान्ध होने की साक्षी हैं।

(४) हरिरायजी ने अपने 'भाव-प्रकाश' में जन्मान्ध को सूर तथा जन्म के पश्चात् कभी भी अन्धे होने वाले को अन्धा कहा है तथा सूर को "सो सूरदास को जनम ही सों नेत्र नाहीं है" कहकर जन्मान्ध कहा है।

(५) अभी हाल ही में प्रकाशित 'सूरदास निर्णय' में सूरदास के कुछ ऐसे पद खोजकर उद्धृत किये हैं जो उनके जन्मान्ध होने का स्पष्ट उल्लेख करते हैं। यदि ये पूर्णतः प्रामाणिक सिद्ध हो जाते हैं तब तो यह विवाद सदा के लिए मिट जायेगा। उन पदों की पंक्तियाँ यहाँ उद्धृत की जाती हैं :

१. सूर की बिरियाँ निठुर होइ बैठे, जन्म अंध करयो।[2]
२. रहौ जात एक पतित जनम को आँधरो 'सूर' सदा को।[3]
३. करमहीन जनम को अंधो मो तें कौन न कारौ।[4]

उपर्युक्त समस्त प्रमाण उनका जन्मान्ध होना सिद्ध करते हैं। इसके विरोध में ऐसा कोई स्पष्ट प्रमाण नहीं मिलता जिससे यह कहा जा सके कि वे जन्मान्ध न थे। केवल उनके काव्य के वर्णित विषयों और वस्तुओं के आधार पर उन्हें जन्मान्ध नहीं माना जाता, जो विशुद्ध अनुमान है और

१. 'जन्मांधो सूरदासोऽभूत' (संस्कृत मणिमाला)।
२. 'सूर निर्णय', पृ० ७४।
३. वही, पृ० ७५।
४. वही, पृ० ७६।

प्रमाणों से अपुष्ट है ।

प्रारम्भिक जीवन

'चौरासी वैष्णवों की वार्ता' में सूरदासजी के प्रारम्भिक जीवन के विषय में कुछ नहीं मिलता । जब से उन्होंने आचार्यजी का शिष्यत्व ग्रहण किया तब से आगे की जीवन-घटनाओं का ही उसमें उल्लेख है । इसमें पहले की घटनाएँ हरिरायजी लिखित 'भाव-प्रकाश' तथा मियाँसिंह-रचित 'भक्त-विनोद' में मिलती हैं । दोनों में कुछ भी साम्य नहीं दिखायी देता । 'भाव-प्रकाश' में वर्णित घटनाएँ सत्य मानी जायें तो 'भक्त-विनोद' की कल्पित पड़ जाती हैं । दोनों की घटनाएँ नीचे दी जाती हैं ।

'भाव-प्रकाश' में सूरदासजी को ब्राह्मण-कुलोत्पन्न बताया गया है । इनका जन्म दिल्ली के पास सीही ग्राम में हुआ था ।[1] पिता का नाम नहीं दिया गया है । इन्होंने शुकदेव के समान जन्म से ही संसार के बन्धनों को तोड़कर वैराग्य धारण कर लिया था । घर-बार छोड़कर दूर किसी ग्राम के बाहर एक घने और हरे-भरे वृक्ष के नीचे रहने लगे । यहाँ ये आयु के १८ वर्ष तक रहे । ये लोगों को ज्योतिष के आधार पर फल बताया करते थे, जो प्रायः सत्य निकलता था । आस-पास के लोगों को इन पर बहुत श्रद्धा हो गयी थी । यहीं रहकर इन्होंने संगीत भी सीखा ।

ख्याति बढ़ने से लोग दूर-दूर से आकर शिष्य बनने लगे । आनेवाले लोग इन्हें धन आदि अर्पण करते जिस पर उनका पेट पलता था । एक दिन इन्हें संसार में फँसने का ध्यान आया । इसका इन्हें दुःख हुआ । सम्पत्ति को स्वप्नवत् त्यागकर एक दिन वे उस गाँव से चले गये तथा कुछ दिन मथुरा रहकर गौ घाट पर स्थायी रूप से रहने लगे । यहाँ उनका विद्याध्ययन तथा संगीत का अभ्यास चलता रहा । यहाँ वे ३१ वर्ष की अवस्था तक रहे ।

'भक्त-विनोद' के अनुसार ये पिछले जन्म में यादव जाति के थे जब

1. सीही को कई विद्वान् पहले मथुरा में मानते थे, परन्तु एक तो 'भाव-प्रकाश' में स्पष्ट उसकी स्थिति दिल्ली के पास बताई है तथा विट्ठलनाथजी के समकालीन कवि प्राणनाथ ने अपने ग्रन्थ 'अष्ट सखामृत' में यही स्थल माना है । आज के प्रायः सभी विद्वानों को यही मत मान्य है ।

कि इन्हें वृन्दावन-धाम देखने की उत्कट इच्छा हुई। इच्छा पूर्ण होने का वरदान मिला। आगामी जन्म में मथुरा प्रान्त में किसी ब्राह्मण के यहाँ उत्पन्न हुए। ये जन्म से ही अन्धे थे और बाल्य-काल से ही सूरदास नाम से प्रसिद्ध थे। एक समय माता-पिता वृन्दावन की यात्रा करने गये, सूरदास का वहाँ इतना मन रमा कि वे लौटने को तैयार नहीं हुए। वहीं सत्संग, भगवद्-सेवा में समय बिताने लगे। अन्धे होने के कारण एक दिन घूमते-घूमते किसी कुएँ में गिर पड़े। किसी ने इनकी खोज-खबर न ली। भगवान् ने अन्त में करुणावश इनका उद्धार किया। बाहर निकालकर वे हाथ छुड़ाकर भागने लगे। इस पर सूरदासजी ने कहा :

अब तो बलकरि छोर कर चले निबल कर मोहि।
पै मन तें टूटो न जब, तब देखों प्रभु तोहि॥

अपने भक्त के व्यंग्य-वचन सुनकर भगवान् श्रीकृष्ण ने अपने हस्त-स्पर्श-मात्र से उनकी आँखें खोल दीं। दर्शन पाकर सूर को महान् आनन्द हुआ। उन्होंने श्रीकृष्ण से वरदान माँगा कि जिन नेत्रों से आपको देखा उनसे अब संसार देखने की इच्छा नहीं। भगवान् ने 'तथाऽस्तु' कहकर आँखें बन्द कर दीं।

इसके पश्चात् की घटनाएँ 'साहित्य-लहरी' के वंश-परिचय वाले पद में कूप-पतन की घटना से प्रारम्भ होती है। दोनों में कूप-पतन का कारण दिया है परन्तु दोनों का कारण भिन्न है। कौन-सा प्रामाणिक है, कहा नहीं जा सकता।

दीक्षा के पश्चात्

आचार्यजी से दीक्षित होने के पश्चात् का जीवन 'चौरासी वैष्णवों की वार्ता' में दिया है। भगवान् का वरदान प्राप्त करके सूरदासजी स्थायी रूप से गौ घाट पर रहने लगे। वहाँ वे नित्य विनय के पद गाया करते थे।

तृतीय यात्रा के समय दक्षिण-दिग्विजय प्राप्त करने के पश्चात् वल्लभाचार्यजी स्थायी रूप से गृहस्थाश्रम स्वीकार करके अड़ेल में रहने लगे थे। इसी समय उन्होंने आचार्य पद ग्रहण किया।

'वार्ता' के अनुसार एक समय उन्हें अड़ेल से ब्रज जाना था। यात्रा में वे गौ-घाट पर ठहरे। वहाँ सूरदास की ख्याति सुनकर मिलने की इच्छा प्रकट की। सूर ने आचार्य के पांडित्य एवं दिग्विजय की प्रशंसा सुनी थी।

उनसे सहर्ष मिलने चले गये।

मिलने पर आचार्यजी ने उन्हें कुछ गाने को कहा। सूरदासजी ने विनय के दो पद सुनाये। सुनकर आचार्य ने कहा कि सूर होकर ऐसे घिघियाते क्यों हो? कुछ भगवान् की लीलाओं का वर्णन करो। सूर ने कहा: "जो महाराज हौं तो समझत नाहीं।" तब आचार्यजी ने उन्हें सम्प्रदाय के अनुसार दीक्षा दी तथा भागवत् के दशम-स्कन्ध की संक्षेप में कथा सुनायी: "तातें सूरदासजी को नवधा-भक्ति सिद्ध भई। तब सूरदासजी ने भगवत-लीला वर्णन करी। अनुक्रमणिका तें सम्पूर्ण लीला फुरी...और ताही समय श्री महाप्रभून के सन्निधान पद कियो। सो पद, राग बिलावल।" "चकई री चलि चरण सरोवर जहाँ न प्रेम वियोग।"

आचार्य अपने साथ सूर को गोकुल ले गये। वहाँ नवनीत प्रिया के दर्शन कराये। वहाँ भी सूरदास ने कुछ पद गाये: "सोभित कर नवनीत लिए।" यहाँ आचार्यजी ने भागवत् की सम्पूर्ण लीला सूर के हृदय में स्थापित कर दी। कुछ दिन यहाँ रहने के पश्चात् आचार्य ब्रज गये। वहाँ गोवर्धन पर स्थापित श्रीनाथजी के सूर को दर्शन कराये। तब सूर ने पद सुनाया: "अब हौं नाच्यो बहुत गोपाल।" फिर से विनय का पद सुनकर आचार्य ने कहा अब तो तुम्हारे हृदय में कुछ अविद्या रही नहीं, अब कुछ भगवान् के यश का वर्णन करो। तब सूरदास ने "कौन सुकृत इन ब्रज-वासिन को।" यह पद गाया। आचार्य प्रसन्न हुए, तथा सूर को मन्दिर का कीर्तन-भार सौंप दिया।

दीक्षा का समय

इतना तो निश्चित है कि सूरदास श्रीनाथजी की स्थापना के पश्चात् तथा आचार्य की अड़ेल से ब्रज की यात्रा के समय गौ-घाट पर आचार्य के शिष्य हुए थे। यह यात्रा दक्षिण-दिग्विजय के संवत् १५६५ के पश्चात् हुई थी।

श्रीनाथजी का स्थापना-संवत् भी निश्चित नहीं है। श्री धीरेन्द्र वर्मा ने लिखा है कि "संवत् १५५२ की श्रावण सुदी ३ बुधवार को श्रीनाथजी की स्थापना गोवर्धन के ऊपर एक छोटे से मन्दिर में हुई। सं० १५५६ की चैत्र सुदी २ को पूर्णमल्ल खत्री ने बड़ा मन्दिर बनवाने का संकल्प किया...एक लाख रुपये खर्च करने पर भी अर्थाभाव के कारण वह अपूर्ण

ही रहा। बीस वर्ष पश्चात् जब पूर्णमल्ल खत्री को व्यापार में तीस लाख रुपये का लाभ हुआ तब इसी वर्ष सं० १५७६ में अधूरा मन्दिर पूरा हुआ, तथा वल्लभाचार्य जी ने इस मन्दिर में श्रीनाथजी की स्थापना की।"[1] इस तरह श्रीनाथजी के मन्दिर बनने की तीन तिथियाँ हमारे सम्मुख हैं। श्री धीरेन्द्रजी श्रीनाथ की स्थापना तिथि १५७६ मानते हैं।

आचार्य शुक्लजी ने भी स्थापना-तिथि संवत् १५७६ मानी है तथा इसी के पश्चात् आचार्यजी की निधन-तिथि संवत् १५८७ और सूरदास का शरणकाल संवत् १५८० माना है।[2] यही तिथि अन्य विद्वानों ने भी मानी है।[3] परन्तु श्री मीतल ने श्रीनाथ की स्थापना संवत् १५५६ में मानी है।[4] दक्षिण-दिग्विजय संवत् १५६५ में तथा अड़ेल में गृहस्थाश्रम स्वीकार करने के पश्चात् एक समय श्रीनाथजी की मन्दिर-व्यवस्था के लिए ब्रज जाते हुए मार्ग में सूर का शिष्य होना बताया है।

उपर्युक्त बात की पुष्टि में उन्होंने 'वल्लभ-दिग्विजय' का उल्लेख करते हुए कहा कि जब वे ब्रज से अड़ेल वापिस आ गये तब गोपीनाथजी का जन्म हुआ। यह जन्म सम्वत् १५६७ माना जाता है। इस यात्रा में उन्हें साल-छः महीने अवश्य लगे होंगे। अतएव सूर का शरण-काल सम्वत् १५६७ ही ठहरता है।

१५७६ के शरण का खण्डन उन्होंने सूर के "श्री वल्लभ दीजै मोहि बधाई" पद के आधार पर किया है। आपका कहना है कि यह पद सूर ने विट्ठलनाथजी के जन्म के समय बनाया था। विट्ठलनाथजी का जन्म सम्वत् १५७२ का है। इसके पहले वे अवश्य शरण गये होंगे, तभी तो यह पद गाया।

अकबर से भेंट

श्रीनाथजी का कीर्तन करते हुए सूर ने सहस्रों पद बनाये। सूर की प्रसिद्धि सर्वत्र फैल गयी। तत्कालीन भारत-सम्राट् अकबर ने भेंट की इच्छा

१. श्रीनाथजी का इतिहास, श्री धीरेन्द्र वर्मा।
२. 'सूरदास', पं० शुक्लजी, पृ० १३८।
३. 'सूर सौरभ' श्री मुंशीराम शर्मा तथा 'संक्षिप्त हिन्दी नवरत्न', श्री मिश्रबन्धु।
४. 'अष्टछाप परिचय'।
५. सूर निर्णय', पृ० ८४।

प्रदर्शित की। भेंट के समय अकबर ने सूरदास से अपना यशोगान सुनना चाहा तब सूर ने "मना तू करि माधो सों प्रीति" गाया। अकबर बहुत प्रसन्न हुआ और बोला कि मुझे परमेश्वर ने इतना बड़ा राज्य दिया है, सब मेरा यश गाते हैं, तुम भी कुछ गाओ।[1] तब सूरदास ने "नाहिन रह्यो मन में ठौर" यह गाया। तदनन्तर सूरदास विदा लेकर मन्दिर में आ गये।

'राम-रसिकावली' के लेखक ने भेंट का स्थान दिल्ली माना है परन्तु कोई भी विद्वान् इसे मानने को तैयार नहीं है। कोई-कोई भेंट का स्थान फतहपुर सीकरी मानते हैं, परन्तु यहाँ कुम्भनदास से भेंट हुई थी, सूर से नहीं।

'मुन्शियात अबुलफ़जल' अबुलफ़जल के लिखे समय-समय पर के पत्रों का संग्रह है। इनमें एक पत्र ऐसा है जो अबुलफ़जल ने बनारस के सूरदास को लिखा था। सूरदास को बनारस का करोड़ी कष्ट देता था जिसकी शिकायत दरबार में की गयी थी। जिसके उत्तर में उपर्युक्त पत्र था। इस पत्र में सूरदास को शिकायत करने व बादशाह से मिलने प्रयाग आने को कहा है।

बा० राधाकृष्णदास के अनुसार बनारस व ब्रज के सूर एक ही हैं तथा सूर-अकबर की प्रयाग में भेंट हुई थी।

अकबर सम्वत् १६०० तथा संवत् १६६१ में प्रयाग गया था। सम्वत् १६४० के लगभग तो सूरदास का देहान्त हो चुका होगा, यदि जीवित भी मान लिया जाये तो आयु के १०० वर्ष में एक वयोवृद्ध विरक्त महात्मा का शिकायत करना तथा इतने बूढ़े को अकबर का प्रयाग बुलवाना अस्वाभाविक मालूम होता है।

श्रीमद्भागवत की अणुभाष्य भूमिका में संवत् १६२८ के लगभग अकबर का मथुरा जाना लिखा है। हरिरायजी ने अपनी वार्ता की टीका में भेंट का स्थान मथुरा लिखा है। 'अष्ट सखान की वार्ता' में लिखा है कि अकबर को जब सूर से मिलने की इच्छा हुई तब उनकी खोज के लिए गोवर्धन पर एक चर भेजा गया, ज्ञात हुआ कि सूरदासजी मथुरा गये हैं।

संवत् १६२३ में विट्ठलनाथजी गोवर्धन से कहीं बाहर चले गये थे। इसी समय उनके पुत्र गिरिधर जी श्रीनाथ को मथुरा ले गये। साथ में

१. 'अष्टछाप' (सूरदास की वार्ता), सं० श्री धीरेन्द्र वर्मा।

सूर भी चले गये। संवत् १६२१ में तानसेन दरबारी गायक हुए। इन्हीं की प्रेरणा से अकबर ने सूर से मिलना चाहा था। अतः हम कह सकते हैं कि संवत् १६२३ और संवत् १६२८ के बीच अकबर और सूरदास की भेंट मथुरा में हुई होगी।

सूर-तुलसी-मिलन

संवत् १६१६ के लगभग गोस्वामी विट्ठलनाथजी जगन्नाथ पुरी की यात्रा को गये। साथ में सूरदासजी भी थे। रास्ते में कामतानाथ पर्वत पर सूर ने तुलसी से भेंट की। बाबा बेनीमाधवदासजी ने इसका कुछ पंक्तियों में वर्णन किया है :

सोलह सो सोलह लगे कामद गिरि ढिग वास।
शुचि एकांत प्रदेश मँह आये सुर सुदास।।···आदि
(मूल गोसाईं-चरित)

अष्टछाप में स्थापना

गोस्वामी विट्ठलनाथ ने जब पुष्टि-सम्प्रदाय का आचार्यत्व ग्रहण किया तब संवत् १६०२ में अपने सम्प्रदाय के सर्वश्रेष्ठ आठ कवियों की एक 'अष्टछाप' की स्थापना की जिसमें ४ आचार्य वल्लभ के और ४ इनके शिष्य थे। वे क्रम से इस प्रकार हैं—

(१) सूरदास, (२) कुम्भनदास, (३) कृष्णदास, (४) परमानन्ददास, (५) गोविंद स्वामी, (६) नन्ददास, (७) छीत स्वामी, (८) चतुर्भुजदास।

इन आठों कवियों में सूरदास का स्थान सर्वोच्च था। आज हमें राधा-कृष्ण का जो भी कुछ हिन्दी-काव्य प्राप्त है उसमें अष्टछाप सबसे अधिक सरस, प्रभावशाली, भक्ति से परिपूर्ण व चिरस्थायी है तथा इसमें भी सूरदासजी का 'सूरसागर' सर्वश्रेष्ठ है।

निधन संवत्—जन्म संवत् के समान ही सूर का निधन-संवत् भी अत्यन्त विवादग्रस्त है। संवत् १६२० से १६४२ तक का लम्बा अन्तर सूरदास का निधन-संवत् माना जाता है।

पं० शुक्लजी १६०७ में 'साहित्य-लहरी' का रचना-काल मानकर उससे दो वर्ष पूर्व 'सूर सारावली' का मानते हैं जब कि सूर की आयु ६७

वर्ष की थी। अर्थात सूर का जन्म १५४० में मानकर अनुमान से ८०-८२ वर्ष की आयु मानकर निधन-संवत् १६२० मानते हैं। यही श्री सान्याल जी का मत है।

श्री मुंशीराम शर्मा कुछ प्रमाणों के आधार पर सूर का सं० १६२० से आगे १६२८ तक जीवित रहना मानते हैं।

(१) पं० द्वारिकाप्रसाद मिश्र (भू० पू० गृहमन्त्री, मध्यप्रदेश) की कुछ खोजों से विदित होता है कि श्री विट्ठलनाथ सं० १६१६ से १६२१ तक ब्रज के बाहर यात्रा में रहे। सं० १६२० में रानी दुर्गावती की राजधानी गढ़ा में उन्होंने अपना विवाह किया। गढ़ा से प्रयाग होते हुए सं० १६२२ में मथुरा पहुँचे और सं० १६२३ में गुजरात की यात्रा करने चले गये। यदि सं० १६२० में सूरदास की मृत्यु मानी जाये तो गो० विट्ठलनाथ सम्प्रदाय के महान् प्रभावी भक्त व कवि की मृत्यु के पश्चात् उसी वर्ष कैसे ब्याह करते।[1]

(२) अकबर को सूरदास से मिलने की इच्छा तब हुई जब उन्होंने तानसेन द्वारा सूरदास का पद सुना था। तानसेन सं० १६२१ में दरबार में आये। अतः सूरदास सं० १६२१ के पश्चात् भी जीवित थे।

(३) ऊपर अकबर-भेंट के प्रसंग में बताया जा चुका है कि यह भेंट मथुरा में सं० १६२३ के पश्चात् हुई, अतएव सूर १६२३ के पश्चात् भी जीवित थे।

(४) 'श्रीमद्भागवत्' के अणुभाष्य की भूमिका से ज्ञात होता है कि अकबर सं० १६२८ में काशी गया। हरिरायजी ने वार्ता की टीका में काशी में ही भेंट का होना लिखा है। सं० १६२६ में अकबर के पुत्र हुआ था। सम्भव है इसी खुशी में तीर्थ-यात्रा के लिए अकबर निकल पड़ा हो तथा सूर से मथुरा में भेंट हो गयी हो। इस हिसाब से सूर का जीवित होना सं० १६२८ तक अनुमानित होता है।

(५) गो० विट्ठलनाथजी का स्थायी ब्रज-वास सं० १६२८ है। वार्ता से ज्ञात होता है कि इस समय श्रीनाथजी के कीर्तन से अवकाश मिलने पर कभी-कभी नवनीतप्रिया जी के दर्शनार्थ गोकुल जाया करते थे। यह बात 'अष्टसखान की वार्ता' से भी पुष्ट होती है। इससे सिद्ध होता

१. इस ब्याह का समय 'अष्टछाप परिचय' में १६२० सं० बताया है। पृ० १२।

है कि सं० १६२८ तक सूरदासजी जीवित थे।[1]

कुछ अन्य विद्वान् इससे भी आगे संवत् १६६० तक सूरदास का जीवित रहना मानते हैं।[2]

श्री मीतलजी ने कृष्णदास का एक 'वसन्त' क्रीड़ा का पद उद्धृत किया है जिसमें अष्टछाप के खिलाड़ियों में सूरदास का भी नाम है। साथ ही गोसाईं के पुत्र घनश्याम का भी नाम है। ये सं० १६२८ में हुए थे। इनकी आयु वसन्त के समय कम-से-कम १० वर्ष मानकर सूरदासजी का सं० १६३८ में जीवित रहना सिद्ध किया है।[3] इसी तरह सूरदास का एक राज-भोजवाला पद भी उद्धृत किया है। इसे श्री मीतल नवनीत-प्रिया के राज-भोग के समय गाया हुआ बताते हैं। यह राज-भोग सादे जेवनार के रूप में १६४० में हुआ था। अतएव सूरदास सं० १६४० तक उपस्थित थे।[4]

इस तरह सूरदास का निधन सं० १६२० से लेकर १६४० तक माना जाता है। सं० १६२० वाला मत शुद्ध अनुमान के आधार पर स्थापित किया हुआ है अतएव उसके पश्चात् सूर का निधन कब हुआ यह नहीं कहा जा सकता। उपर्युक्त अनुमानों से उनका सं० १६४० तक जीवित रहना सिद्ध किया जाता है।

'चौरासी वैष्णवों की वार्ता' में सूरदासजी के मरण-काल का वर्णन दिया गया है। गो० विट्ठलनाथजी जब श्रीनाथजी का पूजन, शृंगार आदि करते तब सूरदास पद गाकर सुनाया करते थे। एक दिन सूरदास जी को आप ही से ज्ञात हो गया कि मुझे अब संसार छोड़ना है। इसलिए रास-लीला के स्थान पारसौली में चले गये। वहाँ श्रीनाथजी के मन्दिर की ध्वजा को दंडवत् करके आचार्यजी का स्मरण करते हुए इस आशा से लेट गये कि अन्त समय में श्रीनाथजी के दर्शन होंगे।

इसी समय गोसाईं जी ने सूरदास को मणि-कोठा में कीर्तन करते हुए न सुनकर पूछताछ की। भक्तजनों ने सब वृत्तांत कह सुनाया। गोसाईं

१. 'अष्टछाप परिचय', पृ० ८४-९३।
२. 'सूर निर्णय', पृ० ९६ से १०२।
३. वही, पृ० ९६।
४. वही, पृ० १००-१०१।

जी समझ गये कि आज सूरदासजी नश्वर शरीर छोड़कर नित्य शाश्वत वृन्दावन धाम जा रहे हैं, उन्होंने वहाँ उपस्थित समस्त भक्तों से कहा कि "पुष्टि मार्ग का जिहाज जात है जाको कछू लेने होय तो लेउ और जो भगदिच्छा तें राजयोग आरती पीछें रहत हैं तो मैं हूँ आवत हों।"[१] गोसाईं जी का आदेश पाकर भक्तजन चले गये तथा पूजा समाप्त करके गोसाईं जी भी आ पहुँचे। पहुंचते ही खबर पूछी। सूरदास ने दण्डवत् करके "देखो-देखो हरिजू का एक सुभाव" यह पद गाया। पद सुनकर गोसाईं जी प्रसन्न हुए। तब चतुर्भुजदास ने कहा कि सूरदासजी ने भगवद्यश-वर्णन तो जीवन-भर किया पर महाप्रभून का यश वर्णन नहीं किया। तब सूरदासजी ने कहा कि मैंने महाप्रभु और भगवान् में कुछ अन्तर ही नहीं समझा। दोनों का यश-गान कुछ भिन्न-भिन्न थोड़े ही हैं। ऐसा कहकर "भरोसो इन दृढ़ चरणन केरो" यह पद गाया। इसके पश्चात् उन्हें मूर्छा आ गई और उनका "चित श्री ठाकुर जी को श्रीमुख तामें करुणा रस के भरे नेत्र देखे।" तब गोसाईं जी ने सूरदास से पूछा कि तुम्हारे नेत्र की वृत्ति कहाँ है। उत्तर में यह पद सुनाया, जो उनका अन्तिम पद कहा जाता है :

खंजन नैन रूप रस माते।

इस पद की समाप्ति के अनन्तर सूरदासजी ने अपना नश्वर शरीर त्याग दिया। इसमें तथ्य कहाँ तक है, कहा नहीं जा सकता।

१ 'चोरासी वैष्णवों की वार्ता'।

आत्मपरक भावभूमि

पश्चिम के पण्डितों ने काव्य की परिधि बनाते हुए, न जाने क्यों, धार्मिक और आध्यात्मिक कृतियों को उससे बहिष्कृत-सा कर दिया है और ब्लेक, ब्राउनिंग-जैसे दार्शनिक कवियों को भी उनका उचित आसन देने में संकोच करते हैं। स्वयं ही संसारी भावनाओं में अधिक लिप्त होने के कारण उन्होंने काव्य का उत्कर्ष लोक-व्यापार में ही अधिक मान लिया है; नहीं तो वे साहित्य और कलाओं के उस मौलिक तथ्य को स्पष्ट अवश्य करते जिसके आधार पर उनका यह काव्य-वर्गीकरण ठहरा है। उन पंडितों ने उच्च दर्शन को मानवीय मनोविज्ञान की अपनी बनायी हुई व्याख्याओं की तुलना में तुच्छ स्थान प्रदान किया है और अपनी इस आविष्कृत साइकॉलाजी के सामने ज्ञान-विज्ञान की हँसी उड़ाई है। इसी कारण वे भारतीय और सम्पूर्ण प्राच्य साहित्य को अधिकांश में अत्युक्ति-पूर्ण और अवास्तविक मानते हैं और उस पर अलंकृत भाषा, कृत्रिम भाव और अनहोनी कल्पनाओं का लांछन लगाते हैं।

हमारे देश में भी काव्य की कोटियाँ बनायी गयी हैं, पर उनका उद्देश्य बन्धन नहीं है। अवसर के अनुसार वे अधिक-से-अधिक विस्तार कर सकती हैं, जिसमें लौकिक और आध्यात्मिक भावना-जगत् अभेद-भाव से सन्निहित हो सकता है। हमारे यहाँ के प्रायः समस्त श्रेष्ठ कवियों ने अपने देश का मूल दर्शन दृढ़ भाव से ग्रहण कर रखा है, जिससे हमारी [illegible]का का सम्पर्क अर्थ, धर्म और काम से ही नहीं, मोक्ष से भी अटूट

बना रहा है। ग्रादिकाव्य रामायण क्रौंच-क्रौंची की कथा से ग्रारम्भ होकर राम (पुरुष) के स्वर्गारोहण ग्रौर सीता (प्रकृति) के पाताल-प्रवेश में समाप्त होता है। यह इस बात का साक्षी है कि हमारे ग्रादिकवि ने तुच्छातितुच्छ लोक-घटना से लेकर उच्चतम दार्शनिक तत्त्व का समन्वय एक ही रचना के ग्रन्तर्गत किया है। यही हमारे यहाँ की प्राचीन काव्य-परिपाटी रही है। महाकवि कालिदास ने ग्रपने काव्यों में श्रृंगार की सीमा स्पर्श कर ली थी, किन्तु ऊँचे-से-ऊँचे ग्राध्यात्मिक ग्रनुभवों को भी रचनाग्रों में उतारा है। 'ग्रभिज्ञान-शाकुन्तल' को तो सात समुद्र पार का द्रष्टा कवि गेटे ग्रपनी श्रद्धांजलि भेंट करता है—"इसमें पृथिवी (प्रकृति) स्वर्ग (पुरुष) से मिलने ग्रा गयी है ग्रौर दोनों परस्पर मिलकर एक हो गये हैं।" परवर्ती काल के ग्रालंकारिकों ने ग्रवश्य लौकिक भावों को ही ग्रपनी ग्रात्मा का सूत्र पकड़ लेने दिया था, परन्तु ऐसा समय कभी नहीं ग्राया जब कोई भी साहित्य का पंडित यह कह सकता कि धर्म ग्रौर दर्शन के तत्त्वों से रिक्त काव्य ही एक-मात्र श्रेष्ठ काव्य है। इस काल में भी लौकिक श्रृंगार ग्रौर देव-श्रृंगार की दो कोटियाँ बनी ही रहीं; कभी भी काव्य का ग्रानन्द केवल लौकिक ग्रानन्द नहीं माना गया। निम्नातिनिम्न संसारी वस्तु से भी उच्चातिउच्च ग्रध्यात्म-तत्त्व का संसर्ग करा देना, ग्रपने साहित्य की एक बड़ी विशेषता रही है।

काव्य का क्षेत्र भावों की क्रीड़ा-भूमि है, कविता के इस मूल स्वरूप को हम सभी स्वीकार करते हैं। यह तो काव्य ग्रौर कलाग्रों की पहली कोटि है जिनके ग्रभाव में उसका ग्रस्तित्व ही ग्रसम्भव है; किन्तु इसके ग्रतिरिक्त किसी दूसरे कोटि-क्रम की ग्रावश्यकता नहीं है। भावों का उद्रेक कविता द्वारा होना चाहिए यह ग्रनिवार्य है, किन्तु ग्रौर कुछ ग्रनिवार्य नहीं। भावों की व्यंजना ध्वनन, ग्रभिव्यक्ति यही कविता ग्रौर कला का व्यक्तित्व है, परन्तु हम यह कुछ भी नहीं कह सकते कि हमारे भाव ये ही हैं इतने ही हैं ग्रथवा ऐसे ही होने चाहिए। प्रत्येक मनुष्य की धारणाएँ उसकी प्रकृति के ग्रनुसार बनती हैं; प्रत्येक देश के भाव उसके विचार ग्रौर उसके दर्शन की कोई इयत्ता नहीं है। ग्राज ग्रंग्रेज जाति ग्रथवा पश्चिमी विचार-प्रणाली में जो भावनाएँ ग्रत्युक्तिपूर्ण समझी जाती हैं, कल वे ग्रपना रूप बदल सकती हैं। एक के लिए जो ग्रत्युक्तिपूर्ण है, दूसरे के लिए उससे बढ़कर सत्य, सुलभ ग्रौर स्वाभाविक कोई

दूसरी वस्तु नहीं। जिस देश और काल की जैसी अभिरुचि होगी, उस देश की कविता भी वैसा ही वेश धारण करेगी। यदि यूरोप में स्वाभाविकता के नाम पर यथार्थ प्रकृति के चित्रण, जन-साधारण के लोक-व्यवहार के दर्शन और व्यक्तिगत विशेषताओं के निरूपण को ही उत्तम कला समझते हैं, तो यह उसकी नयी मनोवृत्ति का ही परिणाम है। यह परिणाम निश्चय ही अचिर और अनित्य है, क्योंकि इसके आधार में परिवर्तन संभव है।

काव्य और कलाओं में प्रदर्शित रूपों और तज्जनित भावों के विषय में किसी प्रकार के विशेष्य-विशेषण के लिए स्थान नहीं है। सृष्टि के अपार भाव-भेद और रस-भेद को हमें समझ लेना चाहिए। यदि हम किसी देश के किसी समय के किसी कवि की काव्य-कला को असम्भव कहते हैं, तो यह हमारा ही अज्ञान हो सकता है, क्योंकि हमने उस धारणा-भूमि में पहुँचने की चेष्टा नहीं की, न उस मनोवृत्ति का अध्ययन किया जिसके द्वारा उस कवि ने उस 'असम्भव' वस्तु को प्रत्यक्ष सम्भव कर दिखाया है। और अशुद्ध तो वह कदापि नहीं, क्योंकि कवि के शुद्ध अन्तःकरण से उसकी निष्पत्ति हुई है। हमें प्रत्येक देश के विचारों को अपने देश के विचारों की कसौटी पर कसकर अपना 'फतवा' निकालने की कोई आवश्यकता नहीं है, क्योंकि विचारों की भूमि एक-दूसरे से निरपेक्ष और स्वाधीन हो सकती है। यदि हममें इतनी व्यापक सहानुभूति है कि हम किसी कवि की कविता को उसके देश-काल और व्यक्तित्व के विकास के अनुसार देख सकते हैं; यदि हमने उस विचार-भूमि की झाँकी पायी है, जिसे देखकर उस कवि की आत्मा में कविता उद्वेलित हो उठी थी; तो साहित्य-समीक्षा की इसी सर्वोत्तम और एकमात्र तथ्यपूर्ण प्रणाली का उपयोग हमें करना चाहिए। हमारे लिए सबसे सुन्दर उपाय यही है कि हम कवि की आत्मा में अपनी आत्मा को मिलाकर—विकास की प्रत्येक दिशा में उसके साथ तन्मय होकर—उसका अध्ययन आरम्भ करें; अन्यथा यदि पश्चिम से पूर्व को यह कहा जाता है कि तुम्हारी भाषा अलंकृत, तुम्हारे भाव अस्पृश्य, और तुम्हारी कल्पना अतिशयोक्तिपूर्ण है; तो पूर्व से पश्चिम को यह प्रतिध्वनि जायेगी कि तुम्हारी भाषा भोंडी, तुम्हारे भाव भौतिक और कल्पना केवल औपचारिक है।

एक और बाँध, जो कविता-कला के चारों ओर बाँधा जाता है, जिससे अपने देश के दर्शन और सूर की वास्तविक भावना का परिच

प्राप्त करने में बाधा पड़ सकती है, रूप का बाँध है। कहते हैं, कलाएँ रूपवती हैं; वे रूप की ही अभिव्यक्ति कर सकती हैं, अरूप की नहीं। इसमें सन्देह नहीं कि कलाएँ रूपवती हैं, परन्तु यह तो केवल वाक्-छल है कि वे रूप की ही अभिव्यक्ति कर सकती हैं, अरूप की नहीं। इस अनोखी बात को साहित्य-तत्त्व कहकर प्रचार करने से एक बड़ा विक्षेप यह पड़ेगा कि भारत के उच्चतम आत्म-दर्शन को काव्य में आकर तिरस्कृत होना पड़ेगा। जो ब्रह्म रूप और अरूप दोनों के ऊपर, अनिर्वचनीय है, उसका भी कविता की प्रणाली से निर्वचन करने की चेष्टा हमारे यहाँ बहुत समय से की जा रही है। कहना चाहिए कि हमारा प्राचीन भक्ति-साहित्य अधिकांशतः ऐसा ही है। मूर्त में यदि अमूर्त की व्यंजना न हो सकी, तब तो हमारे धर्म की एक महत्त्वपूर्ण परम्परा ही नष्ट हो गयी। भारत की भावना-धारा इतनी अधिक रहस्यमयी है कि कृष्ण का अवतार रूप में न केवल सगुण भगवान् की वरन् सगुण-निर्गुण के ऊपर जो परात्पर परब्रह्म हैं, उनकी लीला भी हुई है। कृष्ण का अवतार भी क्या हमारे दर्शनशास्त्र के अनुसार अवतार था? नहीं, वे तो अवतार लेने के सदृश प्रकट होते से दीख पड़े थे। इतने ही से समझना चाहिए कि इस देश की कविता केवल रूप का प्रत्यक्षीकरण करके अपने दर्शन के अनुकूल नहीं बन सकती। अवश्य ही यदि कृष्ण-काव्य से कृष्ण के भक्तों की तृप्ति होती है—होती क्यों नहीं—तो तभी होती है, जब उस काव्य में रूप की ही नहीं, रूप-अरूप दोनों की और दोनों के परे जो तत्त्व है, उसकी भी व्यंजना होती है।

अब हम भारतीय विचार-धारा के प्रवाह के साथ-साथ सूर के काव्य-प्रवाह की गति देख सकते हैं। वह काल भक्ति के प्लावन का था। कहा जाता है कि भगवान् कृष्णद्वैपायन व्यास को वेदान्त-सूत्रों और गीता का प्रवचन करके भी जब शान्ति न मिली, तब उन्होंने श्रीमद्भागवत की रचना करके परम शान्ति को करतल-गत किया। यह भागवत भक्ति का अपूर्व ग्रन्थ है। इसमें पण्डितों की परीक्षा होती है, इसकी भाषा को श्रीमद्वल्लभाचार्य जी ने 'समाधि-भाषा' कहा है। ये ही वल्लभाचार्य महाराज सूरदास के दीक्षा गुरु थे और इन्होंने सूर को आज्ञा दी थी कि वे भागवत की ही कथा को भाषा के पदों में गाकर सुनाएँ। सूर के पदों को भी भागवत की ही 'समाधि-भाषा' समझनी चाहिए। यों तो समाधि

में भाषा कहाँ है और भाषा में समाधि कहाँ, परन्तु श्रीमद्भागवत तथा इन पारदर्शी भक्तों का ऐसा ही प्रयास था कि जो सम्भव नहीं था उसे भी सम्भव कर दिखाया। ज्ञान की चरम साधना समाधि है, किन्तु वह समाधि मौन है। ज्ञान की इस मौन समाधि के ही समकक्ष (भक्तों के लिए तो उससे भी बढ़कर) भक्ति की मुख समाधि की कल्पना आचार्य वल्लभ ने की, जो परम आनन्दमयी है। ज्ञान के द्वारा आत्मा की मुक्ति होती है, परन्तु वह भक्ति धन्य है जो मुक्त आत्माओं की 'समाधि-वाणी' सुनने का अवसर देती है। मायावृत संसार के रूप-अरूप में व्याप्त और उसके परे कृष्ण-रूप का साक्षात्कार जीवन की चरम उपलब्धि है, किन्तु उस कृष्ण-रूप का अवतार, उस अवतार का दर्शन, उसकी लीलाओं का श्रवण-कीर्त्तन ये और भी रहस्यमयी और मीठी कल्पनाएँ हैं।

सूर की यह परम निगूढ़ भक्ति की साधना जब कविता में अपनी सिद्धि पाती है—जब हिमालय के हिम-खंड द्रवित होकर जल-धारा बनते हैं, जो जल-धारा गंगा-यमुना आदि के रूप में देश का शुष्क हृदय सींचती, असंख्य कंठों की तृषा शान्त करती है—तब उसका क्या स्वरूप होता है, यह देखना चाहिए। हम देखते हैं, कि उनकी कविता गेय पदों के रूप में है, जैसे एक-एक लीला के अनेक छोटे-छोटे भाव-चित्र खींच लिये गये हों। इन पदों में शब्द की साधना के साथ-साथ स्वर की भी परम उत्कृष्ट साधना है। जैसे शुद्ध भावनामय, लयकारी ये पद हैं वैसा ही तन्मयकारी इनका संगीत है। कविता के रहस्य से अवगत विद्यार्थियों को यह विदित होगा कि गीत-काव्य में छोटे-छोटे पदों द्वारा सुन्दर मनोरम भाव-मूर्तियाँ अंकित की जाती हैं; इनमें से सब प्रकार की कर्कशता बहिष्कृत की जाती है; गेय पदों की भावना प्रायः कोमल होती है और एक-एक पद में पूर्ण होकर समाप्त हो जाती है। सूर आदि भक्तों की वह भावना, जो आरम्भ में भगवान् के गुणों का गान करती है, फिर अवतार रूप में उनकी लीलाओं का कीर्तन करती है, फिर वियुक्त होने पर उनके प्रति अश्रु-वर्षा करती है, उत्तरोत्तर मृदुल, कोमल और करुण हो उठी है। गीत-काव्य की दृष्टि से ये पद उत्तम कोटि से कहीं नीचे नहीं उतरते।

परन्तु सूर-जैसे भक्ति-विह्वल कवि के लिए यह सम्भव नहीं था कि वे वस्तु रूप में कृष्ण के बाल्य-काल से लेकर वियोग-काल तक के चरित का चित्रण कर देते—अपने हृदय के उमड़ते हुए आनन्द को दवा लेते।

प्रायः प्रत्येक पद की अन्तिम पंक्ति में उनकी प्रेमातुर भावना मुखर हो उठी है—इसका रहस्य वे ही समझेंगे जो भागवत् की समाधि-भाषा का रहस्य समझते हैं। पश्चिमीय साहित्य-समीक्षक इन अन्तिम पंक्तियों को असंगत और असंभव कह सकते हैं। उनका यह आरोप हो सकता है कि ऐसा करने से कृष्ण-चरित के भिन्न-भिन्न वर्णनों का स्वाभाविक सौन्दर्य बहुत अंशों में नष्ट हो जाता है। अभी कृष्ण उत्पन्न होकर माँ की गोद भी नहीं छोड़ पाये कि सूर के 'स्वामी' बन बैठे ! अभी वे गो-चारण करते हुए भी अपने सहचरों द्वारा भयभीत किये जाते हैं, अभी उन्हें 'जगंत के प्रभु' की पदवी मिल गयी ! यशोदा उन्हें उनकी शरारतों के लिए दंड क्या देती है, 'त्रिभुवननाथ को नाच नचाती' है ! अतः उन आलोचकों के विचार में ये सब पद पाश्चात्य गीतों की भाँति कोमल और मधुर भावों से नहीं भरे; वे अद्भुत, अस्वाभाविक और असम्भव हैं।

भारतीय रस-शास्त्र की प्रचलित पद्धति भी इस सम्बन्ध में अनेक प्रकार की द्विविधाएँ उत्पन्न करती है। रस-शैली के अनुसार प्रत्येक महाकाव्य में एक प्रधान रस और उसके अंगीभूत अनेक रस होते हैं। सूरदास के पदों को एक महाकाव्य मानने में शास्त्र की क्या आज्ञा है ? प्रबन्ध रूप में न सही, मुक्तक रूप में 'सूरसागर' सर्वत्र एक उद्देश्य—एक महत् उद्देश्य—रखता है। वह उद्देश्य है कृष्ण का ही गुण-गान। महाकवि सूर ने अपने आरम्भिक विनय के पदों में यह प्रदर्शित किया है कि वे उन्हीं कृष्ण की लीला का वर्णन करने को उद्यत हो रहे हैं जो चराचर-नायक, ईशों के ईश और स्वयं व्यापक विभु हैं। यह केवल ऐसा निर्देश नहीं है जैसा काव्यों के रचयिता अपने-अपने नायकों के सम्बन्ध में कर देते हैं कि वे किसी देवता के अवतार, आसमुद्र पृथ्वी के पालक चक्रवर्त्ती सम्राट हैं। सूर ने आत्मा के उत्कट विश्वास से कृष्ण की ईश्वर-रूप में अर्चना की थी, उनके सभी निर्मित पद इसके साक्षी हैं।

कविवर सूर की यह काव्य-चातुरी विशेष रूप से प्रशंसनीय है कि वे ब्रज के चित्रपट पर कृष्ण का चित्र अंकित करने के पहले विनय के पदों में उसकी भूमिका उत्तम रीति से बाँध लेते हैं। सूर के कृष्ण को साहित्य-शास्त्र अपने धीरललित (अधिकांश में कृष्ण धीरललित माने गये हैं) या धीरोदात्त नायक की कोटि में रखने का सहसा साहस नहीं कर सकता। यद्यपि उक्त शास्त्र के अनुसार कृष्ण ही विविध लीलाओं के आलम्बन

ठहरते हैं और उद्दीपन की भी सम्पूर्ण सामग्री है, किन्तु सूर के आरम्भिक विनय के पदों से ही उनकी भावभूमि असाधारण रीति से ऊपर उठ जाती है और उनके लीला-गीतों में तो माधुर्य भावना अलौकिक सीमा पर पहुँच जाती है।

यदि सूर का पद-संग्रह साहित्य-शास्त्र के अनुसार एक काव्य-राशि माना जाय तो इसका प्रधान रस क्या है? उत्तर यही है कि इसका प्रधान रस साहित्य-शास्त्र की रस-कोटि में नहीं आता—वह अलौकिक रस है। यद्यपि साहित्य-शास्त्र सब रसों का आनन्द 'अलौकिक' मानता है किन्तु सूर के काव्य का आनन्द इस 'अलौकिक' से भी अलौकिक है। यह आनन्द और किसी कारण नहीं, सूर की कृष्ण-भावना के कारण अलौकिक है। तुलसी के राम, सूर के कृष्ण—भक्त कवियों के जो-जो नायक हुए हैं—सबने काव्य-जगत् की प्रचलित विधियों का अतिक्रमण-सा किया है। इन कवियों की यह अद्भुत कला है कि ये अपने स्वतन्त्र अधिकार से ऐसे नायक का अवतरण करते हैं जो चराचर-नायक है। कृष्ण क चरित और राम के चरित में राम और कृष्ण सम्पूर्ण काव्य का—नायक, उपनायक, सब पात्रों सब घटनाओं का—एक सूत्र से संचालन करते हैं। 'रामचरितमानस' में राम के अतिरिक्त जिस किसी ने जो कुछ किया है राम की ही प्रेरणा से। हनुमान ने समुद्र लाँघकर लंका जला डाली—'उमा न कछु.कपि कै अधिकाई, प्रभु प्रताप जो कालहिं खाई।' मंथरा ने राम-वनवास का प्रस्ताव किया, क्योंकि गिरा (वाणी, जो राम की वशवर्तिनी है) उसकी मति फेर गयी थी। रावण ने सीता का हरण किया, युद्ध में प्रवृत्त हुआ—यह भी विधिवशात् (विधि भी राम ही हैं)। सुमित्रा लक्ष्मण को राम के साथ वन भेजती हुई कहती हैं, 'तुम्हरे भाग्य राम बन जाहीं, दूसर हेतु तात कछु नाहीं।' यहाँ लक्ष्मण का भाग्य भी राम के अतिरिक्त और कोई नहीं। 'पूजनीय, प्रिय परम जहाँ ते मानिय सकल राम के नाते।' पूजनीय ही नहीं, अपूजनीय भी, हेय भी; प्रिय ही नहीं, अप्रिय भी, निन्द्य भी; राम के ही नाते माने जाते हैं। 'उमा दारुयोषित की नाईं, सबहिं नचावत राम गोसाईं।' गोस्वामी तुलसीदास ने तो अपने 'रामचरितमानस' में शिव-पार्वती, भरद्वाज-याज्ञवल्क्य और गरुड़-काक-भुशुण्डि की तीन-तीन कथाएँ बैठाल दी हैं, जिनका एकमात्र प्रयोजन रामचरितमानस को अविकल राममय बना देना है। उन लोगों ने उसे

वसा बना भी दिया है। महात्मा सूर भी कृष्णमय आनन्द में विभोर होकर प्रत्येक गान की अन्तिम पंक्तियों में अपनी आत्मा उन्हें समर्पित कर देते हैं। यह भी गोसाईंजी की वही आख्यान की-सी शैली है। वह प्रबन्ध के भीतर है, यह मुक्तक में; बस यही अन्तर है।

यद्यपि कृष्ण की अलौकिक लीलाओं के सामने प्रचलित साहित्य-शास्त्र आश्चर्यचकित-सा है, तथापि सूर का काव्य उत्तम कविता के गुणों से विभूषित, साहित्य-कला का परिष्कार और पुरस्कार करने वाला भी है। सूर की अनन्य तन्मयता स्वयं ही कविता की एक श्रेष्ठ विभूति है। उनकी मधुर भाव की उपासना उनके काव्य को यों ही कुसुम-कोमल बना देती है। परन्तु सूर की पवित्र भावना से काव्य-कला जिस रूप में उज्ज्वल हो उठी है, वह भी हमारी आँखों के सामने है। प्रचलित साहित्य-शास्त्र के पंडितों ने अपने पांडित्यवश जो सीमाएँ बना ली थीं, सूर की कविता ने उन्हें नया विस्तार और नया जीवन-दान दिया। साहित्य-शास्त्रियों के दिये जीर्ण वस्त्रों का त्याग करके कविता नवीनवसना दृष्टि से सामने आयी। एक सबसे बड़ा शुभ कार्य जो सूर ने किया, यही था कि उन्होंने हमारे साहित्य-शास्त्र की आँखें खोल दीं और सीमा के स्थान पर निस्सीम सौन्दर्य की झलक दिखा दी। इतना ही नहीं, कलाओं के क्षेत्र में सूर ने और भी उत्तमोत्तम प्रयोग किये हैं। काव्य और कलाओं का आनन्द अलौकिक करके मान लिया गया था, परन्तु यह केवल मानी हुई बात ही थी। जब से देश के वास्तविक दृष्टि वाले कवियों का समय बीता तब से काव्य की अलौकिकता उत्तरोत्तर क्षीण ही पड़ती गयी। कवियों के मानस केवल लौकिक शृङ्गार से रँगे होने के कारण काव्य के जो तैल-चित्र निर्मित हुए वे समाज की मलिन भावनाओं के संसर्ग में धूसरित होकर और भी विकृत हो गये। कवियों ने वह कला बिसार दी जो विविध रसों में एक उदात्त अलौकिक रस निष्पन्न करती थी। उन दिनों के कवि-चित्रकारों ने अपनी चित्रभूमि को जिस रंग में रँगा उस पर चित्र भी उसी रंग के बनाये। कला की सब बारीकियाँ भुला दी गयीं। कहीं भी नवीन उन्मेष नहीं था। जब सूर ने अपनी तूलिका उठायी; उन्होंने विनय के पदों में 'सूरसागर' की भक्तिमयी आधार-भूमि विशेष चमत्कार के साथ तैयार की और उस पर कृष्ण की शृङ्गारमयी मूर्ति अपनी सम्पूर्ण श्री-शोभा के साथ अंकित की। चित्रकला के ये रंग हिन्दी में सूर द्वारा

आविष्कृत हैं। इन ५२ सूर की छाप लगी है—इस छाप से वे पहचाने जाते हैं।

सीमा में निस्सीम की झलक और विविधता में एकता, कवि सूर की इतनी ही कला-समृद्धि नहीं है, उन्होंने माइकेल इंजिलो की भाँति कला में धर्म की शक्तिपूर्ण भावना भी सन्निहित कर दी है। यह सूर के स्वर की विशेषता है कि जो कृष्ण नख से शिख तक सौन्दर्य की मूर्ति हैं वे ही हमारी स्तुति के विषय बन गये। कलाओं का शृंगार पवित्र हो उठा, क्योंकि सूर की वाणी का उससे स्पर्श हो गया। ये ही कृष्ण जब दूसरे कवियों के हाथ में पड़े, तो नायिकाओं के आमोद-विषय, अष्टयाम और षड् ऋतुओं के आलम्बन एवं निम्न भावनाओं तक के प्रेरक बन गये; किन्तु सूर के हाथ में वे सर्वत्र पूत—सर्वत्रपावन—बने हुए हैं। कला का रूप स्त्री रूप है। वह भावों की प्रतिमा है। अपनी समस्त श्रीशोभा के साथ जब वह मोहिनी वेश धारण करती है, कविगण उसे जब अपनी सम्पूर्ण सौन्दर्य-राशि से अलंकृत कर देते हैं, तब कौन है जो अचल बना रहे! यह कवियों के अधिकार की बात नहीं है कि वे इस कला-कामिनी का स्त्री-स्वरूप बदल सकें; परन्तु इस कामिनी की मर्यादा की रक्षा तो सदैव कवियों के ही अधिकार में रही है। बहुतों ने इसकी मर्यादा की रक्षा की है, बहुतों ने नहीं की। सूर ने न केवल इसे निष्कलंक रखा है, अपनी पवित्र भावनाओं का अर्घ्य देकर उसे महिमामयी बना दिया है।

यद्यपि सूर का काव्य कृष्ण के निर्विषय भक्तों के ही सम्यक् आनन्द का हेतु है, परन्तु काव्य और कलाओं के सत्पात्र पाठक भी अपने-अपने मनोनुकूल उससे रस प्राप्त करते हैं। कला की सर्वश्रेष्ठ सार्थकता यही है कि उसका तत्त्व तो पारदर्शी रसिक जनों को ही प्राप्त हो किन्तु उसका सामान्य आनन्द सर्व-जन-सुलभ बन जाय। आदि के विनय के पदों को पढ़कर यदि भगवान् की महत्ता का बोध हो सके, फिर उन्हीं महान् की कृष्ण रूप की प्रतिमा बुद्धि और हृदय को स्पृहणीय बन जाय, तो यह कम सफलता नहीं है। कृष्ण की लोक-लीलाओं में यदि 'अद्‌भुत और अलौकिक' का मिश्रण हमें रुचिकर नहीं है तो भी हम उस स्वच्छ भावना का रस ले सकते हैं जो एक मनोरम बालक की अनुरंजनकारिणी क्रीड़ाओं से हमें मिलता है। यदि हम 'सर्वं कृष्णमयं जगत्' की धारणा करके सूर के काव्य से तादात्म्य नहीं जोड़ सकते तो भी ब्रज-मंडल के रास-रसिक,

क्रीड़ाकारी कृष्ण और मथुरा के कर्तव्य-परायण, अनन्त-विरही कृष्ण की तुलना करके कवि की विस्तारमयी भावना पर मुग्ध हो सकते हैं। काव्य और कलाएँ जितना कुछ हमारी भावनाओं का मार्जन और प्रक्षालन कर सकती हैं—सूर का काव्य उसके किसी अंश में कम नहीं करता। जो कुछ तल्लीनता का सुख, व्यापक भावना का सौन्दर्य है, वह सूर के काव्य में भी पूर्ण है। इसके अतिरिक्त सूर के काव्य में जो अलौकिक अध्यात्म है वह अधिकारियों के लिए सदैव सुरक्षित है।

मनोविज्ञान के पण्डितों को सूर के काव्य में जो कुछ असंगति अनुभव होती है, उसकी भी विवेचना आवश्यक है। आरम्भ में जब सूर प्रतिज्ञा करते हैं कि वे सगुण के पद कहेंगे तब हम आशा करते हैं कि वे भगवान् के गुणों का गान करेंगे। विनय के पदों से यह गान प्रारम्भ होता है, किन्तु इतने गुण-गान से ही कवि की लालसा नहीं मिटती। वह कृष्ण की अवतारणा करता है और तब वे ही कृष्ण काव्य में हमारे सामने आते हैं। साहित्यिक मनोविज्ञान के विद्यार्थी को सूर का यह चमत्कार बहुत अधिक रुचेगा कि उन्होंने 'अकथ, अनादि, अनन्त, अनूप' गुणमय भगवान् को कृष्ण-रूप में अवतरित किया है। इस अवतार का मनोवैज्ञानिक प्रभाव यह पड़ता है कि कृष्ण अतिशय आकर्षण-सम्पन्न और तेजस्वी बनकर हमारे सम्मुख आते हैं। जैसे विन्दु में सिन्धु के समा जाने की कल्पना सत्य हो गयी हो, ऐसा ही चमत्कार-बोध होता है। पाश्चात्य साहित्य में भी प्रतिमा के भीतर विराट् रूप भरने की चेष्टा की गयी है। महाकाव्यों में प्रायः सर्वत्र, और उपन्यास, नाटक आदि सामान्य साहित्य में भी कितनी ही असाधारण, प्रभावशालिनी, शक्तिमयी और सुन्दर मूर्तियाँ अंकित की गयी हैं। बाइरन-जैसे प्रेमिक कवि को भी 'चाइल्ड हेराल्ड' की विशाल सृष्टि करने की साध थी और रोम्याँ रोलाँ ने तो अपने 'जॉन क्रिस्टोफर' नाम के उदात्त पात्र में तत्कालीन संस्कृति का पूरा स्वरूप ही भर दिया है, किन्तु यदि काव्य-कला और मनोविज्ञान की दृष्टि से देखा जाय तो सूर के कृष्ण का अवतरण इससे भी कहीं अधिक चमत्कारी और शक्तिपूर्ण अनुभव होगा।

हमारी आँखों में कृष्ण की बाल-लीलाओं की विद्युत् कौंध भरने लगती है। यदि उनका इस रूप में अवतार न होता तो इस कौंध से हम वंचित ही रहते। यह विद्युद्वेग कृष्ण की छवि में कहीं से स्थिरता या

जड़त्व नहीं आने देता। उनकी लघु, सज्जित, अलंकृत मूर्ति भी हमें अद्भुत तेजस्विनी दीख पड़ती है। इसमें अस्वाभाविकता कहाँ है? इस मूर्ति की अर्चना में यदि सूर पदों की अन्तिम पंक्तियों द्वारा श्रद्धा के कुसुम चढ़ाते हैं तो इसमें असंगति क्या दीख पड़ती है? हमारे मनों में भी प्रायः वैसी ही भावना उत्पन्न होती है। कृष्ण के रूप-लावण्य को 'अवतार' की आलोक-धारा सहस्रगुण दीप्तिमती बना देती है। क्या आश्चर्य यदि यशोदा के 'कन्हैया' सत्य ही सूर के स्वामी हों?

कृष्ण का जन्म-कर्म दिव्य है, शास्त्र के इस निरूपण को सूर ने कैसी रामबाण विधि से हृदयंगम करा दिया है! नायक कृष्ण ब्रज के समस्त निवासियों की दृष्टि के केन्द्र-बिन्दु बन गये हैं, यह तो आश्चर्य की बात नहीं। वे यशोदा के 'प्रिय ललन' ग्वाल-बालों के 'सखा सहचर' और सूर के 'स्वामी' हैं, यह सब संगत है। परन्तु वे यह सब होते हुए भी इनमें से कुछ नहीं हैं—यही तो आश्चर्य है! उन्होंने गोपियों का सहवास किया, पर उनका त्याग भी क्या ही अनोखा है! उनकी लीलाएँ—उनके व्यवहार—सब कैसे विचित्र हुए। वंशी बजाकर मोह लिया और तब निराश्रित छोड़कर चले गये! रास-रचना, चीर-हरण सब मस्तिष्क में एक मनोरम आघात करते हैं—एक अनोखी चेतना उत्पन्न करते हैं—और काव्य में तो इनकी मनोहारिणी छवि झलकती ही है।

मनोविज्ञान की दृष्टि से सूर के कृष्णावतार का अध्ययन करने वाले यह भी अनुभव करेंगे कि जगत् माया और मिथ्या ही नहीं है, क्योंकि इसमें भगवान् की लीलाएँ हुई हैं। दार्शनिक ब्रह्म की सत्ता में जगत् की भी सत्ता मानते हैं। परन्तु जब कृष्ण का अवतार हुआ तब तो जगत् की सत्ता और महिमा बहुत बढ़ गयी है। वह भगवान् का लीला-निकेतन बन गया। सूर आदि भक्तों की कविता से दूसरा निष्कर्ष यह निकाला गया कि कृष्ण वास्तव में मनुष्य शरीर धारण करके अवतरित हुए और उनके जीवन में वे सब घटनाएँ घटीं। इससे मनुष्य का शरीर भी अधिक महिमामय बन गया, क्योंकि भगवान् ने इसे धारण किया। फिर कृष्ण की प्रत्येक लीला को उनका वास्तविक कृत्य मानकर मनुष्यों की उनमें एक विशेष प्रकार की अभिरुचि उत्पन्न हो गयी। संगीत और नृत्य आदि कलाओं को एक नवीन प्रेरणा प्राप्त हुई जिससे उनकी प्रगति में विशेष सहायता मिली। अकबर और शाहजहाँ के दरबार में इन कलाओं का जो

सुन्दर विकास हुआ और लौकिक समृद्धि की जो एक नयी ही धारा बही, उसमें सूर आदि की दिव्य कविता का कम प्रभाव नहीं पड़ा। कृष्ण की लीलाओं का चित्रण और गायन समाज में एक नयी आस्था लाया। इस प्रकार भक्तवर सूर की कविता से जनता के मन में कैसे-कैसे संस्कार उत्पन्न हुए यह मनोवैज्ञानिक और ऐतिहासिक अनुसंधान का विषय है। काव्य-विवेचन में तो मनोविज्ञान का प्रसंग इस कारण आ पड़ा है कि इसका आधार लेकर अनेक आलोचक सूर की कविता पर जो दोष लगाते हैं, उनके निराकरण की आवश्यकता थी।

यह सत्य है कि मनोविज्ञान की इस शैली से सूर-जैसे कवियों की कविता की सामान्य दिशा भले ही दिखा दी जाय, उनका सम्यक्-दर्शन नहीं प्राप्त किया जा सकता। उन भक्त कवियों की राम और कृष्ण आदि की कल्पना कितनी अप्रतिम थी, कहा नहीं जाता। कहने को सूर सगुण का गुण-गान करने बैठे हैं, पर न तो उनके गुणों की अवधि है न इनके गान की। इनके लिए यह जगत् राममय और कृष्णमय है तथापि जगत के सब व्यापार मिथ्या ही हैं। सूर के पदों में प्रेम की कितनी मार्मिक व्यथा है किन्तु साथ ही उनकी विरक्त आत्मा का भी कैसा निर्मल प्रतिबिंब है! अनुराग-विराग की सम्पूर्ण वृत्तियाँ राम-कृष्ण को अर्पण करने के उपरान्त भी इन कवियों को कविता लिखने की साध हुई थी, तभी तो उसका मर्म पाना दुष्कर हो पड़ता है। राम और कृष्ण सब सद्‌वृत्तियों के आधार हैं, परन्तु तब असद्‌वृत्तियों का आधार कौन होगा? वे ही राम और वे ही कृष्ण उनके आधार हुए। वे उनके आधार भी हैं, आधेय और आधार-आधेय से परे भी हैं। 'रामचरितमानस' में देव और दानव दोनों ही पक्षों की सब शक्तियाँ—प्रत्येक क्रिया-कलाप-राम की ही प्रत्यक्ष या अप्रत्यक्ष-प्रेरणा से संचालित होती हैं। कहने-सुनने में यह असंगत लगता है। पर तुलसी का आंतरिक निष्कर्ष तो यही है कि राम की प्ररणा से ही रावण सीता का हरण करता है, फिर उनसे लड़ता है, और मारा जाता है! जगत् में जो कुछ भला है, बुरा है, सबका संस्थान राम में है। सूरदास के आचार्य वल्लभ के मन में भी ब्रह्म (कृष्ण) ही कर्त्ता और ब्रह्म (कृष्ण) ही भोक्ता है। कृष्ण ही कृष्ण के साथ रास रचते हैं जैसे बालक अपने प्रतिबिंब को लेकर क्रीड़ा करता है। यह सब मनोवैज्ञानिकों के लिए इन्द्रजाल है, परन्तु यहाँ के सन्त कवियों

की यही प्रमुख धारणा है, जो उनके काव्य में व्यक्त हुई है। इसी अनन्य तन्मयता का साक्षात्कार करके काव्य के दार्शनिक आलोचकों ने सूर आदि भक्तों की कविता में ईश्वर, जीव और जगत् के तात्त्विक सम्बन्ध की खोज-बीन आरम्भ की है। हमने भी उक्त आलोचकों की इस प्रतीक-उदभावना की चर्चा की है।

प्राकृतिक उपमाएँ, सहज सुन्दर स्वाभाविक चित्र, ये सब सूर को सुखद थे, किन्तु सबसे अधिक सुखद तो थे कृष्ण, जिनमें इन्होंने अपने को भुला दिया था। 'रामचरितमानस' में तुलसीदास ने वाल्मीकीय रामायण की कथा लेकर घटना-मौलिकता का तिरस्कार कर दिया। सूर भी भागवत् की कथा पदों में गाकर इन दिनों के 'मौलिक-कवि' के आसन को त्याग चुके। इन कवियों का उत्कर्ष सच पूछिए तो नव-नव प्राकृतिक चित्रणों में उतना नहीं है जितना भावना का विस्तार करके उसे राममय और कृष्ण-मय बना देने में है। लौकिक उनसे बाहर नहीं और अलौकिक जितने भी सम्बन्ध हैं सब राम-कृष्ण के सूत्र से हैं, लोक-परलोक, आचार-विचार, सब धर्म, सब कर्म कृष्ण तक हैं। प्रकृति भी—प्राकृतिक सब वस्तुएँ भी—कृष्ण के सामने कोई अस्तित्व नहीं रखतीं। महात्मा सूर के दीक्षा-गुरु आचार्य वल्लभ ने, कृष्ण के गीत को भी, नृत्य को भी, आनन्दमय—ब्रह्मानन्दमय—स्वरूप दे दिया था। ब्रह्म सत्, चित् और आनन्द स्वरूप है। कृष्ण परब्रह्म के अतिरिक्त और कोई नहीं। गोपिकाओं का—जीवों का—आनन्दगुण जाग्रत हो उठा तब वे भी कृष्ण से भिन्न नहीं रहीं। ऐसी एकान्त साधना का लक्ष्य रखने वाले आचार्य वल्लभ-जैसे गुरु और महात्मा सूरदास-जैसे उनके गायक प्राकृतिक मनोविज्ञान का कहाँ तक निर्वाह कर सकते थे?

ये भक्तगण सदैव एक आश्चर्यजनक ऊँचे स्तर पर एक अलौकिक मनः-स्थिति बनाकर भावनाओं के क्षेत्र में विचरण करते थे, अतः इन्हें सामान्य समीक्षाकार ठीक-ठीक समझ नहीं सकते। एक परम रमणीय, अपरिचित-सी—समाधि की-सी—परिस्थिति की सृष्टि करके उसमें अद्वैत भाव से आत्मा को रमा देना जिनके कवि-कर्म का बाना था, वे लोक-चित्रण की क्या चिन्ता करते? सूर का एक पद है:

"जब मोहन कर गही मथानी।
परसत कर दधि-माट नेति, चित उदधि, सैल, वासुकि भय मानी।"

इसमें प्राकृतिक के नाम पर एक व्यंग्य और बाल-लीला के बदले एक अचम्भा-सा है। इन कवियों ने राम, कृष्ण आदि की जैसी कल्पना की थी और अपनी आत्माओं को संसार की धारणा-भूमि से उठाकर जिस उच्च स्तर पर ला रखा था, उसे देखते हुए साधारण मनःशास्त्र की प्रक्रियाएँ और काल की प्रचलित व्यवस्थाएँ ही उनमें मिलेंगी, ऐसी आशा करना समीचीन नहीं है। इन भक्तों की भावना जब राममय और कृष्णमय हो गयी थी तब इन्होंने राम और कृष्ण की प्रीतिवश जो कुछ मानवीय वर्णन किया है, उसे ही बहुत समझना चाहिए। काव्य के रहस्य से अवगत तुलसी, सूर आदि को छोड़कर अधिकांश आत्माराम भक्त तो ऐसे-ऐसे बीहड़ कथानक बाँधकर काव्य करते थे कि वे अलोक प्रचलित ही बने रहे।

आत्म-तृप्ति इनकी साध्य थी, कोरी कविता नहीं। जहाँ-जहाँ इनकी आत्मा इन्हें ले गयी, वहाँ-वहाँ ये गये। सूर और तुलसी भाग्यवश काव्य-भूमि में ही बने रहे। सूर ने तो दृष्टकूटों में पहुँचकर एक बार काव्य-क्षेत्र से किनारा भी कसा था। किन्तु आत्मा का रहस्य स्वयं भी सरस वस्तु है। इन कवियों ने खूब दिल खोलकर उस रस की वर्षा की। तीक्ष्ण-बुद्धि दार्शनिकों का मस्तिष्क जहाँ चक्कर काटता है, वहाँ इन भक्तों की बराबर पहुँच और पैठ रही। तुलसी, सूर आदि भक्तों की साधना कुछ और ही थी। उनकी एक पंक्ति पढ़कर भी आत्मा की वीणा झंकार उठती है। ठीक स्थान पर ठीक स्वर उनकी वाणी से निकला था। उनमें बहुत-कुछ हमें प्राकृतिक मालूम होता है, मनोवैज्ञानिक के प्रकांड समीक्षाकारों को कुछ अप्राकृतिक भी मालूम होता है! परन्तु इस प्राकृतिक-अप्राकृतिक के ऊपर जाकर वह दिव्य आत्माओं की कविता जिसे स्पर्श करती है उसे स्पर्श-मणि-सी ही प्रतीत होती है।

दार्शनिक पीठिका

वेदान्त, ब्रह्म-विद्या या मोक्ष-विद्या की जो अजस्र धारा इस देश में चिरकाल से बहती चली आ रही है, महात्मा सूरदास अपने समय में उसके एक निष्णात कवि हो गये हैं। यदि हम श्रीमद्भागवत के अध्यात्म-ग्रन्थ होने में संदेह नहीं करते तो सूरदासजी के सूरसागर के सम्बन्ध में भी नहीं कर सकते। सूरसागर में श्रीमद्भागवत का सम्पूर्ण आशय ग्रहण किया गया है; यही नहीं, सूरदासजी महर्षि व्यास की उस रचना के रस में पूर्ण रूप से ओत-प्रोत भी हो गये हैं। यद्यपि समय की दृष्टि से व्यास पूर्ववर्त्ती और सूरदास परवर्त्ती कवि हुए, तथापि जहाँ तक आध्यात्मिक भाव तथा साधना का सम्बन्ध है, दोनों में कोई विशेष अन्तर दिखायी नहीं देता। यदि कुछ अन्तर है तो इतना ही कि सूरदासजी ने भागवत की श्रीकृष्ण-लीला का अधिक विस्तारपूर्वक वर्णन किया है और उसमें कतिपय स्वतन्त्र किन्तु रसमय प्रसंग जोड़ दिये हैं। इन नवीन प्रसंगों के कारण काव्य की दृष्टि से सूरसागर की मौलिकता बहुत बढ़ गयी; पर जहाँ तक मूल रस या आनन्द की बात है, सूरदास का हृदय उसी उल्लास से भरकर छलक रहा है, जिससे व्यास का हृदय भरा हुआ है। इन दोनों की समरसता प्रत्येक सहृदय पाठक को स्वयं ही अनुभव होती है। यह समरसता इसलिए नहीं है कि व्यास और सूरदास ने एक ही कथानक ग्रहण किया या एक ही शैली की रचना की; यह इसलिए है कि दोनों ही कवि अध्यात्म-विद्या में निष्णात महापुरुष हो गये हैं। इस दृष्टि से न केवल भागवत

और सूरसागर, वरन् उपनिषद्, गीता, पुराण, भक्ति की सगुण-निर्गुण आदि शाखाओं के प्रवर्त्तक कवि आचार्य रामानुज, मध्व, वल्लभ, चैतन्य, रामानन्द, कबीर, सूर, तुलसी सभी बाहरी रंगों में अन्तर होते हुए भी भीतर एक ही रंग में रँगे हुए हैं। पहले-पहल यह बात आश्चर्यजनक-सी प्रतीत होती है; पर यदि हम इन ग्रन्थों और ग्रन्थकारों का समुचित अध्ययन करें तो हमारी शंका अवश्य दूर हो जायेगी। यद्यपि उपनिषद् फुटकर श्लोकों और सम्वादों के रूप में है, गीता महाभारत-महाकाव्य का अंग तथा वीर और शान्त रस की समन्वयात्मक कृति है, श्रीमद्भागवत में प्रेम की प्रधानता पायी जाती है; इस प्रकार कबीर निर्गुणोपासक और सूर सगुणोपासक कहे जाते हैं तथा तुलसी में अनन्य भक्ति-रस से भीगी हुई नीति और कर्त्तव्य की जीवन-व्यापिनी शिक्षा प्राप्त होती है। परन्तु ये सब बाहरी या व्यावहारिक भेद हमें इनकी अन्तरंग एकता की झलक देखने से रोक नहीं सकते। इनमें से एक-एक के आधार से कई-कई सम्प्रदाय तक प्रचलित हो गये हैं, पर साम्प्रदायिकता के रहते हुए भी इनमें एक व्यापक साम्य यह पाया जाता है कि ये सभी एक ही महान् सत्य या सार सत्ता (वह सगुण हो या निर्गुण) के प्रति अनन्य भाव से आकर्षित हुए हैं और उसी केन्द्र की ओर उनकी सारी भावना खिची हुई है। उसी केन्द्र पर उनका सम्पूर्ण काव्य-प्रसाद खड़ा हुआ है। उपनिषदों में वह केन्द्र ब्रह्म, गीता और भागवत् में भगवान् श्रीकृष्ण, रामायण में श्रीराम तथा कबीर आदि सन्तों की वाणी में 'निर्गुण' है। इन केन्द्रों में विद्वानों को सूक्ष्म दृष्टि से देखने से, सम्भव है, बहुत-कुछ अन्तर भी दिखायी दे, पर इनका यह ऐक्य किसी प्रकार भुलाया नहीं जा सकता कि ये सभी आध्यात्मिक आधार पर स्थित हैं और अध्यात्म के आनन्द में लीन भी हैं। गीता के उपदेशक भगवान् श्रीकृष्ण अपने शिष्य और सखा अर्जुन को योगस्थ होकर युद्ध करने के लिए प्रोत्साहित करते हैं, भागवत् में माता यशोदा की गोद में बाल-केलि करते, गोप-सखाओं के साथ वन में विचरते तथा प्रियतमा गोपियों को लेकर भाँति-भाँति की रसमयी लीलाएँ रचते हैं। गीता की शैली ओजपूर्ण और प्राञ्जल तथा भगवान् की प्रसादपूर्ण और अलंकृत है। साहित्य की दृष्टि से एक का स्थायी भाव उत्साह तथा दूसरे का रति कहा जा सकता है, किन्तु हैं ये दोनों ही अध्यात्म-परक। इसी प्रकार कबीर की निर्गुण-भक्ति तथा समाज-सम्बन्धी चुभते हुए व्यंग्य और तुलसी की सगुण-भक्ति तथा समाज की

संरक्षणशील गम्भीर वृत्ति में ऊपर से बहुत-कुछ विषमता दिखाई देती है तथा इन दोनों के बीचोबीच सूर की प्रेममयी वाणी समाज की निम्न जातियों के प्रति सहानुभूति का स्रोत लिये हुए बह रही है। ये ऊपरी निगाह से परस्पर भिन्न प्रतीत होते हैं और इनमें रंगों-रूपों का भेद है भी, परन्तु इन रंगों-रूपों के भीतर एक अन्तरंग ऐक्य अपनी दृढ़ता में सुस्पष्ट और व्यापकता में अगाध, अपनी मर्मस्पर्शिता के द्वारा हमें वश में कर लेता है। यह ऐक्य आत्मिक ऐक्य है और यह आत्मिक ऐक्य ही वेदान्त की प्रसिद्ध परिभाषा है।

वेदान्त का स्वरूप साहित्य की दृष्टि से वही है जिसे गोस्वामी तुलसीदासजी ने :

कीन्हे प्राकृत-जन-गुन-गाना। सिर धुनि गिरा लगति पछिताना ।।

पंक्तियों द्वारा प्रदर्शित किया है। इस दृष्टि से साहित्य के दो विभाग किये गये हैं। एक आध्यात्मिक या सन्त साहित्य और दूसरा लौकिक या प्राकृत साहित्य। यदि एक में व्यास, वाल्मीकि और कबीर, सूर, तुलसी आदि प्रमुख महात्माओं की कृतियाँ हैं तो दूसरे में कालिदास, भवभूति, श्रीहर्ष, माघ, दण्डी, देव, बिहारी प्रभृति बड़े-बड़े कविराज विराजमान हैं। एक में भगवान् के स्वरूप का निदर्शन और उनकी महिमा का वर्णन मुख्य है तथा अन्य समस्त चर्चा उसी की अनुवर्तिनी है और दूसरे में देशकाल की परिस्थिति का सूक्ष्म चित्रण, सौंदर्य-निरूपण तथा मनुष्य का आचरण ही मुख्यत: प्रदर्शित है। इन दोनों में मुख्य भेद यही है कि एक में भावना का केन्द्रीकरण भगवान् के केन्द्र में किया गया है और दूसरी का किसी आदर्श-विशेष या परिस्थिति-विशेष में ही किया गया है अथवा किसी काल-विशेष का दृश्य दिखाकर ही काव्य की पूर्ति की गयी है।

अध्यात्म और साहित्य के क्षेत्र में इस प्रश्न को लेकर जो विवाद चले हैं उनकी ओर ध्यान देना हमारा प्रयोजन नहीं है। साहित्यिकों की दृष्टि में काव्यानन्द ब्रह्मानन्द सहोदर है और कालिदास, भवभूति आदि महाकवियों की रचना में वह आनन्द परिपूरित है। इसके साथ ही इन उत्कृष्ट कवियों में जो भावोत्कर्ष है वह भी असाधारण और अलौकिक है। राम और कृष्ण का यशोगान करने वाले भक्त क्या इसी कारण उच्च हैं कि उन्होंने अपने वर्ण्य विषय का नाम राम और कृष्ण रखा है? अथवा उनमें ऐसी भी कोई वस्तु है जो अन्य कवियों में नहीं पायी जाती?

बहुत से कवि राधा और कृष्ण की आड़ में अपने हृदय के मलिन उद्गार ही प्रकट करते रहे हैं, तो क्या उनके उद्गारों की गणना आध्यात्मिक साहित्य में की जा सकेगी ? और जो वास्तव में उच्चकोटि की प्रतिभा-पूर्ण कविता है वह इसलिए निन्द्य समझी जाय कि उसमें अध्यात्म कहे जाने वाले नपे-तुले नाम और भाव नहीं हैं ? इसका उत्तर यही है कि इस प्रकार की विचार-भ्रान्ति अध्यात्म का यथार्थ न समझने और उसे धर्म-शास्त्रीय चर्चा-मात्र मानने के फलस्वरूप ही उत्पन्न होती है।

अनिर्वचनीय अध्यात्म-तत्त्व संसार की सारी वस्तुओं से भिन्न है। उसकी साधना उन सम्पूर्ण लौकिक साधनाओं से पृथक् है, जो मन और बुद्धि द्वारा की जाती है। यह आत्मा की साधना परमात्मा की नित्य, अपरिवर्तनीय महान् सत्ता का साक्षात् होने पर ही सिद्ध होती है। इनकी सिद्धि हो जाने पर मनुष्य जीवन-मुक्त हो जाता है। उसे अपने नाशवान शरीर का भान नहीं रह जाता। संसार भी उसकी दृष्टि में नहीं रहता। एक-मात्र आत्मा ही की सत्ता रहती है। यह मुक्ति प्राप्त करने के लिए साधक या भक्त सम्पूर्ण कर्मों से संन्यास ले लेता है; जल में स्थित निर्लेप कमल की भाँति कर्म-क्षेत्र में रहने पर भी कर्म से उसका कुछ भी लगाव नहीं रह जाता। यह वैराग्य या असंलग्नता प्राप्त करने के लिए मनुष्य को अपने यथार्थ स्वरूप का विवेक प्राप्त करना अत्यन्त आवश्यक है। इस विवेक द्वारा सारी अनित्य वस्तुओं से सम्बन्ध त्यागकर वह एक ही नित्य सत्ता में विश्राम करता है। यह मुक्ति की स्थिति ही यथार्थ आनन्द की स्थिति है। इनकी साधना शास्त्रों में विधिपूर्वक बतलाई गयी है। मुख्य साधनाएँ क्रमशः सांख्य (ज्ञानात्मक निवृत्ति), योग (क्रियात्मक निवृत्ति तथा भक्ति (भावनात्मक निवत्ति) हैं। भगवान् कृष्ण ने गीता में इन तीनों में ऐसा विशद समन्वय किया है कि परवर्ती काल में यह त्रिवेणी वेदांत गंगा की प्रशस्त धारा के रूप में बहती रही है और इसने संसार के न जाने कितने बन्धन त्रस्त जनों को मुक्ति के अमृत-सिंधु की शाश्वत आनन्द-लहरियों के बीच पहुँचा दिया है।

वेदान्त-धारा का आदि स्रोत से आरम्भ करके अब तक का प्रवाह दिखाना यहाँ हमारे लिए नितान्त असम्भव है; तथापि महात्मा सूरदास इसी का 'दर्शन-मज्जन-पान' करते रहे हैं, यह विश्वास उत्पन्न करने का उत्तरदायित्व हम पर अवश्य है। यद्यपि परम्परागत धारणाएँ, जो जनता

में प्रचलित हैं, पूर्ण रूप से हमारे पक्ष में हैं तथापि कुछ अन्य प्रमाणों की भी आवश्यकता पड़ती है। अस्तु वेदान्त शास्त्र श्रुति-प्रतिपादित है। यह श्रुति ही है। इसका आरम्भिक विकास विद्वानों ने उपनिषद् में बतलाया है। गीता में इसका इतना सुन्दर स्पष्टीकरण किया गया है कि हमें पुनः-पुनः उसकी शरण में जाकर वेदान्त तत्त्व को समझने की प्रवृत्ति होती है। पुराणों में वेदान्त के उत्कृष्ट स्वरूप का भक्तिपूर्ण निर्देश किया गया है। मध्य काल के कवियों, जिनका ऊपर उल्लेख किया गया है तथा अन्य अनेकों ने पुराणकथित ईश्वर-भावना का अनुसरण करते हुए उत्कृष्ट पद-रचना की है। शैव, शाक्त, वैष्णव आदि इस देश के सभी सम्प्रदाय वेदान्त से अपना सम्बन्ध सिद्ध करते हैं। यह वेदान्त का माहात्म्य है। यद्यपि इन सम्प्रदायों में सिद्धान्त सम्बन्धी बड़े-बड़े भेद हैं, तथापि वेदान्त का आश्रय ग्रहण करके ये अपनी विविधता में एकता की स्थापना करते हैं। भगवान् शंकराचार्य वेदान्त के महान् उपदेष्टा हो गये हैं। उनका मत अद्वैतवाद के नाम से प्रसिद्ध है। उनका इतना अधिक प्रभाव समाज के विचारों पर पड़ा कि प्रायः लोग शाङ्कर मत को ही वेदान्त मानने लगे। यह प्रभाव इस बात से और भी लक्षित होता है कि भगवान् शङ्कर के पश्चात् वैष्णवों के अनेक आचार्यों ने विशिष्टाद्वैत, शुद्धाद्वैत, द्वैताद्वैत आदि भक्ति-सम्प्रदाओं में 'अद्वैत' शब्द को ज्यों का-त्यों ग्रहण किया। इन वैष्णव सम्प्रदायों में निर्गुण और सगुण दोनों प्रकार की उपासनाएं प्रचलित हुईं। उदाहरणार्थ कबीर निर्गुणोपासक और सूर सगुणोपासक भक्त-कवि हुए। दोनों ही वैष्णव-शाखाओं के अन्तर्गत माने गये हैं और दोनों वेदान्त के पहुँचे हुए ज्ञाता भी कहे जाते हैं। इस प्रकार वेदान्त इस देश के धर्म-समन्वय के लिए सर्वोत्कृष्ट उपकरण सिद्ध हुआ है, यद्यपि उसकी एक सुनिश्चित विचार-धारा भी है और वेदान्त-ग्रन्थों तथा उसके भाष्यकारों ने उस विचार-धारा की स्पष्ट विवेचना भी की है। हम कह सकते हैं कि वेदान्तीय विचारों ने भारतवर्ष की प्रकृति पर अधिकार कर लिया है और यहाँ के अधिकांश महापुरुष भिन्न-भिन्न समयों की प्रगतियों का अनुसरण करते हुए प्रधानतः इसी के अनुवर्ती हुए हैं।

यद्यपि वेदान्त-शास्त्र की उत्पत्ति वेद से ही है, तथापि यज्ञ-प्रधान वेदवाद से इसका अधिक सम्पर्क नहीं है। वैदिक यज्ञ, जो 'क्रिया-विशेष-बहुल' कहे गये हैं अर्थात् जिनमें विधि और निषेधों की अधिकता है,

वेदान्त के अनुसार स्वर्गादि फलों को ही देने वाले हैं, वे मुक्ति के उपाय नहीं हैं। मुक्ति तो सद्वस्तु के ज्ञान से ही होती है। यह वेदान्त की प्राथमिक शिक्षा है। तत्पश्चात् वह सद्वस्तु की मीमांसा करता और उसकी प्राप्ति के उपाय बतलाता है। इन उपायों में चाहे जितने भेद हों, परन्तु एक सार-सत्ता और उसी के सम्बन्ध से मुक्ति वेदान्त की सार्वत्रिक शिक्षा है। मुक्ति-सम्बन्धी शास्त्र और भी हैं जिन्हें वेदान्त स्वीकार करता है और उन्हें अपने रंग में रँगने का आयोजन भी करता है। वे हैं सांख्य और योगशास्त्र, जिनका प्रसंग गीता में आया है। इसके अतिरिक्त बौद्ध-शास्त्र भी मुक्ति का निर्देश करते हैं, पर इस लेख में हम उनकी चर्चा न कर सकेंगे। वेदान्त का रूप स्पष्ट करने के लिए हमें सांख्य और योग की थोड़ी-सी व्याख्या करनी आवश्यक प्रतीत हुई है। सांख्य सृष्टि-विश्लेषण का शास्त्र है। उसमें प्रकृति, पञ्चमहाभूत, पञ्चतन्मात्राएँ,—बुद्धि, मन, अहंकार, पंच ज्ञानेन्द्रियाँ तथा पंच कर्मेन्द्रियाँ ही सम्पूर्ण सृष्टि-वस्तु, स्वीकार की गई हैं। इनके अतिरिक्त पुरुष नामक सर्वश्रेष्ठ तत्त्व, जो चेतन और कूटस्थ है और जिसके संसर्ग से अचेतन प्रकृति गुणों की साम्यावस्था को छोड़कर त्रिगुणात्मिका सृष्टि के रूप में प्रकट होती है, पच्चीसवाँ तत्त्व है। यह तो सांख्य का वस्तु-निर्देश है। उसका मुक्ति-निर्देश निवृत्ति मूलक है। जब मनुष्य सृष्टि के वास्तविक स्वरूप को जान लेता है, तब इसकी बुद्धि अपने सारे प्रस्तार को समेट लेती है। यही सांख्य की ज्ञानात्मिका मुक्ति है। किन्तु इस शास्त्र में पुरुष की संख्या जीवों की असंख्यता के रूप में अनन्त मानी गयी है। यदि ऐसा न हो तो भिन्न-भिन्न जीव दिखायी क्यों दें, अथवा एक के मुक्त हो जाने पर सभी मुक्त क्यों न हो जायें! पुरुष की चेतना का संयोग पाकर प्रकृति अपना नृत्य दिखलाती है, पर जब पुरुष उसकी ओर से ध्यान हटा लेता है, तब उसे यह खेल बन्द कर देना पड़ता है। यहाँ पुरुष और प्रकृति की द्वैत सत्ताएँ हैं, जो एक-दूसरे से भिन्न हैं और इस द्वैत सत्ता के साथ ही अनेक पुरुष (जीव रूप) की असंख्य सत्ता भी है। वेदान्त सांख्य की निवृत्ति को स्वीकार करते हुए भी उसके प्रकृति और पुरुष के सम्बन्ध में परिवर्तन करता है। वह प्रकृति को पुरुष की अनुचरी और आज्ञानुवर्तिनी-मात्र मानता है। इसके साथ ही सांख्य में पुरुष की जो अनेकता मानी गयी है, वेदान्त उसके बदले एक ही पुरुष स्वीकार करता है। यह पुरुष

क्षर और अक्षर-भेद से उपनिषदों में आया है। दो पक्षियों में से एक का फल खाना और दूसरे का पहले की ओर मौन-भाव से देखते रहना जीव के इसी द्विविध रूप का रूपक है। प्रथम पुरुष संसार-सम्बन्धी और दूसरा असंसारी है। हैं दोनों एक ही। असंसारी पुरुष ही अपने साथी को यथा-समय संसार से निवृत्त करता है, उसका फल खाना बन्द करा देता है। गीता में इस क्षर और अक्षर पुरुष-भेद के ऊपर अन्तिम समन्वय-स्वरूप पुरुषोत्तम की सत्ता प्रतिष्ठित की गयी है, जो क्षर, अक्षर दोनों तथा दोनों के परे भी है। वह 'कर्त्तुमकर्त्तुमन्यथा कर्त्तु' समर्थ है। यही पुरुषोत्तम वेदान्त की सार-सत्ता है। यही जीवों की भक्ति का आधार, भक्तों का उपास्य भगवान् है।

इसी प्रकार वेदान्त सांख्य की प्रकृति के भी तीन स्वरूप-भेद करता है। एक तो अपरा प्रकृति, जो जीव को आवरण में डालती है, उसे संसार में फँसा रखती है। दूसरी परा प्रकृति जो जीव को आत्म-स्वरूप प्राप्त कराती है। तीसरी प्रकृति भगवान् की स्वरूपा अथवा अन्तरंगा प्रकृति है, जो उनसे एकदम अभिन्न है। वैष्णव भक्त श्री राधा को इसी शक्ति का स्वरूप मानते हैं। पुरुष और प्रकृति का पारस्परिक सम्बन्ध गीता के अनुसार स्वामी और अनुचरी का है। परन्तु यहाँ भी द्वैत भाव का लेश न रह जाय, इसीलिए भगवान् शङ्कर ने प्रकृति को माया रूप कहकर संसार को मिथ्या-स्वप्न सिद्ध किया है। यहाँ आकर मुक्ति और बन्धन दोनों ही स्वप्न बन जाते हैं। वास्तव में बन्धन या मोक्ष है नहीं। यह केवल माया-जन्य भ्रम है। यही निर्विशेष शाङ्कर मत है।

कहना न होगा कि वैष्णव सन्तों को यह निरूपण इस रूप में स्वीकार न हुआ। वे बन्धन को भ्रम और मुक्ति को भी भ्रम मानने को तैयार थे, पर भगवान् की भक्ति किसी प्रकार नहीं छोड़ सकते थे। निश्चय ही वे सांख्य मत की-सी द्वैत सत्ता स्वीकार करते, पर भगवान् को ही सृष्टि का उपादान और जीवों का एक-मात्र इष्ट मानते हैं, तथापि वे अपने इष्ट की उपासना किये बिना नहीं रह सकते। यह उपासना भगवान् की प्राप्ति का साधन भी है और यही साध्य भी है। यह भक्ति का अनन्य मार्ग है।

इस भक्ति के साथ प्राचीन द्वैतवादी योग-मार्ग की भी समता नहीं है (यद्यपि योग के अन्तर्गत भक्ति की सब प्रक्रियाएँ आती हैं)। महर्षि

पतञ्जलि के योग-शास्त्र को भी वेदान्त के साँचे में ढालने का प्रयत्न किया गया है। योग या क्रिया का मार्ग न तो वैदिक यज्ञ या कर्मकाण्ड है न वह योग-सूत्र में निर्दिष्ट राज-योग है, ऐसा गीता से प्रकट होता है। वेदान्त के अनुसार भगवान् को सर्वकर्म-समर्पण ही योग है। इसकी प्रधान रूप से शिक्षा गीता में दी गयी है और इसे ही सर्वश्रेष्ठ मुक्ति-मार्ग कहा गया है। यह भगवान् के लिए सारे कार्यों का न्यास ही संन्यास है। पतञ्जल योग में क्रिया का उद्देश्य साधन के रूप में ही है, लक्ष्य तो है समाधि। परन्तु वेदान्त में योग-मार्ग को अत्यधिक प्रशस्त करने की चेष्टा की गयी है। वह मनुष्य जीवन के व्यापक क्षेत्र की सम्पूर्ण क्रियाओं को भगवदर्पण करता है। इसी मार्ग का अवलम्बन भक्ति के विविध सम्प्रदायों में विविध रूप से किया गया है। इसमें ध्यान देने की बात इतनी ही है कि भक्ति-प्रक्रिया सम्बन्धी अनेक भेदों के कारण भक्ति-सम्प्रदाय उस अर्थ में द्वैतावलम्बी नहीं कहे जा सकते, जिस अर्थ में 'ईश्वर कृष्ण' की 'सांख्यकारिका' या 'पतञ्जल-योग' ने अपने मतों का निरूपण किया है। यह भेद दूसरे प्रकार का है, जिसे ऊपर थोड़ा-बहुत स्पष्ट किया गया है। इतना कहना असंगत न होगा कि भागवत् तथा सूरसागर में उद्धव के मुख से जो योग कहलाया गया है और गोपियों के द्वारा उसकी जिस रूप में अवहेलना की गयी है, उससे सिद्ध होता है कि द्वैतवादी मुक्ति-साधनों की अपेक्षा भेदापहारिणी-भक्ति की पर्याप्त प्रतिष्ठा हो चुकी थी।

महात्मा सूरदास भक्ति-रस-निष्णात कवि थे, यह तो हम ऊपर कह चुके हैं। यहाँ हम यह कहना चाहते हैं कि वे 'पुष्टि मार्ग' नामक भक्ति-पथ के प्रवर्तक प्रसिद्ध वैष्णव आचार्य वल्लभ के अनुयायी थे। वल्लभा-चार्यजी ने वेदान्त-सूत्रों के कुछ अंश का अणुभाष्य लिखकर अपने मत का प्रतिपादन किया है। उसमें उन्होंने शांकर मत के विरुद्ध विचार प्रकट किये हैं। इनका मत शुद्धाद्वैत मत के नाम से प्रचारित हुआ। कुछ विद्वानों की सम्मति में वह शुद्धाद्वैत मत पूर्ववर्त्ती आचार्य विष्णु स्वामी के मत का ही नवीन संस्करण है। कहते हैं कि गौडीय मत की भी कतिपय व्याख्याएँ इसमें गृहीत हुई हैं। आचार्य शंकर के अनुयायी इस 'शुद्ध' विशेषण-युक्त 'अद्वैतवाद' को 'शुद्ध द्वैतवाद' की उपाधि देते हैं। इन अनेक प्रवादों में पड़ने का यह स्थल नहीं है। यहाँ इतना ही जान लेना हमारे लिए पर्याप्त होगा कि आचार्य वल्लभ ब्रह्म को नित्य या साकार मानते थे तथा

जगत् को भी नित्य मानते थे। यह इस कारण कि जगत् ब्रह्म कर्तृक है। ब्रह्म कारण और जगत् कार्य है। वे जगत् को मायिक नहीं मानते। वह तो ब्रह्म से अभिन्न ही हैं। ब्रह्म अनन्त और अचिन्त्य शक्ति-बल से जगत् की सृष्टि करता है। वही जगत् का उपादान भी है। इस शक्ति संवलित ब्रह्म को शंकर मतावलम्बी नहीं मानते। उनके मत से ब्रह्म में शक्ति का अस्तित्व स्वीकार करना ही उसमें विकार स्वीकार करना है। जीव को आचार्य वल्लभ अणु रूप कहते और उसका स्थान हृदय में बतलाते हैं। चन्दन जिस प्रकार एक स्थान में रहकर चारों ओर सुगन्धि फैलाता है उसी प्रकार जीव हृदयस्थित होकर सारे शरीर को चेतन बनाता है। मणि की कान्ति की भाँति वह प्रसरणशील है।

गोलोक-स्थित श्रीकृष्ण का सायुज्य ही मुक्ति है। तथा पति रूप या स्वामी रूप से श्रीकृष्ण की सेवा करना ही जीव का धर्म है। जीव जब समस्त जगत् को कृष्णमय देखकर उनके प्रेम में परमानन्द का अनुभव करता है तब वह अपनी शुद्धावस्था में पहुँचता है। भगवान् भी तभी प्रसन्न होकर उसे मुक्त करते हैं। इनके मत में भगवद्-विषयक निरुपाधि स्नेह रूप भक्ति-विशेष ही सर्वात्मवाद है। इसके 'मर्यादा' और 'पुष्टि' नामक दो भेद हैं। अम्बरीष आदि की मर्यादा-भक्ति थी। ब्रज-सुन्दरियों की भक्ति पुष्टि-मार्ग की थी। शुद्ध पुष्टि-मार्ग वह है जिसमें भगवत्प्राप्ति-विषयक सब साधनों का अभाव हो। भगवान् के अनुग्रह से ही लौकिक और वैदिक सिद्धियाँ उपलब्ध होती हैं। किसी प्रकार के यत्न की इसमें आवश्यकता नहीं। किसी प्रकार की योग्यता का विचार इस मार्ग में नहीं किया जाता। भगवान् आप ही अपनी भक्ति देते हैं। फल-प्राप्ति में बाधक सब धर्मों का परित्याग ही पुष्टि-मार्ग कहा गया है। इस भक्ति में भगवान् के दोष-गुण का विचार नहीं है, इनके ऐश्वर्य और माहात्म्य की कल्पना नहीं है और इसमें स्वामी (कृष्ण) के सुख के लिए ही सारी चेष्टाएँ हैं। इसके अतिरिक्त कोई दूसरी चेष्टा है ही नहीं। इस मार्ग में भगवान् जीव को वरण करते हैं, उसे निर्हेतु आत्मीय रूप से ग्रहण करते हैं। प्रेमपूर्ण श्रवण-कीर्तन में ही सर्वसुखों का अनुभव इस मार्ग की रीति है। पुष्टि-मार्ग भावों का आतिशय्य है, जिसके कारण जीव को इहलौकिक या पारलौकिक भय नहीं रह जाता। यह देह अपनी नहीं, भगवान् की ही है, यह भाव इस मार्ग का है। समस्त विषय-भोगों और देहादि का समर्पण शुद्ध पुष्टि-

मार्ग कहा गया है। ज्ञान की इस मार्ग में आवश्यकता नहीं है, उसका कोई प्रयोजन ही नहीं है। केवल प्रेम ही इसके लिए बस है।

सूरदासजी की यही प्रेममयी भक्ति थी। इसके कई प्रमाण हैं। एक तो यह कि श्रीमद्भागवत के नव स्कन्धों की कथा, जिसमें प्रायः दो सौ अध्याय हैं, सूरदासजी ने ५०० पदों में ही समाप्त कर दी। इसके पश्चात् जब भगवान् श्रीकृष्ण के जन्म तथा उनकी प्रेम-लीलाओं का प्रसंग आया तब उसमें वे इतने रमे कि भागवत् दशम स्कन्ध पूर्वाध के ४६ अध्यायों का प्रायः ५००० पदों में पूरा किया। यही ब्रजमण्डल की सारी जनता और विशेषतः 'अबला अहीरी' ब्रज-युवतियों का प्रेम-प्रसंग है, जिसकी मिति मर्यादा 'सूरसागर' में ढूँढ़े नहीं मिलती। यह ब्रज-वासियों के श्रीकृष्ण-सम्बन्धी रस में भरा हुआ सागर ही सूरसागर है। ब्रज के समस्त जीवन का सार-रस—माता के हृदय का रस, पिता के सुख का रस, सखाओं के सहवास का रस, प्रियतमा गोपियों के संयोग-वियोग का रस जो सम्पूर्ण कृष्णमय रस है, यही सूरसागर है। इसके अतिरिक्त दशम स्कन्ध उत्तरार्ध तथा शेष दो स्कन्धों की सम्पूर्ण कथा सूरदासजी ने अत्यन्त संक्षिप्त कर दी है, जिससे सारा 'सागर' गोपी-कृष्ण-रस से उद्वेलित-सा दिखाई देता है। दूसरा प्रमाण यह है कि प्रेम-चर्चा के अतिरिक्त उनका अन्य किसी चर्चा में मन नहीं लगता। यद्यपि उद्धव अपने साथ ज्ञान का खजाना लाये थे, तथापि सूरदासजी ने उन्हें गोपियों से तत्सम्बन्धी दस-पन्द्रह पद ही कहने का अवसर दिया। वे चाहते तो उद्धव और भी बहुत-कुछ कह सकते थे, पर यह सूरदासजी के लिए न हो सका। वे इस विषय में एक प्रकार से विवश थे। यह विवशता उन स्थानों पर और भी स्पष्ट उठी है जिसमें ब्रज-वासियों का पक्ष लेकर सूरदासजी अपने उपास्य और प्रभु की मर्यादा भुला देते हैं और उन्हें प्रेम-पूर्ण फटकार बतलाने से भी नहीं चूकते। जब गोपियों की दशा देखकर उद्धव व्याकुल-मन मथुरा आये तब वे ग्वाल वेश में थे। उस समय वे श्रीकृष्ण के यादवपति पद को एकदम ही भूल गये थे। उस अवस्था का वर्णन सूरदासजी इन शब्दों में करते हैं :

सुनि गोपी के बैन नेम ऊधौ के भूले।
गावत गुन गोपाल फिरत कुंजन में डोले।।
खन गोपी के पाँ परैं, धनि सोई है नेम।
धाइ-धाइ द्रुम भेंटई, ऊधौ छाके प्रेम।।

धनि गोपी, धनि ग्वाल, धन्य सुरभी बनचारी।
धनि यह पावन भूमि जहाँ गोबिन्द अभिसार॥
उपदेसन आए हुते, मोंहि भयो उपदेस।
ऊधौ जदुपति पै चले, धरें गोप कौ बेस॥
भूले जदुपति नाम, कह्यो गोपाल गुसाइँ।
एक बार ब्रज जाहु, देहु गोपिन दिखराई॥
बृन्दावन-सुख छाँड़िकै कहाँ बसे हौ आइ।
गोबरधन प्रभु जानिकै, ऊधौ पकरे पाइ॥

यही सूरदासजी के हृदय की बात है। इस प्रेमातिशय के इतने हृदयहारी गीत सूरसागर में भरे हुए हैं कि उन्हें पढ़कर चित्त विचलित हो उठता है। ये गीत केवल वियोग-दशा के ही इतने विह्वलताकारी हों, यह बात भी नहीं है, संयोग की अवस्था के भी अत्यन्त मोहक गीत हैं। तन-मन की दशा भूली हुई स्थिति के तो न मालूम कितने पद हैं, कुछ ऐसे भी हैं जो उससे भी आगे बढ़े हुए हैं। ये भगवद्दर्शन-सम्बन्धी अत्यन्त रहस्यात्मक पद हैं। भावना की तन्मयता होने पर मनुष्य पहले भावुकतापूर्ण आचरण करता है। इसके अनन्तर दैहिक मान का एकदम विस्मरण हो जाता है और तब न तो लोक की मर्यादा रह जाती है और न क्रिया का भान होता है। ऐसी अवस्था के शब्द-चित्र सूरसागर में बहुत से हैं। शरीर और संसार का भान न रह जाना ही अद्वैत योग कहा गया है। इस अवस्था के कुछ उदाहरण नीचे दिये जाते हैं:

विरह में श्रीराधा की शरीर-विस्मृति—

अति मलीन बृषभानु कुमारी।
हरि-श्रम-जल अंचल तनु भीज्यौ, तिंहिं लालच न धुवावति सारी॥
अधोमुख रहित, उरध नहिं चितवति, ज्यौ गथ हारे थकित जुआरी।
छूटे चिहुर, बदन कुम्हिलानों, ज्यों नलिनी हिमकर की मारी॥
हरि सँदेस सुनि सहज मृतक भई, इक बिरहिंन दूजे अलि-जारी।
'सूर' श्याम बिन यौं जीवत है, ब्रज-बनिता वह श्याम दुलारी॥

विरह में श्रीकृष्ण-दर्शन (गोपियों की उक्ति उद्धव के प्रति)—

जौ करि कृपा पाय धारे अलि, तौ मैं तुम्हें जनावौं।
मौन गहे तुम बैठि रहौ, हौं मुरली शब्द सुनावौं॥

अबहिं सिधारे बन गो-चारण, हौं बैठी जस गावौं।
निसि-आगम श्री दामा के सँग नाचत प्रभुहिं दिखावौं॥
को जानै दुबिधा-सँकोच में तुम डर निकट न आवै।
तब यह द्वन्द्व बढ़ै पुनि दारुन, सखियन प्रान छुड़ावै॥
छिन न रहैं नँदलाल इहाँ बिनु जो कोइ कोटि सिखावै।
'सूरदास' ज्यों मन तैं मनसा, अनत कहूँ नहिं धावै॥

× × × ×

ह्याँ तुम कहत कौन की बातें?
बिना कहे हम समुझत नाहीं, फिरि बूझति हैं तातें॥
को नृप भयौ, कंस किन मार्यौ, को बसुद्यौ-सुत आहि?
ह्याँ जसुमति-सुत परम मनोहर जीजत हैं मुख चाहि॥
दिन उठि जात धेनु बन चारन गोप सखनि के संग।
बासर-गत रजनीमुख आवत, करत नैन गति पंग॥
को परिपूरन, को अविनासी, को विधि वेद अपार।
सूर बृथा बकवाद करत हौं, इहिं ब्रज नन्द कुमार॥

ये पद यत्नपूर्वक देखकर नहीं, यों ही पुस्तक से चुन लिये गये हैं। इनमें भक्ति के भीतर से उच्च वेदान्त-तत्त्व की झलक दीख पड़ती है। कहा जा चुका है कि वियोगावस्था में ही नहीं, साथ रहते हुए भी अत्यन्त प्रबल एकत्व की आभा स्थान-स्थान पर प्रतिफलित हुई है। यथा :

राधा श्याम श्याम राधा-रँग।
पिय प्यारी को हिरदय राखत, प्यारी रहित सदा पिय के सँग॥
नागरि-नैन-चकोर बदन-ससि, पिय मधुकर अम्बुज सुन्दरि मुख।
चाहत सरस परस ऐसौं करि, हरि नागरि, नागरि, नागर-सुख॥
सुख-दुख सोच रहत दोऊ मन, तब जानत तनकौ यह कारन।
सुनहु 'सूर' कुलकानि जीय दुख, दोउ फल दोऊ करत विचारन॥

प्रिय की अनुपस्थिति में प्रत्यक्ष-दर्शन का एक अन्य रहस्यमय प्रसंग वह है जहाँ प्रिया रूठकर गृह-द्वार बन्द कर लेतीं और श्रीकृष्ण बाहर ही खड़े रह जाते हैं। किन्तु रुद्ध-द्वार के भीतर भी श्रीकृष्ण प्रवेश करते हैं और प्रियतमा से मिलते हैं। बहुत देर तक द्वार बन्द नहीं रह सकते, वे शीघ्र ही खुल जाते हैं। प्रिया प्रिय से क्षमा माँगकर उन्हें स्वागतपूर्वक स्थान देती है। यह रुद्ध-द्वार का उद्घाटन भक्ति के प्रभाव से

ही सम्भव हुआ। सब ओर से भगवान् का प्रवेश-निषेध होने पर भी, वे जीव के हृदय-द्वार के बन्द रहते भी, उसके अँधेरे गृह में आते हैं, यह उनकी करुणा की पराकाष्ठा है।

जिस प्रकार यह भगवान् के प्रति अत्यन्त उपेक्षा और विद्रोह का प्रसंग है, उसी प्रकार उनसे मिलने की उत्सुकता में अत्यन्त दुर्भेद्य बाधाओं का एक दृश्य सूरसागर में 'यज्ञ-पत्नी' की कथा में आया है। वन में गो-चारण करते हुए एक दिन गोप-बालकों ने क्षुधावश श्रीकृष्ण के पास आकर भूख की बात कही। श्रीकृष्ण ने पास ही होने वाले ब्राह्मणों के एक यज्ञ की ओर संकेत करके कहा कि वहाँ जाकर भोजन की याचना करें। उन्होंने यह भी कहा कि ब्राह्मण-पुरुषों से तो भोजन मिलना कठिन है, पर उनकी स्त्रियाँ मेरी भक्त हैं, वे अवश्य ही भोजन देंगी। ऐसा ही हुआ, यज्ञ-कर्त्ताओं की पत्नियाँ अत्यन्त अहोभाग्य मानकर उन्हें खाद्य-वस्तु देने लगीं। कुछ स्वयं थाल सजाकर श्रीकृष्ण के पास चलीं। उनमें से एक की उत्कंठा श्रीकृष्ण से मिलने की थी, किन्तु उसके पतिदेव ने मर्यादा का विचार करके उसे न जाने दिया। अतिशय अनुनय-विनय करने पर भी वह न जा पायी, तो बोली :

हरिहिं मिलत काहे कों फेरी।
देखौं बदन जाइ श्रीपति कौ, जान देहु, हौं ह्वै हौं चेरी॥
पा लागौं छाड़हुँ अब अंचल, बार-बार बिनती करौं तेरी।
तिरछौ करम भयौ पूरब कौ, प्रीतम भयौ पाय की बेरी॥
यह वै देह भारु सिर अपनैं, जासौं कहत कन्त तू मेरी।
'सूरदास' सो गई अगमनैं सब सखियन सौं हरिमुख हेरी॥

सब सखियों से आगे पहुँचकर सबसे पहले उसने श्रीकृष्ण का मुख-दर्शन किया। यहाँ भी शारीरिक संसर्ग का अत्यन्ताभाव स्पष्ट होता है। इस कथा में यज्ञ-धर्म से बढ़कर भगवद्धर्म की भी शिक्षा प्रकट होती है। यह वेदान्त की ही शिक्षा है। उसके साथ ही, सम्भव है, कुछ समीक्षक इस कथा में तत्कालीन सामाजिक अवस्था के आधिभौतिक दृश्य भी देखें। इन कथाओं से भक्ति-आन्दोलन से विस्तार प्राप्त सामाजिक उदारता और जीवन के प्रति अधिक सहानुभूतिमय भाव की भी झलक मिलती है। शबरी आदि की भगवद्भक्ति की महिमा का गान करते हुए भक्त-जनों ने बाह्य जीवन में जकड़ने वाली कठोर सामाजिक शृंखलाओं को भी

बहुत शिथिल कर दिया। अन्तरात्मा की यह शिथिल संजीवनी शक्ति कबीर आदि निर्गुण सन्तों की वाणी में ही नहीं, सूरदास आदि की 'सगुण' कविता में भी व्यक्त हुई है, यद्यपि कबीर का ओज सूर की संवेदना की अपेक्षा अधिक लोगों की दृष्टि में आता है। वेदान्त को 'निर्जीव वस्तु' समझने वाले बहुत-से विद्वानों को इन उदाहरणों पर विचार करना चाहिए।

संसार में रहकर मनुष्य को सदैव अपनी सबसे अधिक इष्ट वस्तु का दर्शन होता रहे, यह विरले ही भाग्यवानों के लिए सम्भव है। प्रायः सभी वियोग के दुःख में पड़ते ही हैं। माता यशोदा को समझा-बुझाकर और शीघ्र लौटने का आश्वासन देकर श्रीकृष्ण मथुरा चले गये, पर पिता नन्द ने उनका साथ नहीं छोड़ा।

किन्तु कंस-वध के पश्चात् जब नन्दादि ब्रजवासी श्रीकृष्ण को ब्रज वापस ले जाने की आशा और विश्वास किये हुए घर पहुँचने की कल्पना से प्रसन्न और उत्सुक हो रहे थे, तब सहसा श्रीकृष्ण के कठोर वचन सुनकर उन्हें मर्माहत होना पड़ा। जब कोरा जवाब देने के अतिरिक्त श्रीकृष्ण के पास कोई उत्तर न रह गया तब उन्होंने वही बात की जिसे सुनने के लिए नन्द बिलकुल ही तैयार नहीं थे। श्रीकृष्ण ने कहा :

बेगि ब्रज को फिरिए नंदराई।
हमहिं तुमहिं सुत-तात कौ नातौ ओट पर्यौ है आई॥
बहुत कियो प्रतिपाल हमारौ, सो नहिं जीतें जाई।
जहाँ रहैं तहँ-तहाँ तुम्हारे डार्यो जनि बिसराई॥
माया-मोह मिलन औ बिछुरन ऐसेइं जग जाई।
'सूर' श्याम के निठुर बचन सुनि रहे नैन जल छाई।

नन्द की आँखों में आँसू भर आये, वे व्याकुल हो गये, 'दुःख के फन्दे में' पड़ गये। चकित होकर श्रीकृष्ण का मुँह ताकने लगे। उन्होंने मन-ही-मन अक्रूर के षड्यन्त्र पर कोप किया। दौड़कर श्रीकृष्ण के चरणों में जा पड़े और बोले : "हे श्याम ! तुम ब्रज चलो। यहाँ के सब काम पूरे हो गये। कंस का वध हुआ। देवता प्रसन्न हुए। वसुदेव-देवकी की भी मनोकामना पूर्ण हुई। अब तुम हमारे साथ चलो।"

पर श्रीकृष्ण क्यों सुनने लगे। उन्होंने कहा : "पिताजी, आप घर जाइए, बिछुड़न और मिलन तो विधि ने इसी प्रकार रचा है; यह संकोच

दूर कीजिए। माता यशोदा से कहिए कि वे मेरे लिए रोवें नहीं। अपना पुत्र समझकर ही हमारी सेवा उन्होंने की और प्रतिपालन भी किया। आप अपने मन में समझें, हममें-आपमें कोई अन्तर नहीं है। मेरी आपसे यही प्रार्थना है कि हृदय से मेरी प्रीति न छोड़िएगा।"

"हममें-आपमें कोई अन्तर नहीं है। मेरी यही प्रार्थना है कि हृदय से मेरी प्रीति न छोड़िएगा।" इन पंक्तियों में वेदान्त और भगवद्धर्म का उच्चतम तत्त्व निहित है। और ये इतने मर्मद्रावक स्थल पर आयी हैं कि हृदय में घर किये बिना नहीं रहतीं। इतने पर भी नन्द ने घर फिरना स्वीकार न किया। उन्होंने कहा :

मेरे मोहन तुमहिं बिना नहिं जैहों।
महरि दौरि आगे जब ऐहै, ताहि कहा मैं कैहौं॥
माखन मथि राख्यो ह्वै है तुम हेतु, चलौ मेरे बारे।
निठुर भए मधुपुरी आइकै, काहे असुरनि मारे॥

यह कहकर वे क्षण-भर चुप रहे। उनका हृदय विदीर्ण हो रहा था। तब श्रीकृष्ण ने माया की जड़ता उत्पन्न की। नन्द को इसी जड़ता से आबद्ध करके ब्रज भेजा।

ब्रज जाकर उनकी क्या दशा हुई, यशोदा ने उन्हें किस प्रकार धिक्कारा, गोपी-गोप-समाज ने उन्हें कैसे तिरस्कृत किया और जड़ता से अभिभूत होने के कारण उन्होंने यह सारा आक्रोश किस प्रकार आँख मूँद-कर सहन किया, यह तो दूसरी कथा है; यहाँ केवल नन्द की उक्त 'जड़ता' के सम्बन्ध में ही पाठकों का ध्यान आकर्षित करना चाहता हूँ। कहना इतना ही है कि भगवान् की दी हुई जड़ता भी मुक्ति ही है। नन्द की यह स्थिति ब्राह्मी स्थिति से कुछ भी नीची है, यह सिद्ध करना अत्यन्त कठिन प्रतीत होता है। साधारणतः, वेदान्त की मुक्तावस्था का चित्र आनन्दमय ही अंकित करने की पद्धति पायी जाती है, पर यह 'जड़-मुक्ति' भगवद्धेतुक होने के कारण किसी अन्य कोटि में नहीं जा सकती।

जिस 'सागर' में श्रीकृष्ण के प्रेम का रस ही चतुर्दिक् भरा हुआ है, उसमें कौन-सा उदाहरण दिया जाय और कौन-सा न दिया जाय। ऊपर कुछ उद्धरणों को ही चुन लिया गया है जो वेदान्त के आशयों के अनुरूप हैं। दूसरी स्थितियाँ, जैसे श्रीकृष्ण के रूप-सादृश्य से उद्धव के प्रति गोपियों का स्नेह-प्रवाह उमड़ना, श्यामल बादलों में श्याम रूप देखना,

आँखों का कृष्ण के पास उड़कर मिलने को उत्कण्ठित होना तथा ऐसी अगणित उक्तियाँ कट्टर वेदान्तियों को नीचे के स्तर की प्रतीत हो सकती हैं। सूफियों की भाँति श्रीकृष्ण की छवि में संसार को रँगा हुआ ही नहीं, उत्कृष्ट वेदान्तियों की भाँति कृष्ण (आत्मा) की सत्ता में संसार की स्थिति की स्मृति ही न रखने वाली अवस्थाओं का ही उल्लेख किया गया है और जब इस आत्मा या कृष्ण तत्त्व में भी अधिक सघनता आने लगती है, जब भक्तों की अलौकिक भावना घनीभूत होकर अत्यन्त रहस्यात्मक रीति से उक्त तत्त्व में स्थित रहना ही पर्याप्त नहीं मानती, वरन् वह उसे देखना चाहती है, उसके कार्यों का अनुभव करना चाहती है, तब उस स्थिति में भगवान् को प्रत्यक्ष दर्शन देने ही पड़ते हैं। ऐसे भी दो-एक दृश्य मैंने ऊपर दिखाये हैं। यों तो गोपियाँ श्रीकृष्ण की जन्म-जन्म की संगिनी हैं; श्री राधा भगवान् पुरुषोत्तम की अंतरंगा, अभिन्ना, स्वरूपा शक्ति ही हैं। तथापि ब्रज में अवतार लेकर श्रीकृष्ण तथा इन ब्रजवासियों ने जैसी-जैसी क्रीड़ाएँ कीं, उनसे भगवत्-साधना के इच्छुक जनों, काव्य-प्रेमियों और साधारण जनता के लिए भी अमित आनन्द और शिक्षा की सामग्री मिल जाती है। उस उच्चातिउच्च रहस्य को समझने के लिए सूरसागर के रचयिता सूरदासजी की कृति कितनी मूल्यवान है, यह निरूपित करने के लिए किसी तर्क की आवश्यकता नहीं। जहाँ भक्त और भगवान् में ऐसी अनन्यता हो जैसी नीचे के दोनों उद्धरणों में व्यक्त हुई है, उस प्रेम-सिन्धु में अवगाहन करना ही बहुत बड़ा लाभ है, उसकी बूँदें प्राप्त कर लेना ही जीवन की अत्युच्च साधना है। उसका यथार्थ स्वरूप समझने का दावा करना व्यर्थ है।

गोपियों की उक्ति—

नाहिन रह्यो हित मँह ठौर।
नन्द-नन्दन अछत कैसे आनिए उर और॥
चलत चितवत, दिवस जागत, सुपन सोवत राति।
हृदय तें वह श्याम मूरति छिन न इत-उत जाति॥
कहत कथा अनेक ऊधौ, लोक लाज दिखाइ।
कहा करौं, मन प्रेम पूरन, घट न सिन्धु समाइ॥

स्याम गात, सरोज-ग्रानन, ललित गति, मृदु हास।
'सूर' ऐसे रूप कारन मरत लोचन प्यास ।।

श्रीकृष्ण की उक्ति—

ऊधो मोहि ब्रज बिसरत नाहीं।
वृन्दावन गोकुल तन ग्रावत सघन तृनन की छाहीं ।।
प्रात समय माता जसुमति ग्ररु नन्द देखि सुख पावत।
माखन रोटी दध्यो सजायो ग्रतिहित साथ खवावत ।।
गोपी ग्वाल-बाल सँग खेलत, सब दिन हँसत मिटात।
'सूरदास' धनि-धनि ब्रजवासी, जिनसौं हँसत ब्रजनाथ ।।

प्रेमी ग्रौर प्रिय, भक्त ग्रौर भगवान् की यह ग्रनन्यता ग्रत्यन्त दुर्लभ, विरल ग्रौर एकान्त काम्य है।

ऊपर भागवती भक्ति के उन ग्रधिकारियों की ग्रोर से विचार किया गया है जो ज्ञान-प्रधान दृष्टि रखते हैं। उन्हें कट्टर वेदान्ती की संज्ञा इसलिए दी गयी है कि वे 'मनोनाश' ग्रादि की वैराग्य-प्रधान प्रक्रियाग्रों को ही मान्यता देते हैं ग्रौर इसी रूप में भगवान् की मीमांसा (जो बात भागवत् के विषय में कही गयी, वही सूरसागर के विषय में भी समझनी चाहिए) करते हैं। निवृत्ति-पथ के पथिक होने के कारण वे संसार के ग्रन्दर मिथ्या-तत्त्व को ही देखते ग्रौर संसार के बाहर ही ब्रह्म के प्रकाश का दर्शन करते हैं। प्रकृति की द्विधा सत्ता का सामंजस्य-उनके मत में किसी प्रकार हो ही नहीं सकता। ऐसे समीक्षकों के लिए भी सूरसागर में वेदान्त के प्रकरण हैं, यही ऊपर प्रदर्शित करने की चेष्टा की गयी है। किन्तु 'सूरसागर' की प्रेम-भक्ति कुछ ग्रपर लक्ष्य भी रखती है। क्षर वस्तु का ग्रक्षर में पर्यवसान दिखाना ही सूर-दासजी का ग्रभीष्ट नहीं, वे तो क्षर को ग्रक्षर-स्वरूप में ही ग्रंकित करना चाहते हैं। वे राधा का श्रीकृष्ण में ग्रनन्यत्व दिखाकर ही सन्तोष नहीं करते, सारे ब्रज-मण्डल की गोपियों को भी राधा की ही प्रतिमूर्ति बना देते हैं। जो सुख राधा ने कृष्ण के साथ एकाकार होकर प्राप्त किया उसे गोपियों ने ग्रपना ही सुख मान लिया। मान ही नहीं लिया, बना भी लिया। इस प्रसंग का चित्रण सूरसागर में ग्रधिक विस्तार के साथ किया गया है। भागवत् में यह इस रूप में नहीं है। श्रीकृष्ण सूर-

सागर में 'बहुनायक' कहे गये हैं। वे प्रत्येक गोपी के साथ प्रेम करते हैं। किसी को छलते, किसी के साथ विहार करते और किसी के घर प्रातःकाल दर्शन देते हैं। इस प्रकार बारी-बारी से सबको प्रसन्न करते हैं। यहाँ कृष्ण व्यापक-प्रकृति में प्रसार करते हैं; माता को पुत्र रूप से, मित्रों को सखा रूप से, प्रेमिकाओं को प्रियतम रूप से आह्लादित करते हैं। यह अत्यन्त मनोरम किन्तु रहस्यपूर्ण कथा सूरसागर की निजी विशेषता है। सारा ब्रज-मण्डल श्रीकृष्ण के सम्बन्ध से सुखी होता, उनके वियोग से दुःख में डूबता और प्रत्येक प्रकार से उनका ही अनुवर्ती बनता है। यही नहीं, यह विकास समस्त प्रकृति को आच्छादित कर लेता है और कंस, केशी आदि शत्रु भी श्रीकृष्ण के संसर्ग से मुक्ति के अधिकारी होते हैं।

इस व्यापक स्वरूप के दर्शन के पश्चात् भागवती भक्ति अपनी पराकाष्ठा पर पहुँचती है। प्रकृति में व्याप्त श्रीकृष्ण या आत्मा स्वभावतः प्रकृति की छाया से समन्वित है। किन्तु भागवती भक्ति इस छाया को छोड़कर पूर्ण प्रकाश में भी पहुँचती है। यहाँ पहुँचकर श्री राधा कृष्ण से अभिन्न, उनकी अन्तरंगा, स्वरूपा शक्ति, गोपियाँ श्री राधा से अभिन्न उनकी अन्तरंगिनी स्फूर्तियाँ, वृन्दावन श्रीकृष्ण का हृदय और समस्त लीलाएँ नित्य लीला हो जाती हैं। कोई ऐसा स्थान नहीं, कोई प्रसंग नहीं, कोई पद नहीं, कोई शब्द नहीं जो श्रीकृष्ण की महिमा में अन्तर्लीन न हो। सब ओर से सर्वस्व-समर्पण हो जाने के पश्चात् श्रीकृष्ण की अखण्ड सत्ता ही दृष्टिगत होती है। रास-लीला इसका सांकेतिक निदर्शन है। यहाँ आकर सूरसागर का आध्यात्मिक लक्ष्य पूर्ण होता है। यही भक्त कवियों का अभीष्ट है।

सांस्कृतिक और नैतिक पक्ष

हमारा देश सदा से अपने आध्यात्मिक क्रिया-कलाप के लिए प्रसिद्ध रहा है। यद्यपि इस आध्यात्मिक शब्द की इन दिनों बड़ी दुर्दशा है, और इस पर सैकड़ों आक्षेप हुआ करते हैं परन्तु भारत की प्रकृति का परिचय देने के लिए हमें पुनः-पुनः इसका प्रयोग करना पड़ता है। इस शब्द का वास्तविक अर्थ ऊँची-से-ऊँची और सूक्ष्म मानवीय अनुभूतियों को जीवन का अभिन्न अंग बना लेना ही मानना होगा। इसी अर्थ में यह अपना देश सर्वोच्च समझा गया है औरयदि न समझा गया हो, तो भी समझे जाने के योग्य है। इसी की अभिव्यक्ति हमारे काव्य, दर्शन और कलाओं में हुई है, इसी को वेदों, पुराणों आदि में धार्मिक रूप दिया गया है, और इसी की झलक हमारे राष्ट्रीय जीवन में चिरकाल तक दिखायी दी है। अनेक कारणों से यह ज्योति वर्तमान समय में मन्द पड़ रही है, परन्तु जनता के हृदय-मन्दिर में आज भी वही जगती है। विदेशी सभ्यता और रीति-नीति के संघर्ष से अपने देश की वह अजस्र आलोक-धारा तिमिरावृत हो गयी है, परन्तु हमारे राष्ट्र की चिर दिन की साधना का वह स्रोत सूखा नहीं, और न सूख ही सकता है। यदि हम अपने सम्पूर्ण राष्ट्रीय जीवन की सत्ता को ही खो दें और अपने अशेष उद्योगों की ओर से बिलकुल आँखें फेर लें, तभी वह स्रोत सूख सकता है। परन्तु उसके सूखने का अर्थ राष्ट्रों के बीच अपने अस्तित्व को लुप्त कर देने और अर्धसभ्य देशों की भाँति अनुकरण का आश्रय लेने के अतिरिक्त और कुछ न होगा। इसका मनो-

वैज्ञानिक प्रभाव जनता में आत्मविश्वास का अभाव कर देगा, और हम अपनी दृष्टि में आप ही गिर जायेंगे। इस समय, जबकि देश में आत्म-विश्वास की अत्यन्त अल्प मात्रा शेष रह गयी है और चेतना के प्रायः सभी द्वार बन्द हैं, उक्त स्थिति और भी भयानक होगी। सम्पूर्ण राष्ट्र को मूर्च्छित और म्रियमाण कर देने में भी वह समर्थ हो सकती है। जो लोग पश्चिम की नवीन जागृति से चकित होकर भारत को उसका अनु-यायी बनाना चाहते हैं, वे न तो अपनी राष्ट्रीय सत्ता का मर्म समझते हैं और न राष्ट्र की वर्तमान नाड़ी-गति का ज्ञान रखते हैं। उनकी राष्ट्रीय भावना अविकसित और दृष्टि बहुत ही निर्जीव प्रतीत होती है।

ऊपर मैंने जिस प्रश्न को राष्ट्रीय रूप दिया है, वह पूर्णतः एक व्यावहारिक और सार्वभौम प्रश्न भी है। मनुष्यों के एक विशिष्ट और विराट् वर्ग ने एक लम्बे समय तक एक साथ निवास करके एक दृढ़ और विशाल तन्त्र की स्थापना की है, जिसकी सहस्रों शाखाएँ देश-भर में फैली हुई हैं। इसकी मौलिक एकता को देखकर हमें महान् आश्चर्य, किन्तु परम सन्तोष प्राप्त होता है। इसमें कुछ भी सन्देह नहीं कि इसकी जड़ पाताल तक पहुँच गयी है और इसकी सत्ता सदैव अजर-अमर रहेगी। इसकी प्रमुख शाखाएँ धर्म, दर्शन, साहित्य, कला, विज्ञान आदि के रूप में हरी-भरी लहरा रही हैं। चिरकाल से इसकी शोभा पर मनुष्यों का मन मुग्ध है। वे इसकी मूलभूत एकता और इसके विशाल संघटन को देखकर कोटि-कोटि मुखों से इसकी प्रशंसा करते हैं। यह बड़े विस्मय की बात है, कि किसी भी प्रकार नृशंस नियन्त्रण के अभाव में यह विराट् तन्त्र विशृंखल नहीं हो पाया। इसका कारण इसकी आश्चर्यजनक व्यावहारिकता तथा अत्यन्त उच्च उदारता ही कही जायेगी। यदि यह हिन्दू तन्त्र व्यावहारिक नहीं है, तो और कुछ नहीं। यह व्यापक रूप से राष्ट्र के सम्पूर्ण उद्योगों की एक श्रेयस्करी भावना के सूत्र में पिरोया हुआ है, जिसे हम हिन्दू-धर्म कहते हैं। मनुष्यता के सर्वतोमुखी विकास का एक परिष्कृत भाव-चित्र ही हिन्दू-धर्म के मुखपृष्ठ पर अंकित है। हिन्दू-धर्म अपने आलिंगन में सम्पूर्ण सृष्टि को अथवा सम्पूर्ण सृष्टि के आलिंगन में अपने-आपको एक कर देता है। वाम तथा दक्षिण इसके दो बाहुपाश हैं, जिनके अन्तर्गत समस्त प्रकृति समा जाती है। अपनी इस अनन्य विशालता में हिन्दू-धर्म देश और काल की सीमाओं को पार कर जाता है। वह सार्व-

भौम और नित्य नवीन रहकर प्रकृति की पूर्णता को अभिव्यक्त करता है। निर्गुण और सगुण मत इस रथ के दो पहिये हैं। ज्ञान, भक्ति आदि इसके भिन्न-भिन्न उपकरण हैं।

वेदों में इस विशाल चक्र के संचालन-सम्बन्धी प्रथम सूत्र प्राप्त होते हैं। एक प्रकार से वे अपने में पूर्ण कहे जा सकते हैं। सर्वतोमुखी मनुष्य-जीवन की व्याख्या उनमें दिव्य दृष्टि से की गयी है। परन्तु प्रगतिशील हिन्दू-धर्म वेदों का ही एकमात्र आश्रित नहीं रहा। श्रुति-प्रतिपादित तत्त्वों को अपनी आत्मा में सन्निहित करके यहाँ के ऋषि-मुनि काल-क्रम से अन्य शास्त्रों की रचना में भी प्रवृत्त हुए। उपनिषदों का दूसरा नाम वेदान्त रखा गया। उनमें वेदों के तत्त्व की सूक्ष्म मीमांसा मिलती है। धर्म की आत्मा इन उपनिषदों में पायी जाती है। उपनिषदों के उपरान्त वेदव्यास के विशाल पौराणिक साहित्य का समारम्भ हुआ। भारतीय धारणा के अनुसार वे सब व्यास की ही रचनाएँ हैं। निश्चय ही वे वेदव्यास के रचित ग्रन्थ हैं और उनमें व्यास-रूप से वेदों की व्याख्या की गयी है। लोगों को इस वेद-व्याख्या की पुनरावृत्तियों से घबराना नहीं चाहिए और न यही समझना चाहिए कि एक बात ही अनेक बार कही गयी है। वेदों में सहस्रों वर्षों के मनुष्य-जीवन की नैसर्गिक अनुभूतियाँ तथा उन अनुभूतियों का एक निष्कर्ष, जिसे अब हिन्दू-निष्कर्ष या मत कहते हैं, अंकित हैं। पुराणों में उस मत की रक्षा करते हुए उन अनुभूतियों का और भी विस्तार किया गया है। किसी पुराण में किसी एक प्रकार की अनुभूतियों का विस्तार है, किसी अन्य पुराण में किसी अन्य प्रकार की। वे सब मनुष्य-जीवन के भिन्न-भन्न अंगों पर प्रकाश डालती हैं। गीता में युद्ध का समारोह है। उसमें वीरोत्साह के भाव ओत-प्रोत मिलते हैं। भागवत् में और विशेषत: उसके दशम स्कन्ध में, गृह-सुषमा का चित्र है। ये दोनों ही मानव-प्रकृति के अभिन्न अंग हैं। सत्य की तुला पर ये दोनों समान तुलते हैं। महत्त्व और विस्तार की दृष्टि से कुछ लोग एक तथा कुछ दूसरे की ओर झुकते हैं, यह बात बिल्कुल ही दूसरी है। प्रकृति की कोटि में दोनों समान हैं और भगवान् कृष्ण का रूप भी दोनों में एक-सा है। दोनों में वह निस्संग और निर्लेप हैं। संघर्ष के घनघोर घटाटोप में वह शस्त्र तक नहीं धारण करते। तो भी युद्ध के संचालक एकमात्र वही हैं। यही रूप उनका भागवत में भी है। ब्रज की सम्पूर्ण लीलाओं के वही

केन्द्र-बिन्दु हैं, किन्तु मथुरा जाकर वह उनसे एकदम तटस्थ और बे-लाग हो गये हैं। लीलाओं के बीच-बीच में भी भागवतकार कृष्ण-सम्बन्धी अपने मन्तव्य को स्पष्ट करते हैं। उस मन्तव्य का सार यही है कि कृष्ण वास्तव में लीला कर रहे हैं।

यहाँ यह प्रश्न अवश्य उठता है कि वेदव्यास के इस मन्तव्य का प्रयोजन क्या है ? वह ऐसा क्यों कहते हैं कि कृष्ण लीला कर रहे हैं, जबकि कृष्ण उनमें पूर्ण रीति से भाग लेते हैं। स्मरण रखना चाहिए कि यही प्रश्न गीता के विषय में भी उठता है, जिसके रचयिता भी व्यास ही हैं। गीता में कृष्ण अर्जुन को युद्ध में पूर्णतः प्रवृत्त करते हैं, किन्तु स्वयं शस्त्र धारण नहीं करते। ऐसा वह क्यों करते हैं ? अर्जुन को युद्ध का उपदेश देने का महत्त्व क्या है, जबकि कृष्ण उसमें सक्रिय रूप से सम्मिलित नहीं होते ? क्या यह वेदव्यास की मानसिक दुर्बलता है कि वह कृष्ण को गोपियों के साथ शृङ्गार-लीलाओं में सम्मिलित कराकर पीछे से उन्हें उनसे अलग सिद्ध करना चाहते हैं ? क्या उनमें इतना साहस नहीं कि वह भगवान् कृष्ण को उन क्रीड़ाओं में प्रकट रूप से भाग लेने दें, जिनमें वह लीला-रूप से भाग लेते हैं ? किन्तु यदि यह बात होती, तो महाभारत के कृष्ण को व्यास ने युद्ध में शस्त्र ग्रहण करने से क्यों रोका ? वहाँ उन्हें कौन-सा संकोच था ? तो क्या यह समझा जाय कि व्यासजी को अपने विविध ग्रन्थों में कृष्ण-चरित्र के भिन्न-भिन्न पार्श्वों को उपस्थित करना था, इसलिए उन्होंने कृष्ण के कार्यों को कोई निश्चयात्मकता नहीं दी, ताकि लोग उन भिन्नताओं के कारण कृष्ण की सत्ता पर ही अविश्वास न करने लगें ? परन्तु निश्चयात्मकता न होने से लीला-ही-लीला में कृष्ण की सत्ता और भी अविश्वसनीय या रहस्यमयी हो जायेगी, क्या व्यास की बुद्धि यहाँ तक नहीं पहुँची ? अथवा क्या रहस्यमय कृष्ण की अवतारणा करना ही व्यास ा लक्ष्य था ?

ये सब ऐसे प्रश्न हैं, जिनका सम्यक् और प्रामाणिक उत्तर प्राप्त करने के लिए अत्यन्त तत्पर बुद्धि से भारतीय शास्त्रों में गति करनी चाहिए। यदि सब नहीं तो प्रमुख-प्रमुख साहित्यिक, दार्शनिक तथा धार्मिक ग्रन्थों का यथातथ्य अनुशीलन करना चाहिए और शैली-सम्बन्धी भेद को दूर करके अन्तर्निहित एकता के सूत्र को पकड़ना चाहिए। यद्यपि निर्विकल्प भाव से कोई किसी का समाधान नहीं कर स

निहित धर्म के तत्त्व' को प्रकाश में लाने की सतत चेष्टा करनी चाहिए। सहस्रों वर्ष पूर्व उन ग्रन्थों के रचयिताओं की प्रकृति क्या थी, और आज के उनके अन्वेषण की प्रकृति उनमें मिलकर एक हो गयी या नहीं, यह निश्चयपूर्वक कोई नहीं कह सकता। तो भी उन पूर्वजों की परम्परा से रक्ततः सम्बन्धित होने के कारण हमसे उस सत्य को प्राप्त करने की अधिक सम्भावना की जा सकती है। हम सभी एक ही संस्कृति के उत्तराधिकारी, प्रायः एक ही वातावरण में उत्पन्न हुए हैं। हम लोगों के गृहों में पूर्वजों के स्मृति-चिह्न आज भी उपस्थित हैं। यद्यपि स्थिति समय के साथ बहुत-कुछ बदल गयी है, परन्तु देश तो हमारा वही है—धर्म तो हमारा वही है। और भगवान् की दी बुद्धि भी हमारे पास किसी से कम नहीं। तो क्या आवश्यकता है कि हम अपनी आँखों में विदेशी ऐनक लगाकर और एक अनोखी नवीनता का विज्ञापन लेकर राधारानी 'स्वकीया' थीं या 'परकीया' या 'ईश्वर की छीछालेदर'-जैसे प्रसंगों में फँस जायें, जैसा कि श्री वेंकटेशनारायण तिवारी अपने पिछले कुछ लेखों में फँस गये हैं। जो अपना ही मर्म नहीं समझ सकते, वे दूसरों का मर्म कहाँ तक समझ सकते हैं, और समझकर लाभ भी क्या उठा सकते हैं?

तिवारीजी ने जब लिखा कि वह आचार्य रामानुज की किसी शिष्य-परम्परा से सम्बन्ध रखते हैं और उन पर बड़ी श्रद्धा करते हैं, तब मुझे बड़ा विस्मय हुआ। सबसे बड़े अचम्भे की बात यह हुई कि तिवारीजी इसके पहले ही लिख चुके थे कि श्रीमद्भागवत् की कथा उन्होंने पण्डितों को कहते सुना है और कुल-कामिनियों पर उसका लज्जाजनक प्रभाव पड़ते देखा है। पता नहीं, श्रीयुत तिवारी तथा श्रीमद्भागवत् एक साथ ही किस पण्डित के पाले पड़ गये, न यही जाना जा सकता है कि भागवत् सुनते हुए स्त्रियों की लज्जाजनक स्थिति का परिचय कैसे प्राप्त किया, परन्तु इतना तो स्पष्ट है कि तिवारीजी भागवत् के उत्कृष्ट भाष्यकार महात्मा रामानुज से बहुत दूर हैं। उन्हें यह मालूम नहीं कि रामानुज की भागवत् पर कितनी श्रद्धा थी और उसके मर्म को उन्होंने कितने स्पष्ट रूप से समझा था। भागवत् की कथा नगर-नगर ग्राम-ग्राम प्रचलित है। बाल्यावस्था से न मालूम कितनी बार हम लोगों ने उसे सुना होगा। हमारी माताएँ, बहनें, स्त्रियाँ सब सुनती हैं, परन्तु आपत्ति या लज्जा कभी उत्पन्न होते नहीं देखी। यदि वैसी बात होती तो इस ग्रन्थ का इतना

प्रचार ही क्यों होता ? इसका उत्तर तिवारीजी यदि यह कहकर देना चाहें कि हम सब अशिक्षित और असभ्य हैं तथा हमारी स्त्रियाँ लज्जाहीन और सुरुचिरहित हैं तो यह ऐसा आक्षेप होगा कि जिसके लिए तिवारी जी को प्रसिद्ध महिला मिस मेयो का आश्रित होना पड़ेगा।

मुझे रामानुजाचार्य और मिस मेयो के बीच भटकने की कोई आवश्यकता न थी, यदि तिवारीजी दो शब्दों में यह लिख देते कि पुराणों और भागवत् आदि के सम्बन्ध में उनका मत उनकी निजी कल्पना का परिणाम है। और रामानुज का नाम उन्होंने व्यर्थ ही लिया। स्वामी दयानन्द पुराणों को वेद-विरुद्ध और बुढ़िया-पुराण आदि की संज्ञा दिया करते थे। आर्य-समाज के हजारों अनुयायी आज भी उनके शब्दों को दुहराया करते हैं। इसमें सन्देह नहीं कि श्रीयुत बेंकटेशनारायण तिवारी भी उस बात को दुहराते हैं। परन्तु उनमें स्वामीजी की-सी सदाशयता नहीं है। स्वामी दयानन्द कोई ऐसे व्यक्ति न थे, जिनका नाम लेने में किसी को संकोच हो। वह एक विद्वान् पुरुष थे। वे भारतीय संस्कृति और वेदों के महान् प्रशंसक और उपदेष्टा थे। वैदिक संस्कृति का प्रचार उनके जीवन का एक विशेष लक्ष्य था, जिसे उन्होंने यथाशक्ति पूरा किया। उनमें संघटन की इतनी शक्ति थी कि उन्होंने आर्यसमाज की स्थापना की, जो आज भी एक जीती-जागती संस्था है। ईसाई और इस्लाम मत के प्रचारकों के विरुद्ध स्वामीजी ने हिन्दुओं की ओर से लोहा लिया और उन्हीं के मैदान में उन्हीं के अस्त्रों से सफलतापूर्वक सामना किया। स्वामीजी एक युद्धप्रिय व्यक्ति थे। उन्होंने एक विशेष अवसर पर अपने बुद्धिवादी विचारों को भारतीय जनता के समक्ष रखा, और उससे एक विशेष प्रयोजन की सिद्धि की। वे भारतीय धर्म की रहस्यवादी परम्परा को अपने उद्देश्य के अनुकूल नहीं पाते थे। परन्तु तिवारीजी के सम्मुख कौन-सी समस्या थी ?

तिवारीजी के इन लेखों में स्वामी दयानन्द के विचारों की छाया मुझे आद्यन्त दीख पड़ती है। परन्तु पाठकों के सम्मुख यह बात स्पष्ट कर देने से एक बड़ा लाभ और हुआ। बात यह है कि तिवारीजी की विलक्षण शैली में कही गयी बातों को समझ सकने की सामर्थ्य सबमें नहीं। स्वामी दयानन्द की शैली उनकी अपेक्षा अधिक स्पष्ट और विचार अधिक संयत हैं। उनके रचित ग्रन्थों और विशेषतः 'सत्यार्थ प्रकाश' में उनका एक दार्शनिक कोटि-क्रम भी पाया जाता है, जिसे आधार मानकर

हम अपनी बात अधिक दृढ़ और नियमित रीति से कह सकते हैं। अतः नीचे की पंक्तियों में मैं स्वामीजी के विचारों की आलोचना करूँगा। मैंने समझ लिया कि इसी प्रकार तिवारीजी के लेखों का भी मेरे उत्तर में समाहार हो जायेगा। यों तिवारीजी के लेखों में एक बात यहाँ है, एक वहाँ कम-से-कम पुराणों और ईश्वर की छीछालेदर वाले तिवारीजी के निबन्ध बहुत अधिक अव्यवस्थित हैं। उनमें से मतलब की बात निकालकर रखने से वही ठहरेगी, जो स्वामी दयानन्द कह चुके हैं। यहाँ मेरे लिए यह आवश्यक है कि मैं स्वामी दयानन्दजी के उन आरोपों का उत्तर देने की चेष्टा करूँ, जो उन्होंने पुराणों आदि के सम्बन्ध में लगाये हैं। परन्तु उससे भी अधिक आवश्यक यह है कि मैं स्वामीजी के सम्पूर्ण दृष्टिकोण और मत पर अपने विनीत विचार पाठकों के निकट प्रकट करूँ, क्योंकि बिना उसके मूल समस्या समझ में नहीं आ सकेगी। 'ईश्वर की छीछालेदर' का लेख लिखनेवाले, तिवारीजी ईश्वर के उसी स्वरूप को ग्रहण करते हैं, जो स्वामी दयानन्द द्वारा निर्दिष्ट किया गया है। यदि इसके लिए प्रमाण की आवश्यकता हो, तो स्वयं तिवारीजी के वाक्य प्रमाण होंगे। उनमें स्वामी दयानन्द के मत की ध्वनि पद-पद पर प्राप्त होती है। किन्तु यदि इन प्रमाणों से काम न चले, तो मेरी नीचे की विवेचना उस सम्बन्ध में सन्देह न रहने देगी। तिवारीजी के ईश्वर-विषयक मत का निष्कर्ष यही है कि ईश्वर एक अलौकिक सत्ता होने के कारण साहित्य और कला आदि के चित्रण की सामग्री नहीं बन सकता, वह केवल चिन्तन और प्राणायाम का विषय है। मूल में यह प्रतिज्ञा स्वामी दयानन्द की ही है। यदि इस विषय में स्वामी दयानन्द और श्रीयुत तिवारी में कुछ अन्तर है तो इतना ही कि स्वामीजी एक दार्शनिक की भाँति अपनी प्रतिज्ञा पर दृढ़ रहते हैं और श्रीयुत तिवारी अखबारी चमत्कार के फेर में पड़कर इधर-से-उधर भटकते रहते हैं। वह इस बात का विचार नहीं करते कि यदि हमने आरम्भ में ईश्वर को प्राणायाम या बुद्धि के व्यायाम का विषय बनाया है, तो आदि से अन्त तक हमें अपनी बात पर दृढ़ रहना चाहिए। पर तिवारीजी के लिए यह कार्य असाध्य हो गया है और वह दूसरे धरातल पर उतरकर गीता के ईश्वर (कृष्ण) तथा भागवत् के ईश्वर (कृष्ण) में अपनी रुचि की परीक्षा करने लगे हैं। मेरी दृष्टि में ऐसे अनेक चटोरे व्यक्ति आ चुके हैं, जो पुनः-पुनः प्रतिज्ञा

करके भी जीभ की वृत्ति को दबा नहीं सकते। पर मैं कहता हूँ कि तिवारीजी साहित्यिक क्षेत्र में ऐसी प्रकृति वाले व्यक्तियों में अग्रगण्य हैं। स्वामी दयानन्द ने ईश्वर को सृष्टि से पृथक् कर दिया, वह दार्शनिक दृष्टि से विवेचनीय विषय अवश्य है, परन्तु इससे उनका एक मत तो स्थिर होता है। इस मत को स्थिर करते हुए स्वामीजी ने बड़ी-बड़ी युक्तियों से काम लिया है और बड़े-बड़े बन्धान बाँधे हैं। उन्होंने वेदों में आये अनेकानेक देवताओं को (जो वास्तव में प्रकृति के भिन्न-भिन्न प्रतिनिधि हैं) समेटकर ईश्वर के निराकारत्व में अन्तर्हित कर दिया और ऐसा करते हुए शब्दों की अभूतपूर्व व्युत्पत्ति बतायी है। उन्होंने जादू का-सा एक करिश्मा दिखाया है, जिसके द्वारा आँखों के आगे की वस्तुएँ उड़ाकर लुप्त कर दी जाया करती हैं। स्वामीजी की यह जादूगरी देवताओं के सम्बन्ध में तो यत्किंचित् सफल हुई, परन्तु राम और कृष्ण आदि का प्रसंग आने पर कला काम न दे सकी। तब उन्होंने दूसरी पद्धति को अपनाया। उन्होंने अवतारवाद का आमूल खण्डन आरम्भ किया। इसी कारण स्वामीजी को पुराणों तथा सूर-तुलसी आदि पौराणिक कवियों की अवमानना करनी पड़ी, क्योंकि वे राम-कृष्ण का गुण-गान करते थे। परन्तु अपने इस विलक्षण व्यापार के द्वारा स्वामीजी ने मनुष्य की विकासशील अनेकानेक भावनाओं को, जो राम और कृष्ण आदि के संसर्ग से उत्पन्न होती हैं, कुण्ठित कर दिया, और उनके बदले में जिस ईश्वर की सिद्धि की, वह केवल निराकार और निर्गुण ही बना रहा।

परन्तु प्रश्न यह है कि क्या हिन्दुओं का वास्तविक ईश्वर यही है, जिसे मानव-जीवन से एकदम बेलाग सिद्ध करने की चेष्टा की गयी है? क्या संसार की सर्वश्रेष्ठ सभ्यता की गोद में क्रीड़ा करनेवाली यह दीर्घजीवी जाति ईश्वर की ऐसी दुर्बल कल्पना करने का ही श्रेय प्राप्त कर सकी? क्या उसे सृष्टि के उषःकाल में यही क्षीणतम आभा प्राप्त हुई थी, जिसे उसने अपने ईश्वर को सौंप दिया? क्या उसकी सर्वोत्तम अनुभूतियों का संग्रह यही ईश्वर है, जो केवल सृष्टि का पिता कहला सकता है? जिस जाति में आत्मविश्वास की मात्रा इतनी मन्द पड़ गयी हो कि वह अपनी एक भी वृत्ति अपने ईश्वर के साथ संयुक्त करने में आगा-पीछा करे, न वह जाति, न वह ईश्वर स्पृहायोग्य हो सकता है। किन्तु क्या हिन्दू जाति और उसके ईश्वर वास्तव में वैसे ही हैं? सत्य इस बात का साक्षी नहीं है। इति-

हास में इसका प्रमाण नहीं। हमारे दर्शन में जिस ईश्वर की सिद्धि की गयी है, हमारे वेदों और पुराणों में जिसकी महिमा गायी गयी है, हमारे सम्पूर्ण साहित्य में जिसकी पद-पद पर झलक भरी है—जिसके लिए हम विदेशियों में बदनाम तक हैं—वह ईश्वर केवल सृष्टि से तटस्थ और उदासीन नहीं हो सकता। हमारा एक श्रेष्ठ दार्शनिक शंकराचार्य सिद्ध करता है कि वेदों में ईश्वर के अतिरिक्त दूसरी सत्ता ही स्वीकृत नहीं। इसका अर्थ यही है कि सृष्टि के अणु-अणु में, प्रकृति के प्रत्येक परमाणु में ईश्वर-ही-ईश्वर हैं। मानव-विज्ञान के ज्ञाता इसका यही आशय समझेंगे कि मनुष्य के सम्पूर्ण उद्योगों—विशेषतः आर्य जाति के दीर्घकालीन जीवन का सार जो कुछ उसका सर्वश्रेष्ठ ऐश्वर्य हो सकता है, वही ईश्वर है। मनुष्यों के भारतीय आर्य वर्ग ने सहस्रों वर्षों के अविरत उद्योग से प्रकृति के जिन रहस्यों का पता लगाया—जो कुछ श्रेयस्कर कार्य उन्होंने इस देश की विविध विद्याओं की वृद्धि के रूप में किया—वे सब ईश्वर की विजयिनी पताकाएँ हैं, जो भारत के आकाश में चिर-दिन से फहरा रही हैं और काल के द्वारा कभी मलिन नहीं की जा सकतीं। उन्हीं सब विद्याओं का एक बृहत् संग्रह या समष्टि हमारे वेद हैं, जिनका व्युत्पत्यर्थ ज्ञान के अतिरिक्त और कुछ नहीं। भारतीय ज्ञान का यह अमित आलोक अपनी प्रभा सहस्रों किरणों से—सहस्र-रश्मि भगवान् सूर्य की ही भाँति—दसों दिशाओं में फैल रहा है। सूर्य-पिण्ड की ही भाँति हमारा वेद-पिण्ड किसी अप्रतिम चैतन्य की प्रेरणा से एकत्र या केन्द्रीकृत हो गया है। यह केन्द्रीकरण आर्य जाति से आत्मगौरव का एक ऊर्जस्वी घोष है—यह उसके युग-युगान्तर के क्रिया-कलाप की प्रथम विज्ञप्ति है। जहाँ एक ओर इसके द्वारा भारतीय आर्यों ने अपनी बिखरी हुई सम्पत्ति को समेटने और अपनी निजता को व्यक्त करने का उद्योग किया, वहीं यह आर्यों की सर्व-प्रथम धार्मिक योजना या धर्म-समन्वय की सफल चेष्टा भी सिद्ध हुआ। यद्यपि ज्ञान की धारा अजस्र, मिति-रहित और अखण्ड कही गयी है, परन्तु वेदों में उसे एक मर्यादा देने का प्रयास किया गया है। इस प्रयास में आर्यों का अभूतपूर्व कौशल परिलक्षित होता है—यहीं उनके दर्शनों ने उन्हें सबसे महत्त्वपूर्ण सहायता दी है। जिस चातुर्य और नैपुण्य के साथ हमारे उन विचक्षण पूर्वजों ने अपनी सम्पूर्ण विद्याओं को ईश्वर के एक अशेष ज्ञानमय सूत्र में पिरो दिया है—पुष्प भी ज्ञान के, सूत्र भी ज्ञान

का—वह भारतीय शिल्प की पुष्प-माला, वेद, आर्यों की अनिंद्य सुन्दर कृति क्यों न कही जाय !

वेदों का ईश्वर एक ठोस सत्ता है, जिसके अन्तर्गत, ऐतिहासिक दृष्टि से, आर्य पुरुष के वे सभी उद्योग सन्निहित हैं, जो उसने प्रकृति को अपने वश में करने—विविध विद्याओं के द्वारा उसका मर्म समझने—उसे अपनी बना लेने के लिए उस समय तक किये थे। परन्तु यह ऐतिहासिक दृष्टि ही ईश्वर-विषयक धार्मिक या दार्शनिक दृष्टि नहीं। वे और अधिक व्यापक तथा गहन दृष्टियाँ हैं। इतिहास का मर्म लेकर, अर्थात् पुरुष में प्रकृति के पर्यवसान का आदर्श सम्मुख रखकर, आर्यों ने निःशेष ज्ञानमय ईश्वर की सत्ता प्रवर्तित की, जिसमें पुरुष-प्रकृति का कोई भेद न रह गया। यही यहाँ की अविचल दार्शनिक दृष्टि हुई। इधर दर्शन में ईश्वर को यह सम्पूर्णता प्रदान करने के साथ ही उधर आर्यों ने यह घोषणा भी की कि वेद-रचना के पश्चात् उसके कर्त्तव्य की इतिश्री नहीं हो गयी, उन्हें निरन्तर वेद या ज्ञान की पुष्टि (उपबृंहण) के लिए प्रयत्नशील रहना चाहिए। वेदों की परम्परा में ही हमारे पुराण और वैदिक ईश्वर के ही अधिक स्पष्ट रूप हमारे राम-कृष्ण हैं। इन्हीं राम-कृष्ण के चरित्रों से हमारा साहित्य शोभाशाली और जीवन रसपूर्ण है। इन राम-कृष्ण के चरित्रों के द्वारा, ऐतिहासिक या व्यावहारिक दृष्टि से, हमारे राष्ट्रीय जीवन की सहस्रों समस्याओं पर पूर्ण प्रकाश पड़ा और दार्शनिक दृष्टि से ये ही हमारे सम्पूर्ण पराक्रम, निःशेष आशा तथा एक-मात्र मति-गति हैं। नहीं, ये उनसे भी अनन्तगुण अधिक हैं और मनुष्य की वाणी उन्हें शब्दों में प्रकट नहीं कर सकती। जब वे ही एक-मात्र सत्ता हैं, तब तो हद हो ही गयी ! इसी ऐकान्तिक भावना में मग्न होकर रचना करने के कारण व्यास और सूरदास तथा तुलसी भी कहीं-कहीं निगूढ़ और रहस्यमय हो गये हैं। और, इस ऐकान्तिक भावना के प्रसाद-स्वरूप जो दृढ़ता इनकी प्रकृति में सन्निविष्ट हो गयी थी, वह साहित्य के लिए अत्यन्त उपयोगिनी सिद्ध हुई है। समझ रखना चाहिए कि हमारे श्रेष्ठ कवियों की दृढ़ता, हल्की आदर्श-प्रवणता और भावुकता से वस्तु भिन्न बहुत है—जिस प्रकृति के वश में श्रीयुत वेंकटेशनारायणजी तिवारी हैं। भागवत की कृष्ण-गोपी-लीला में प्रेम की एकोन्मुखता, शालीनता, अनेक संस्कृत चेष्टाएँ—जो मनुष्य को पशु से अलग करती हैं—तथा वियोग-दशा की सहनशीलता,

ग्रटल व्रत ग्रादि उदात्त मानव-भाव, जिनके ग्राधार से सृष्टि विकसित होती है, समाहित हैं। एक सच्चे कवि की भाँति सूर मानव-जीवन से ग्रत्यन्त स्वाभाविक रूप-चित्रों ग्रौर भावचित्रों को ग्रंकित करते हैं। प्रकृति स्वयं उनकी लेखनी ग्रपने हाथों में ले लेती है। उनमें उपदेशात्मकता या कृत्रिमता का नाम नहीं। ग्रौर फिर भी वे प्रकृत गीत कृष्ण की 'ग्रलौकिक' लीला के उपादान बन गये हैं। यह चमत्कार सूर का ही है। उन्होंने ग्रन्ध ग्रौर पाशव-वासना को कितना संस्कृत रूप दिया है। उसे मनुष्योपयोगी ग्रौर समाजोपयोगी बनाने की कितनी प्रगाढ़ चेष्टा की है। संगीत ग्रौर नृत्यादि कलाग्रों का उन्मेष, जो मनुष्यों की सभ्यता की निशानी है, उसी से कराकर व्यास ने साक्षी-स्वरूप कृष्ण के हाथ में वंशी दी है। 'चीर-हरण' का दृश्य देखकर तिवारीजी को बड़ा उद्वेग हुग्रा। उन्होंने इस प्रसंग के दो-एक पद ग्रश्लील कहकर सूरसागर से उद्धृत किये हैं। मैं श्रीयुत तिवारी से प्रार्थना करता हूँ कि वह सूरदास के साथ न्याय करने के लिए ग्रपनी उतावली को कम करें। पहले सत्य की कसौटी पर कसकर देखने से विदित होगा कि यह चीर-हरण कोई ग्रसम्भव या ग्रसत्य कृत्य नहीं। फिर सामाजिकता या कर्म की तुला पर तोलकर देखिए, जो गोप-कुमारियाँ ग्रनन्य भाव से कृष्ण को पति-रूप में प्राप्त करना चाहती हैं, क्या वे कृष्ण से किसी बात का दुराव कर सकती हैं ? उन्हें सच्चे ग्रर्थ में ग्ररुन्धती होना चाहिए—यह धर्म की व्यवस्था है। एतदर्थ यह चीर-हरण की योजना उनके सच्चे प्रेम की ग्रन्यतम परीक्षा के रूप में है। यह गृहिणी-पद का एक ग्रादर्श है—ग्रश्लील किस दृष्टि से है ? यदि कृष्ण ने ग्रन्य पुरुषों के समक्ष गोपियों को नग्न वेश में देखने की इच्छा प्रकट की होती, तो उसमें ग्रश्लीलता का ग्रारोप किया जा सकता था। धार्मिक दृष्टि से देखिए तो यह मायापति कृष्ण की एक ग्रलौकिक लीला है, जो हमारे ग्रनुकरण की वस्तु न है, न हो सकती है। ग्रब साहित्यिक विचार कीजिए। 'सूरसागर' दशम स्कन्ध प्रधानतः गोपी-कृष्ण की प्रेम-कथा है। हिन्दी के विद्वानों में किंवदन्ती फैली हुई है कि भारतीय साहित्य में दुःखान्त रचनाएँ हैं ही नहीं। परन्तु यह कृष्ण-चरित या गोपी-चरित स्पष्टतः दुःखान्त है। सूरदास की कवित्व-प्रतिभा की एक श्रेष्ठ सूचना यही मिल जाती है कि उन्होंने पूर्ण मनस्विता के साथ वियोगान्त काव्य रचने का साहस किया—जिसकी यहाँ विशेष परिपाटी न थी। ग्रंग्रेजी के साहित्य-

शास्त्रियों ने दुःखान्त-रचनाओं को, प्रबल मानसिक उद्वेलन उत्पन्न करने के कारण, सुखान्त रचनाओं की अपेक्षा अधिक महत्त्व दिया है। यह हो या न हो, परन्तु 'सूरसागर' की वियोग-सृष्टि के महत्त्वपूर्ण होने में सन्देह नहीं। मालूम होता है, सफलता की कुंजी सूरदास ने अपने हाथ में ले ली थी। गोपियों की अश्रु-धारा से अपना सागर भरने के पूर्व इस महाकवि ने अनुराग के विशद आकर्षण का आलोक आकाश-रूप में ऊपर फैला दिया। इसी से 'सूरसागर' शुभ्राकाश-वेष्टित रत्नाकर की भाँति एक उज्ज्वल नैसर्गिक दृश्य प्रतीत होता है। वह कोई छिछली झील या तलाब नहीं जान पड़ता। साहित्य और कला के पारखी इस विशद नैसर्गिकता का मूल्य और महत्त्व समझ सकते हैं। अब प्रश्न यह है कि उक्त अनुराग का आकर्षणपूर्ण आलोक, आकाश की भाँति अबाध रूप में कैसे उपस्थित किया जा सकता—यदि चीर-हरण जैसी लीलाओं की योजना न की जाती ? यहीं उनकी अनिवार्यता प्रकट होती है। काव्य में इस प्रकार के वर्णन आकाश की ही भाँति निरावृत कहे जा सकते हैं—आकाश के ही प्रति-रूपक होते हैं। कविवर रवीन्द्रनाथ की 'उर्वशी', जो साहित्य की एक श्रेष्ठ काव्यकृति स्वीकार की जाती है, इसी श्रेणी की रचना है। यहाँ भी अप्सरा के अनावृत नारी रूप का, बड़ी भव्यता के साथ चित्रण किया गया है। यहाँ केवल इतना ही कहना है कि विशुद्ध काव्य की दृष्टि से महाकवि सूर का यह गोपी-चीर-हरण-वर्णन रवीन्द्रनाथ की उक्त 'उर्वशी' से सहज ही समता कर सकता है। दोनों एक ही श्रेणी की—अर्थात् श्रेष्ठ श्रेणी की रचनाएँ हैं। परन्तु यह हिन्दी के लिए दुर्भाग्य की बात है कि इस युग में उत्पन्न होनेवाले महाकवि रवीन्द्रनाथ, जो कुछ ही वर्षों में संसार-व्यापी ख्याति प्राप्त करने में समर्थ हुए, आज 'विश्व-कवि' कहला रहे हैं, और हमारे सूरदास, जो कम-से-कम तीन सौ वर्षों से हिन्दी-भाषी जनता के समक्ष हैं, अभी अश्लीलता के विषय बने हुए हैं ! यह साहित्य-सम्बन्धी हमारी मूर्च्छा का सबसे बड़ा प्रमाण है। और, हमें इस अवस्था में वैद्य मिल गये हैं तिवारीजी-जैसे समीक्षक। सभी बातें बन गयी हैं।

एक ही समस्या, जो इस विषय की शेष रहती है, सोलह सहस्र गोप-कुमारियों का एक कृष्ण में अनुरक्त होने और कृष्ण के द्वारा एक साथ ही उन सबका चीरहरण करने की समस्या है। साहित्यिक दृष्टि से यह

कोई समस्या नहीं, केवल कला की एक योजना है। कवि का श्राशय किसी विशेष गोपी का किसी विशेष पुरुष के द्वारा चीर-हरण कराकर उसे लज्जित करने का नहीं है। वह एक सामूहिक भाव या तथ्य को—प्रकृति श्रौर पुरुष के श्रात्यन्तिक एकत्व को प्रकट करना चाहता है। इस-लिए उसने समूह का प्रतिरूपक सोलह सहस्र की संख्या रखी। यह कवि की व्यक्तिगत पवित्र भावना का एक मनोवैज्ञानिक प्रमाण है। उन सहस्रों गोपियों का एक साथ चीरापहरण भी कला की एक उत्तम सूझ है। इससे वस्त्र-हरण की नग्नता की श्रोर से दृष्टि हट जाती है—चित्र की रेखाएँ हल्की हो जाती हैं—श्रौर हमारा ध्यान कवि के वास्तविक श्राशय की श्रोर श्रासानी से खिंच जाता है। वह वास्तविक श्राशय पति-पत्नी (श्रथवा ईश्वर श्रौर जीव) के सत्य सम्मिलन के श्रतिरिक्त श्रौर कुछ नहीं।

इस प्रकार के सैंकड़ों रत्न, जो सत्य, धर्म, कला श्रौर साहित्य से सम्मत हैं, 'सूरसागर' में पाये जाते हैं। पुराणों में भी ये निधियाँ मिलती हैं, किन्तु दूसरे रूप में। वहाँ धर्म-पक्ष प्रधान हैं, 'सूरसागर' में साहित्य-पक्ष प्रमुख है। एक साहित्यिक की दृष्टि से मैं कह सकता हूँ :

"मनि-मानक-मुक्ता-छवि जैसी। श्रहि-गिरि-गज-सिर सोह न तैसी।"
नृप-किरीट तरुनी-तन पाई। लहइ सकल सोभा श्रधिकाई॥"

यहाँ पुराणों को श्रहि, गिरि, गज कहकर महाकवि सूर की कृतियों को नृप-किरीट, तरुनी-तन सिद्ध करने में केवल मेरा हिन्दी-प्रेम ही नहीं लक्षित होता, साहित्य की विशेषता भी प्रकट होती है। परन्तु इसका यह श्रर्थ नहीं कि मैं पुराणों के महत्त्व को कम करना चाहता हूँ, क्योंकि मणि, माणिक, मुक्ता श्रादि के मूल-स्थान तो वे ही हैं। मैंने केवल दोनों के पृथक् व्यक्तित्व का निर्देश कर दिया है।

प्रतीक योजना

कुछ दार्शनिक पण्डित और आलोचक सूर तथा अन्य भक्त कवियों के प्रत्येक वर्णन का लाक्षणिक अर्थ मानते हैं और तदनुकूल उसका रस भी लेते हैं। कृष्ण की बाल-लीला के पदों में भी संकेत द्वारा दूसरे अर्थ लग सकते हैं या नहीं, यदि लग सकते हैं तो काव्य-समीक्षा में उन पदों का रूप प्रतिष्ठित होता है—ये सब प्रश्न विद्वानों के सम्मुख आते हैं; पर सबसे प्रथम प्रश्न तो यह आता है कि सूर का आशय उन पदों में लाक्षणिक रहा है या वह लाक्षणिक नहीं रहा—हम ही उसमें लाक्षणिकता का आरोप करते हैं !

"जब मोहन कर गही मथानी" आदि पदों से आभासित होता है कि सूर का आशय दूसरे अर्थों में भी लग सकता है। यों तो बाल-लीला के अनेक पदों में कवि अलौकिकता का संकेत करके यह आभास देता है कि वह कृष्ण के अवतार-स्वरूप का विस्मरण नहीं करता, न हमें कराना चाहता है। परन्तु उन पदों में मुख्य वर्णन बालक कृष्ण का है, केवल पदों की अन्तिम पंक्तियों में सूर ने 'प्रभु', 'स्वामी' आदि श्रद्धासूचक विशेषणों का प्रयोग किया है, जिन्हें छोड़ देने से भी काव्य का रूप विकृत नहीं होता। पर इस पद पर पहुँचकर यह बात बदल जाती है। जब कृष्ण अपने हाथ में मथानी लेते हैं तब नेती और दधि-पात्र का स्पर्श होते ही नागराज भी भयभीत हो उठते हैं। क्या इसे कोई बाल-लीला कह सकता है ? यह कृष्ण की बाल-लीला तो समुद्र-मन्थन तथा कल्पान्त के प्रलय का-सा

दृश्य दिखा रही है। तो क्या यह वही आशय नहीं रखती ? ऐसे ही एक अन्य अवसर पर सूरदास बाल-कृष्ण को मुँह में अँगूठा डालते चिन्तित कर साथ-ही-साथ सारी सृष्टि को प्रकम्पित कर देते हैं। ऐसे वर्णनों में बाल-लीला की झलक तो कम, दूसरे ही अलौकिक आशय का आभास अधिक मिलता है। इस प्रकार के अलौकिक आशयों के आधार पर उक्त विद्वान् आलोचक सभी प्रसंगों का लक्षणा द्वारा दूसरा अर्थ लगाते हैं और काव्य के भीतर ईश्वर, जीव और जगत् के दार्शनिक रूप को प्रत्यक्ष करते हैं। जो पंडित ऐसा करना चाहें कोई निषेध नहीं कर सकता। सूर के काव्य में भी इस बात के प्रमाण हैं कि वे कवि तो थे ही, भागवत् धर्म के मर्मज्ञ भी थे। उनका बुद्धि-वैभव इतना बढ़ा-चढ़ा अवश्य था कि वे कृष्ण-चरित्र के भीतर व्यापक ब्रह्म का निर्देश भी कर सकते थे। भक्तजन तथा दार्शनिक दोनों को ऐसे निर्वचन रमणीय लगते हैं। फिर यदि उस निर्वचन को काव्य के आवरण में प्रस्तुत किया जाय तो सोने में सुगन्धि ही है। देखना यह है कि काव्य के आवरण में ऐसे संकेत-अर्थ किस शैली से लाये जा सकते हैं!

आचार्य पं० आनन्दशंकर ध्रुव ने श्रीकृष्ण के होली खेलने के सम्बन्ध का एक पद किसी सन्त से लेकर उद्धृत किया है :

"एक समय श्रीकृष्णदेव के होरी खेलन मन भाई
कृष्ण ने कैसी होरी मचाई अचरज लखियो न जाई
असत सत कर दिखलाई कृष्ण ने कैसी होरी मचाई।"

वे इस पद पर टिप्पणी करते हुए लिखते हैं कि "हमें तो जगत् में सर्वज्ञ परमात्मा की ही होली मची हुई मालूम पड़ती है।" वह इस होली में स्वयं पूर्ण रस से रमण करता है और जीवों को रमण कराता है, इस होली की अद्भुतता का वर्णन नहीं किया जा सकता। विज्ञान का प्रत्येक प्रयत्न भगवान् की लीला के आश्चर्य को अधिकाधिक गम्भीर और उद्दीप्त कर रहा है। कवि ने यथार्थ लिखा है : "अचरज लखियो न जाई।"

परन्तु जिस कवि का यह पद है वह काव्य-भूमि को छोड़कर दूसरे क्षेत्र में चला गया है। 'अचरज लखियो न जाई' तक तो सुन्दर काव्य है, पर इसके आगे 'सत् असत् कर दिखलाई' और पंचभूत की धातु मिलाकर 'अंड पिचकारी बनाई' आदि साम्प्रदायिक उपमाओं में फँसकर उसने काव्यत्व का तिरस्कार कर दिया है। कवि सूरदास ऐसा नहीं करते। वे

कविता के रहस्य को समझते थे। उनके पद काव्य-गुण-पूर्ण हैं। बाल-लीला का वर्णन करते हुए सूर ने स्थान-स्थान पर प्रेम-विह्वल होकर कृष्ण के लिए 'सूर के प्रभु', 'स्वामी की लीला' आदि जो प्रयोग किये हैं, उनसे तो भगवान् के प्रति उनकी अपरिमित प्रीति की ही व्यंजना होती है।

सूर ने कृष्ण के होली खेलने, वंशी बजाने, रास रचने आदि का ललित वर्णन किया है, जिसमें विद्वानों को लाक्षणिक अर्थ की झलक भी मिलती है, पर सूर ने उस लक्ष्य को स्थूल नाम देकर अपना काव्य-चमत्कार नष्ट नहीं किया है। उनकी रचना-चातुरी ऐसी है कि काव्य-रसिक अपना कविता-रस लेते हैं और विद्वज्जन कविता के अन्तर्पट में रुचिर दार्शनिक तथ्यों का साक्षात्कार भी करते हैं। वर्णन के प्रवाह में सूर ने बड़े ही मनोवैज्ञानिक चमत्कार का परिचय देनेवाले पद रख दिये हैं, जिनसे काव्य-धारा का मज्जन-मुख ही नहीं, दर्शन-सुख भी प्राप्त कर सकें। सूर की यह लाक्षणिक शैली ऐसी उच्च कोटि की है कि कविता और दर्शन की धाराएँ सूरसागर में समानान्तर होकर बहती हैं, कोई विक्षेप नहीं पड़ता। जैसे अंतःसलिला सरस्वती गंगा और यमुना के बीच हों, ऐसा ही सूर की कविता-सरिता के उभय उपकूलों के बीच उनका लाक्षणिक अर्थ है।

कविवर जायसी का 'पद्मावत' काव्य भी लाक्षणिक आशय रखता है, जिसे पद्मावत के समीक्षक आचार्य पं० रामचन्द्र शुक्ल लाक्षणिक न कह-कर 'अप्रस्तुत' कहते हैं। परन्तु शुक्लजी ने उस अप्रस्तुत अर्थ को उचित महत्त्व नहीं दिया। कथानक-काव्य होने के कारण शुक्लजी को उसका अप्रस्तुत अर्थ प्रक्षिप्त-सा मानना पड़ा है, परन्तु सूर की कविता में उस तरह की कोई कठिनाई नहीं आती। कथानक-काव्य भी पूरे-के-पूरे प्रतीका-त्मक होते हैं—अन्योक्ति कहला सकते हैं—जैसे अंग्रेजी की प्रसिद्ध हास्य-पुस्तक 'गलीवर्स ट्रेवल्स' हास्य रस की प्रायः सभी रचनाएँ—जिनमें लम्बे-लम्बे कथानकों वाली भी अनेक हैं—लाक्षणिक अर्थ खुलने पर ही अधिक आनन्द देती हैं। बंगाली हास्य-लेखक परशुराम की अनेक कहानियाँ पूरी प्रतीकात्मक हैं। शुक्लजी को पद्मावत के 'अपस्तुत' अर्थ को एकदम 'समास' कर देने की आवश्यकता क्यों पड़ी, यह हम नहीं कह सकते पर हम सूरसागर के लिए कह सकते हैं कि यहाँ वैसा कोई प्रतिबन्ध नहीं है; जिसे जो लक्ष्यार्थ मिलेगा—पण्डितों को बहुत-से मिलेंगे—वे स्वच्छन्द रूप से उसका उपयोग करेंगे। 'सूर सगुण पद गावै' की आर-

म्भिक प्रतिज्ञा से यह स्पष्ट है और अन्य पदों को देखकर यह निश्चय हो जाता है कि कृष्ण की सभी लीलाओं में अरूप को ही रूप तथा निराकार, निर्विषय, निरामय ब्रह्म को ही भिन्न-भिन्न आधार-आशय प्राप्त हुए हैं। निश्चयपूर्वक यह कोई नहीं कह सकता कि इसका यही विशेष आशय है। 'हरि अनन्त, हरि कथा अनन्ता' की उक्ति सत्य ही है। साम्प्रदायिक मतवाद से अलग रहते हुए भी विज्ञजन अपना-अपना लक्ष्यार्थ इन पदों में प्राप्त कर सकते हैं।

चोली-बन्द तोड़ना—'भाजि गयो मेरे भाजन फोरि' आदि पदों पर विचार करते हुए कई प्रकार के प्रश्न उठते हैं। क्या कृष्ण का चोली-बन्द तोड़ना उचित है ? इस चोली-बन्द तोड़ने में उसका कौन-सा भाव लक्षित होता है। इसको 'जन्म कर्म च मे दिव्यम्' के अनुसार कृष्ण का अलौकिक कृत्य मानने में क्या आक्षेप है ? कृष्ण को आदर्श मानकर उनका अनुकरण करनेवालों के लिए उनका यह कार्य क्या अर्थ रखता है ? अथवा यहाँ कृष्ण के चोली-बन्द तोड़ने का कुछ और ही अर्थ माना जाय ?

इन प्रश्नों को लेकर काफी समय से विवाद हो रहे हैं। जहाँ तक कविता का सम्बन्ध है, यह चोली-बन्द तोड़ने का प्रसंग प्रकृत भावात्मक है। कवि सूर की यह प्रतिपत्ति प्रशंसनीय है कि उन्होंने अपने वर्ण्य विषय के लिए काव्य की परिधि का उल्लंघन नहीं किया, प्रत्युत उस परिधि का विस्तार ही किया है। बहुत-से पहुँचे हुए सन्तों की शुष्क वाणी से सूर की यह सरस धारा कितनी कमनीय है, यह साहित्य के विद्यार्थी समझ सकते हैं। सारी विषय-वासना को भस्मान्त करने के बाद कवि ने चोली-बन्द तोड़ने के इस प्रसंग में क्या रस पाया, यह सहृदयों के अनुमान करने की वस्तु है।

नैतिकता और आदर्श-सम्बन्धी विचार के लिए भी यहाँ अवकाश है। सगुण ब्रह्म के चरित्र का अनुकरण नहीं किया जा सकता। सूर ने यह प्रतिज्ञा नहीं की कि वह कृष्ण-चरित्र का गान इसलिए कर रहे हैं कि लोग उनका अनुकरण करें। उनकी प्रतिज्ञा तो केवल यह है कि निर्गुण ब्रह्म के पीछे निरवलम्ब न दौड़कर वे सगुण पद-गान कर रहे हैं।

जो लोग सूर के कृष्ण का अनुकरण करना चाहें वे पहले उसके स्वरूप को समझ लें। स्वयं परब्रह्म ने यह परमानन्द-स्वरूप धारण किया है। लौकिक आचरण का आदर्श यह नहीं है, क्योंकि कृष्ण के जन्म-कर्म दिव्य

हैं, उनका आचरण अलौकिक है। जीव के रूप में अवतरित होकर परमात्मा माया के बन्धन में पड़ते हैं, पर कृष्ण के रूप में अवतरित होकर वे मायापति हैं और भक्त-जनों को माया से मुक्त करते हैं। हम यदि कृष्ण पर किन्हीं कर्मों का आरोप करके फिर उनके अनुकरण का अनुष्ठान करते हैं, तो हम एक पर्दे पर दूसरा पर्दा डालकर वास्तविक दृश्य को देखने का-सा प्रयास करते हैं।

सांख्य में इस पर्दे के बदले एक आइने का रूपक है, जिस पर पड़कर पुरुष का अक्स बदल जाता है। पुरुष तो वही है, पर आइने से उसका रंग दूसरा हो गया। सोचने की बात है, एक आइने के बदले यदि दो-दो आइने रख दिये जायें, तो क्या इससे स्वच्छ पुरुष की वास्तविक कान्ति प्रकट होगी ? फिर हम भगवान् के रूप को अपनी बुद्धि, आदर्श, आचरण आदि के आइनों से देखना चाहते हैं, तो क्यों न और भी विकृत रूप हमें देख पड़े !

एक प्रश्न, जो अब भी शेष रह जाता है, यह है कि भगवान् के जन्म-कर्म तो दिव्य थे, किन्तु सूर को इसकी क्या आवश्यकता थी कि वे यह चोली-बन्द तोड़ने की ही कथा लेकर उस दिव्य जन्म-कर्म को दिखाते ? इसका एक उत्तर तो यही है कि सूर श्रेष्ठ कवि थे और अपनी काव्य-सामग्री के उपयुक्त उन्हें यह दृश्य दिखाना अभीष्ट था। दूसरी बात यह है कि जिस स्तर से सूर का काव्य-स्राव हुआ है उस पर पहुँचकर देखने से इसमें अनौचित्य की कल्पना नहीं की जा सकेगी। फिर कृष्ण की इस लोक-लीला का सांगोपांग वर्णन—जो काव्य की प्रकृत भूमिका के लिए आवश्यक है—कैसे होता यदि माखन-चोरी के उपरान्त गोपिका-समाज की ललित लीलाएँ न दिखायी जातीं।

इतने पर भी यदि कुछ लोग ऐसे हों जो अपनी दृष्टि को ही सूर की दृष्टि बना लें और चोली-बन्द तोड़ने की क्रिया में दोष देखने लगें तो भी प्रश्न है कि सूर के कृष्ण यदि ऐसा करते हैं तो गोपिकाएँ उसका विरोध क्यों नहीं करतीं ? एक-दो नहीं, सारे प्रदेश की सारी गोपियाँ क्या इतनी आचार-भ्रष्ट हो गयी थीं कि सब-की-सब कृष्ण के इस कृत्य को सहर्ष स्वीकार कर लेतीं ? सूर ने तो इस सामूहिक पतन का कोई परिचय नहीं कराया, तो फिर इसका क्या कुछ रहस्य नहीं ?

जो कृष्ण एक दिन चोली-बन्द तोड़ते हैं, वे ही दूसरे दिन कंस का

बध भी करते हैं। अपने समय के सबसे बड़े पराक्रमी और नृशंस नृपति का नाश क्या साधारण काम था? यही नहीं, जो कृष्ण आज गोपियों के साथ विनोद-पूर्ण क्रीड़ाएँ कर रहे हैं, वे ही कल वहाँ चले जायेंगे, जहाँ से निकट होते हुए भी, वे उनके पास कभी नहीं आयेंगे। मथुरा से ब्रज दूर नहीं है, यह तो और भी बड़ा प्रलोभन था कि कृष्ण बीच-बीच में ब्रज की सैर करने आते, पर वे कहाँ आये? कृष्ण का यह व्रत कितना कठोर था कि वे समीप रहते हुए भी अपनी प्रेम-पात्र गोपियों से एक जन्म को विदा हो गये। कभी दूसरी बार न मिले। इससे कृष्ण के निर्लिप्त रूप की ही झलक मिलती है।

बहुत-से सज्जन ऐसे हैं जो लाक्षणिक अर्थ को ही प्रमुख मानते हैं। जैसे चोली-बन्द तोड़ने का अर्थ—चोला, बन्धन या शरीर-बन्धन तोड़ना सहज ही बना लेते हैं जिससे अर्थ की अनुरूपता भी आ जाती है। संस्कृत में तो एक-एक शब्द के अनेक-अनेक अर्थ किये जाते हैं। धातुओं का इतना लचीला स्वरूप है कि जिधर चाहें घुमा लें। लोगों को अपने-अपने ईप्सित अर्थ तक पहुँचने की बहुत-सी सुविधाएँ हैं।

लाक्षणिक अर्थ की चर्चा करते हुए हम कह चुके हैं कि कवि के द्वारा निर्दिष्ट न होने पर भी (काव्य-कला के विचार से कवि उसका अलग से निर्देश करना उचित नहीं समझेगा) विचक्षण और सुबुद्धि पाठक अपनी विद्या-बुद्धि के अनुसार दूसरे अर्थ को ग्रहण करते हैं, परन्तु इस विषय में हम यह भी कह चुके हैं कि कवि का आशय समझकर ही ऐसा करना चाहिए, उसके विरुद्ध नहीं। इसके अतिरिक्त यह प्रतिबन्ध भी मानना चाहिए, कि लक्ष्य अर्थ काव्य की स्वाभाविक सरसता का बाधक न हो, उसे द्विगुणित काम्य बना देता हो। संस्कृत के अलंकार-शास्त्रियों के अनुसार लक्ष्य अर्थ को कवि-प्रौढ़ोक्ति सिद्ध होना चाहिए पर यहाँ इसकी कोई विशेष आवश्यकता नहीं है। बिल्कुल नवीन संकेतों द्वारा भी लक्ष्य का निर्देश किया जा सकता है यदि उसमें उचित स्वाभाविकता और अर्थ-प्रवणता हो। एक-एक शब्द की व्युत्पत्ति के सम्बन्ध में खींच-तान करके जो अर्थ गढ़े जाते हैं, वे अर्थ की रमणीयता का अपहरण कर लेते हैं। लक्ष्यार्थ तो वह श्रेष्ठ है जो काव्य से आप-ही-आप प्रकट होता जान पड़े। उदाहरण के लिए कृष्ण के होली खेलने का यदि कुछ रूपकार्थ लिया जाय तो वह 'होली' शब्द के अर्थ में बैठने की बौद्धिक क्रिया द्वारा नहीं,

बल्कि होली का जो एक चित्र भावना रूप से हमारे मन में बना हुआ है, उसी से वह लक्ष्य अर्थ उद्भूत हो जाय। इसी में काव्य की शोभा है और इसी से उसका द्विगुणित आनन्द प्राप्त हो सकता है।

हिन्दू विचारधारा की जो शास्त्रीय प्रणाली है उसके अनुसार कृष्ण का अवतार लाक्षणिक है, उसकी सब लीलाएँ लाक्षणिक हैं—लीला का अर्थ ही है लाक्षणिकता—और उनके दिव्य जन्म-कर्म को हम अपनी लौकिक दृष्टि से देख ही नहीं सकते। अतः इसकी आवश्यकता नहीं कि काव्य की स्वाभाविक गति में विक्षेप करनेवाले किसी-न-किसी लाक्षणिक अर्थ को ग्रहण ही करें। तथापि स्वतन्त्रता तो सबको है ही और दार्शनिकों की ऐसी रुचि भी होती है।

वेणु-गीत—सूर ने मुरली के सम्बन्ध में बहुसंख्यक पद कहे हैं। सूर ही नहीं, भारत की अनेक भाषाओं के बहुत-से भक्त-कवियों ने कृष्ण की वंशी की मोहिनी शक्ति का गान किया है। मूल में यह प्रसंग श्रीमद्भागवत् में आया है जहाँ उसे वेणु-गीत कहते हैं। उत्तर भारत के प्रसिद्ध मतप्रवर्तक, सूरदास के दीक्षागुरु श्रीमद्वल्लभाचार्यजी ने भागवत् की अपनी सुबोधिनी नामक टीका में उक्त वेणु-गीत की व्याख्या करते हुए लिखा है कि वेणु-गीत से भगवान् के नामात्मक और रूपात्मक स्वरूपों में से नामात्मक स्वरूप का बोध होता है। सच ही है क्योंकि वेणु तो स्वर वाली वंशी है जो मुखर होकर—चित्रवत् रूप दिखाकर नहीं—अपना प्रभाव उत्पन्न करती है। कृष्ण के द्वारा गीत होने के कारण यह वेणु-गीत चराचर को मोहनेवाला और उन्हें एक अशेष में तन्मय करके शेष का मोह छुड़ा देनेवाला सिद्ध हो जाता है। संगीत की प्रशंसा यूरोप के कला-मर्मज्ञों ने भी कम नहीं की है। प्राचीन यूनान में संगीत का रहस्य समझा गया था, यहीं से अन्य पश्चिमी देशों में भी उसका प्रसार हुआ था। प्रसिद्ध अंग्रेज निबन्ध-लेखक स्टिवेंसन ने संगीत देव (Pan) के वेणु (Pipe) का माहात्म्य कहते हुए लिखा है कि इससे तो हर्ष-शोक, भय-आह्लाद दोनों प्रकार की ध्वनियाँ निकलती हैं। महात्मा वल्लभाचार्य ने वेणु की व्युत्पत्ति बतलाते हुए 'व' से उस ब्रह्म-सुख को ग्रहण किया है जिसके सामने 'इ' संसार का सुख 'अणु' नगण्य बनकर लुप्त हो जाता है। इस प्रकार कृष्ण की वेणु, ब्रह्म-सुख में लीन करने का वह साधन है जो निस्साधन जीवों को भगवान् का आशीर्वाद रूप प्राप्त होता है।

श्री वल्लभाचार्य ने वेणु-गीत की एक विस्तृत विवेचना भी की है, परन्तु उससे यहाँ प्रयोजन नहीं। महात्मा सूरदास स्वयं ही उन आचार्य के शिष्य थे अतः यह समझना असंगत नहीं कि भागवत् के वेणु-गीत की आचार्य-कृत व्याख्या उन्हें उपलब्ध हुई और उनके 'सूरसागर' के पदों में उसकी छाप पड़ी है।

जहाँ तक कविता का प्रयोजन है, कवि के ये पद पूर्ण रूप से सरस हुए हैं, जिनसे वह व्यंजित है कि सूर स्वयं तो संगीतज्ञ थे ही, संगीत के रहस्य से भी अवगत थे। आचार्य वल्लभ के मुख्य गायक होने के कारण और स्वयं दृष्टि-शक्ति से रहित रहने के कारण सूर को गीत की अनन्य माधुरी में मग्न होने के अवसर यों ही सुलभ थे, किन्तु वे तो उच्चकोटि के भक्त और कवि भी थे। जब बिहारी-जैसे केवल कला-मर्मज्ञ के हृदय को 'तन्त्री-नाद कवित्त-रस' का आस्वाद मिल चुका था, तब सूर को वह कितना अधिक नहीं मिला होगा। कवि ने इस प्रसंग को लेकर इतनी अनेक-अनेक नवीन उद्‌भावनाएँ की हैं कि इस विषय में शंका नहीं होती कि वह संगीत के रस से सिक्त तो थे ही, वंशी की उस ध्वनि से भी पूर्ण परिचित थे जो नाम-रूप से भगवान् का आख्यान करने में लगी हुई है। यह बाँस की बाँसुरी इतना महत्त्व अधिकृत कर ले कि स्वयं कृष्ण इसके वश में हो जायें, फिर यह जैसे चाहे उन्हें नचाये, अपने सामने गोपिकाओं की भी, जो कृष्ण की प्राण थीं, अवहेलना कराये, वह असाधारण बाँसुरी रही होगी। नाम की महिमा बहुतों ने कही है, स्वयं तुलसीदास ने उसके वर्णन में बड़ी तन्मयता का प्रदर्शन किया है, परन्तु सूर ने कृष्ण की वंशी को नाम का प्रतीक मानकर काव्यजगत् में एक-दूसरे ही प्रकार की परम रमणीय सृष्टि की है। तुलसीदास ने तो राम के नाम को स्वयं राम से बढ़कर माना है, परन्तु उनके नाम-गुण-गान में केवल विश्वास करना पड़ता है; स्वतः हम पर अधिकार करके वह अपना परिचय करा दे, ऐसी बात कम ही है। तुलसीदास को नाम-माहात्म्य कहने में उपदेशात्मक-शैली का आश्रय लेना पड़ा है। जैसे :

राम एक तापस-तिय तारी। नाम कोटि खल कुमति सिधारी ॥
रिषि हित राम सुकेतु-सुता की। संहित सेन सुत कीन्ह बिबाकी ॥
सहित दोष दुख दास दुरासा। दरइ नाम जिमि रवि निसि नासा ॥
भंजेउ राम आप भव चापू। भव-भय-भंजन नाम-प्रतापू ॥
नाम-प्रसाद संभु अविनासी। साज अमंगल मंगल रासी ॥

परन्तु यह वर्णन काव्य-दृष्टि से विशेष मार्मिक नहीं है, क्योंकि नाम की जो-कुछ महिमा उक्त पदों में कही गई है उसे हम इतिवृत्त के रूप में ही ग्रहण करते हैं। नाम के प्रसाद से ही 'कोटि खलों की कुमति सुधरी' है और 'शिवजी अमंगल साज धारण कर भी मंगल-राशि' बने हुए हैं, इन तथ्यों पर हमारी बुद्धि ही पहुँच पाती है, हमारी भाव-सत्ता का इससे सीधा सम्बन्ध स्थापित नहीं होता, परन्तु सूर के 'वंशी-प्रसंग' में पूर्ण भावात्मकता का योग है।

सूर की वंशी इस दृष्टि से अधिक प्रभावशालिनी हुई है। एक तो वह संगीत की सृष्टि करती है जो स्वयं ही परम मोहक है। फिर कृष्ण अपने अधरों पर धारण करके उसे जो सम्मान देते, उसके सामने अन्यों की जो उपेक्षा करते, उसके के लिए एक पैर से खड़े रहकर जो अनुराग दिखाते हैं, वह सब प्रत्यक्ष वर्णन द्वारा हम पर विशेष प्रभाव डालता है। तुलसी की नाम की महिमा तो बुद्धि-ग्राह्य है, किन्तु सूर की वंशी की महिमा आँखों के सामने दिखाई देती है। तुलसी का नाम माहात्म्य भक्तों के लिए मान्य है, परन्तु सूर की वंशी-ध्वनि अधिक व्यापक क्षेत्र में, अधिक सरस रीति से, अधिक स्पष्ट प्रभाव दिखाती है।

परन्तु यह प्रश्न यहाँ अवश्य उठता है कि वेणु-गीत-सम्बन्धी ये सूर के पद भगवान् के नाम का ही लक्ष्य रखते हैं, इसका प्रमाण एक-मात्र वल्लभाचार्य की उक्त व्याख्या ही मान ली जाय या और कुछ। सूरदास वल्लभाचार्य के शिष्य अवश्य थे, परन्तु वे कवि और गायक थे, दार्शनिक पण्डित नहीं। तुलसीदास ने तो स्पष्ट शब्दों में नाम का माहात्म्य कहा है, परन्तु सूर तो लक्षणा द्वारा ही इस प्रकार का बोध कराते हैं। तो क्या सूर की यह प्रणाली तुलसी की अपेक्षा अधिक दुरूह नहीं ?

बात यह है कि कविता की दृष्टि से सूर के मुरली-सम्बन्धी पदों का का लाक्षणिक अर्थ आवश्यक नहीं है। जिस रूप में उन्होंने वंशी का परिचय दिया है और उसके प्रति गोपिकाओं की असूया आदि भाव दिखाये हैं वह यों भी सत्-काव्य का रूप है। कोरे बाँस की बाँसुरी, जिसमें छेद-ही-छेद हैं, कृष्ण की इतनी प्रिय बन जाय और प्रिय बनकर चराचर पर अधिकार कर ले, इससे जिन रहस्यों का संकेत होता है वे स्वयं ही सरस रहस्य हैं। इन्हीं का आधार लेकर भक्तगण लाक्षणिक अर्थ तक पहुँचते हैं और द्विगुणित आनन्द उपलब्ध करते हैं।

भक्त-जनों के लिए तो तुलसीदास की 'नाम-महिमा' और सूर की 'मुरली-माधुरी' दोनों में ही समान स्वाद है, परन्तु काव्य के विचार से लोग सूर के इन पदों को अधिक पसन्द करेंगे। सूर की वंशी में नाम की महिमा अधिक सुरीली होकर व्यंजित होती है। नाम का सौंदर्य-पक्ष इसमें अधिक खिला है। तुलसी के नाम-गुण-गान में निश्छल उद्गारों का एक स्वच्छ प्रवाह है और विश्वास की ऐसी लयकारी तरंग है जो बिना सूचना दिये ही अपनी ओर खींच लेती है, किन्तु सूर की वंशी-ध्वनि में वह मोहिनी-लय है जिसमें स्वेच्छा से ही जीव लीन होते, स्वेच्छा से ही तन्मय हो जाते हैं।

रास—रास एक मंडलाकार नृत्य का नाम है जिसमें बहुत-सी नर्तकियाँ भाग लेती हैं। प्रत्येक प्रकार के नृत्य एक विशेष भाव-उद्रेक के प्रतिफल होते हैं, रास तन्मयता के प्रबल उद्रेक का प्रतिफल माना गया है। गोपिकाएँ कृष्ण में इतनी तन्मय हो उठी हैं कि वे उनसे वियुक्त होकर एक क्षण भी नहीं रह सकतीं। कृष्ण के रूप पर वे इतनी मुग्ध हैं कि सदा उन्हीं का दर्शन चाहती हैं। आकर्षण का यही विकास अपनी चरम अवधि में रास का रूप धारण करता है। वे सब शरत्समय की एक चाँदनी रात में कृष्ण की वंशी सुनकर उत्कंठित हो उठीं, अपने को सँभाल न सकीं, सब अपने-अपने काम-काज छोड़कर दौड़ पड़ीं। भागवत् में इस अवसर की विस्तृत कथा है। कृष्ण ने गोपियों को पहले मना किया। उन्हें समझाया कि परिवार का लालन-पालन, पति की सेवा, ये गृहिणियों के उत्तम धर्म हैं। इन्हें छोड़कर अन्य का सेवन कुल-कामिनियों के लिए उचित नहीं है। इस भयावह कार्य से अयश मिलेगा। तुम्हें अपने-अपने घर जाकर अपना-अपना गृह-कार्य करना चाहिए और यदि मुझसे प्रीति है तो घर में मेरा ध्यान करो, मेरा कीर्तन करो, उसमें इतना अधिक सुख पाओगी, जितना मेरे समीप रहकर यहाँ नहीं पा सकतीं।

गोपियों ने स्पष्ट उत्तर दिया कि हम तो लोक-परलोक की परवाह नहीं करतीं; आपके लिए हमने धर्म-कर्म सबका पालन किया। क्या वर्णाश्रम धर्म, आचार-विचार और कर्म के सब विधान आपके पाने के लिए ही नहीं हैं? क्या आपके मिल जाने पर भी वे सब बने ही रहते हैं? हम तो ऐसा नहीं समझतीं। किन्तु आप यदि आज्ञा देते हैं कि हम आपको छोड़कर चली जायें तो कृपया आप हमें इतनी शक्ति भी दीजिए कि हम

अपने पैरों को आपसे विमुख होकर चलने की प्रेरणा कर सकें। वह शक्ति हममें नहीं है।

तब जैसे तारिकाओं से घिरे हुए शशांक दीप्तिमान होते हैं वैसे ही उत्फुल्ल-मुखी गोपिकाओं से परिवेष्टित कृष्ण की रास-लीला आरम्भ हुई। कृष्ण की रास-लीला के सम्बन्ध में भी अनेक प्रकार के संशयात्मक प्रश्न किये जाते हैं, परन्तु अधिकांश प्रश्न करनेवाले संगीत, नृत्य आदि कलाओं के रहस्य से परिचित नहीं होते। संगीत की ही भाँति नृत्य भी तन्मयता का साधन है। जीवन की भिन्न-भिन्न जटिल समस्याओं से चित्त को एकाग्र करने का अभ्यास, विषमता के ऊपर साम्य स्थापित करने की चेष्टा एक ऐसी संगीतमय स्थिति को उपस्थित करती है जो शान्ति और आनन्द का कारण होती है। भारत के दार्शनिकों ने तो प्रलय में भी लय का अनुसंधान किया, जिससे प्रलयंकर का तांडव भी नृत्य की कोटि में परिगणित हो सका। विचार करने से यह सबको अनुभव होगा कि संगीत और नृत्य का यह रूप जीवन की विशेष उन्नत साधनाओं का प्रतीक है। कलाओं को जब इस दृष्टि से देखा जाय तब उनका मर्म ग्रहण किया जा सकता है और तब नृत्य और संगीत के उस प्रचलित रूप की निकृष्टता भी समझ में आ सकती है, जिसके कारण बहुतों को कला-मात्र से विरक्ति होने लगी है। जो लोग कृष्ण की रास-लीला का यह कहकर विरोध करते हैं कि कृष्ण को नट बनकर यह निम्न आदर्श समाज के सामने न रखना चाहिए था, वे नृत्य के वास्तविक रहस्य को पहले समझ लें।

परन्तु भागवत् मत के अनुसार नृत्य (रास) जीवन का केवल एक परिमार्जित विकास ही नहीं है, वह तो जीवन की सभी साधनाओं की अन्तिम सिद्धि है। गोपिकाओं ने जन्म-भर आचारनिष्ठ रहकर पूर्ण धर्माचरण करने के उपरान्त मानो उसी धर्मचर्या के अन्तिम निष्कर्ष के रूप में कृष्ण के साथ रास रचा है। इसका वही अर्थ है जो गोपिकाएँ कृष्ण से निवेदन कर चुकी हैं। संसार के सब आचार उन्हीं के निमित्त हैं और उनके मिलते ही वे सब छूट जाते हैं। मनुष्य जो दुनियादारी में पड़कर माया का बन्धन स्वीकार करता है वह भी इसी हेतु से कि एक दिन इससे छुटकारा मिलेगा। मनुष्य के लौकिक धर्म-कर्म निमित्त-मात्र हैं। इस निमित्त के अन्तःकरण में जो चरम ध्येय निहित है वही मानो कृष्ण और गोपिकाओं के रास के रूपक (लीला) से प्रकट किया गया।

इस विचार से रास को पूर्णतः आध्यात्मिक रूप मिल जाता है जिसका और अधिक स्पष्टीकरण भागवत् में किया गया है। गोपिकाएँ कृष्ण के साथ तन्मय होकर विहार करती हैं, मानो जीव अपने सब बन्धनों से मुक्त होकर अपने स्वरूप (कृष्ण) को पहचानता है और उसी आनन्द में विभोर होकर क्रीड़ा करता है। वहाँ कृष्ण और गोपिकाएँ दो नहीं रहीं, एक ही हो गयीं। भागवत् में इस एकता पर टिप्पणी करते हुए लिखा गया है कि जैसे बालक अपने प्रतिबिम्ब को लेकर क्रीड़ा करता है, वैसे ही भगवान् रमापति ने हास्य-आलिंगनादि द्वारा ब्रज-सुन्दरियों के साथ क्रीड़ा की थी। आत्माराम होते हुए भी उन्होंने अनेक रूप करके प्रत्येक गोपी के साथ पृथक्-पृथक् विचरण किया था। यह खेल ईश्वर ही कर सकते हैं; कोई भी मनुष्य इसका अनुकरण कदापि नहीं कर सकता।

यों तो कला-विवेचन की दृष्टि से भी नृत्य आदि कलाएँ अपने मौलिक रूप में कामोद्दीपक नहीं हैं, वरन् सात्विक आनन्द के सहज उद्रेक से इनकी उत्पत्ति होती है और ऐसे ही आनन्द की निष्पत्ति भी ये करती हैं, किन्तु श्रीमद्भागवत् में इन्हें नितान्त आध्यात्मिक और अलौकिक स्वरूप दिया गया है। भक्तवर सूरदास की भावना भी भागवत् की भाँति ही दिव्य माननी चाहिए।

भ्रमर-गीत—श्रीकृष्ण कंस का बुलावा पाकर ब्रज-भूमि से मथुरापुरी चले गये। जाते समय उन्होंने कहा था कि वे शीघ्र ही लौट आयेंगे; इसी आसरे सारे गोप-गोपी बहुत दिनों तक उनकी प्रतीक्षा करते रहे; इस आशा में कि वे आने को कह गये हैं तो अवश्य आयेंगे। परन्तु जब बहुत दिन हो गये और कृष्ण न आये तब उनकी बेचैनी बढ़ी और उन लोगों ने मथुरा जानेवाले पथिकों के हाथ अपने सन्देश भेजे और उनका सम्वाद मँगाया। यशोदा ने भी सन्देश भेजा; गोपियों ने भी भेजा! पर किसी का कोई उत्तर नहीं आया। इससे समस्त ब्रज-मण्डल में और उत्कण्ठा बढ़ी। पथिकों का मथुरा से उस राह आना-जाना भी कठिन हो गया, क्योंकि सन्देशों की संख्या बढ़ चली और पथिकों का राह चलना भी दूभर हो गया। ब्रजवासी जब सब प्रकार से निराश हो गये, तब उनका दुःख भीतर-ही-भीतर उनकी आत्मा को घेरने लगा। गोपों के बालक पेड़ों पर चढ़कर दूर तक कृष्ण की राह देखते, गोपियाँ अपना

असह्य सन्देश पक्षी, पवन, मेघ आदि द्वारा भेजने का प्रयास करतीं। यह सब उपाय भी व्यर्थ हो गये। तब तो गोपियों के अश्रु-जल से उस प्रदेश में दुःख की सरिता बह निकली। गोपाल-बाल बिना अन्न-जल के दिन व्यतीत करने लगे, गायों ने दुःख से रँभाना आरम्भ किया। जड़ प्रकृति भी एक बार शोकातुर और विकल हो उठी। यमुना कृष्ण के वियोग में नीली पड़ गयी। कुञ्जें एकान्त में दीर्घ-उच्छ्वास लेतीं, बेलियों की आँखें भर आयीं, हाट-बाट अब शून्य पड़ गये।

उधर कृष्ण ने रंग-भूमि में कंस का वध किया और प्रजा द्वारा वे राजपद पर अभिषिक्त किये गये। राज-काज के उत्तरदायित्व के कारण उनका अधिकसमय उसी में व्यतीत होने लगा। कंस की एक कुरूप कूबरी दासी कुब्जा से प्रसन्न होकर कृष्ण ने गोपियों की सुध-बुध खो दी। कृष्ण के जीवन की धारा अब गोप-गोपियों के विनोदमय उपकूलों पर कल-कल छल-छल न करती हुई, अधिक गम्भीर और अधिक प्रशान्त होकर बह रही थी। परन्तु प्रश्न तो यह था कि कृष्ण के जीवन के साथ-साथ गोप-गोपियों का जीवन कैसे बदल जाता? वे तो अपनी उसी वनस्थली में उन्हीं स्मृतियों को साथ लिये समय वाहित कर रही थीं। कृष्ण महाराज हो गये थे तो क्या हुआ, यशोदा के लिए तो वे वही 'कुँवर कन्हैया' और गोपियों के लिए तो वे ही नटनागर थे। तब समस्या यह खड़ी हुई कि कृष्ण क्या उपाय करें जिससे उधर उनके लोकोत्तर-चरित्र का भी विकास हो, उधर ब्रजवासियों का भी समाधान हो।

मधुर भाव से कृष्ण की उपासना करनेवाले कवियों और गायकों के सामने भी यह समस्या उपस्थित थी, और सूर के सामने भी, कि आगे कृष्ण-काव्य की कौन-सी दिशा बदली जाय। अब तक कृष्ण के साथ ब्रज के निवासियों ने जो रँगरेलियाँ की थीं, उनकी एक प्रकार से हद हो चुकी थी। अब कंस का वध करके फिर कृष्ण ब्रज लौट आते अथवा बीच-बीच में ब्रज-मण्डल में दर्शन दे जाते तो इससे न तो काव्य को कोई विशेष चमत्कार प्राप्त होता न जीवन के किसी नवीन पक्ष पर प्रकाश पड़ता। भक्तों की भावना भी इतनी क्षुद्र नहीं थी कि संयोग-सुख में ही उन्हें तृप्ति मिलती। जो कृष्ण अभी उस दिन तक ब्रज में अपनी ललित लीलाओं के द्वारा जन-जन में नवीन प्राण, और प्राण-प्राण में नवीन उमंग भर रहे थे, आज यदि फिर वहाँ आयें और आकर बस जायें तो

अच्छा, या वहाँ न आकर अपने वियोग में वहाँ के एक-एक कण्ठ से उत्कण्ठित उद्‌गार सुनने का अवसर दें, तो अच्छा। कवियों और सन्तों ने मिलकर यही निर्णय किया है कि दूसरी बात ही अधिक मार्मिक है, कृष्ण के चरित्र की अलौकिक झाँकी दिखाने में अधिक उपयोगिनी है।

परन्तु कृष्ण गोपियों की अवमानना करके उन्हें छोड़ तो सकते नहीं थे। उनके प्रति उनका उमड़ता हुआ अनुराग तो कभी सूख नहीं सकता था। कोई भी अपने प्रियजन को विसार नहीं सकता, फिर कृष्ण-जैसे प्रेमी-गोपिकाओं-जैसी प्रेमिकाओं को कैसे विसार देते? वे इसी चिन्ता में निमग्न थे कि उन्हें उद्धव नामक एक ब्रह्मज्ञानी महापुरुष मिल गये। ये कृष्ण के सखा थे, पर इन्होंने कृष्ण के प्रेम-कातर स्वभाव को कितना पहचाना था यह वे ही जानें। जब कृष्ण ने इनसे गोपियों की कथा कही, तो इन्होंने कृष्ण से कहा कि यदि आप कहें तो मैं ब्रज जाकर उन सबको समझा आऊँ कि वे आपके पीछे हैरान न हों, निर्गुण निराकार ब्रह्म का ध्यान आरम्भ करें। जिस व्यक्ति ने ऐसी बात कही वह न केवल हृदयहीन होगा; शास्त्रों के यथार्थ तत्त्व से अनभिज्ञ, ब्रह्म के सगुण और निर्गुण रूपों में कृत्रिम भेद करनेवाला भी ठहरता है। उसने न सगुण ब्रह्म का स्वरूप पहचाना, न निर्गुण ब्रह्म का, न उसने भगवान् के अवतार-रूप की महिमा समझी।

सूर ने इस सम्पूर्ण प्रसंग को एक अत्यन्त अनूठे विरह-काव्य का रूप दिया है, जिसमें आदि से अन्त तक ब्रज की दुःख-कथा कही गयी है। इस कथा के दो भाग हो जाते हैं। एक तो उद्धव के सन्देश जाने के पूर्व की वियोग-कथा, जिसमें विरह-दशा के प्रायः सभी वर्णन और विनय, उपालम्भ आदि हैं; और दूसरा उद्धव तथा गोपियों का वार्तालाप जिसमें प्रेम की अनन्य तन्मयता सर्वत्र ध्वनित हुई है। इस वार्तालाप के सम्बन्ध में बहुत-से लोगों ने अपनी-अपनी धारणाएँ प्रकट की हैं, जिनमें एक यह है कि इसके द्वारा महात्मा सूर ने सगुण ब्रह्म का निरूपण और निर्गुण का खण्डन किया है। एक और वैचित्र्यपूर्ण आलोचना, जो इस विषय में की गयी है, यह है कि सूर ने इसके द्वारा उस चिरकाल से चले आते हुए पाखण्ड पर प्रहार किया है जो पण्डों, पुरोहितों और पुजारियों के प्रचार का प्रधान विषय रहा है, जिससे उनका गुरुडम का गढ़ ढहकर गिर पड़े। ब्रह्म को व्यापक, अविनाशी आदि मानकर और व्यक्ति को क्षुद्र बता-

कर उसका विकास रोक देना जिन्हें इष्ट था, उन धर्माचार्यों के विरुद्ध सूर ने यह आन्दोलन उठाया। इसके द्वारा गोपियों ने कृष्ण की पूजा का भाव प्रतिष्ठित किया—जो कृष्ण अपने समय के नेता के रूप में कार्य कर रहे थे और वास्तव में अपने उपकारी कार्यों के कारण पूज्य थे। जीवित कृष्ण को—लोक-कल्याण ही जिनका ध्येय था—छोड़कर अज्ञात के पीछे भटकते फिरने से कुछ लाभ नहीं है। इसी मर्म की शिक्षा उद्धव-गोपी प्रसंग में दी गयी है, यही उक्त 'अभिनव' आलोचकों की आलोचना का निष्कर्ष है।

वास्तव में सूर का आशय न तो निर्गुण ब्रह्म के विरुद्ध सगुण ब्रह्म की प्रतिष्ठा करना था और न उन्हें पण्डों और पुरोहितों के विरुद्ध किसी प्रकार का आन्दोलन उठाना था। यदि हमें सूर की कविता के साथ न्याय करना है, तो हम सबसे पहले प्रसंग को समझने का प्रयास करें। सूर-सागर का काव्य कृष्ण की रास-रचना की करके उन्हें मथुरा भेज चुका है। आनन्द की अन्तिम अवधि के उपरान्त अवसाद के दिन आये हैं : कृष्ण मथुरा से ब्रज नहीं आते, न बहुत दिनों तक कोई सन्देश ही भेजते हैं। यह गोपियों के पक्ष में कृष्ण की ऐसी निष्ठुरता है जो काव्य का सुन्दर विषय बन सकती है। यदि इस निष्ठुर परिस्थिति में गोपियाँ कृष्ण के बिना अपने को निरवलम्ब पाती हैं और इस निरवलम्ब दशा में भी वे दूसरे किसी का आश्रय नहीं चाहतीं—अन्त तक कृष्ण की ही बनकर रहेंगी, चाहे जो हो जाय—तो यह कितनी बड़ी प्रेम की साधना है ! वह प्रलय धन्य है जो निराश, पीड़ित, लांछित प्रेमिका के हृदय में अपने प्रेमी के प्रति जागृत रहता है; वह निष्ठा अभिनन्दनीय है जो एक की होकर दूसरे का मुख नहीं देखती; वह व्रत वंद्य है जो मृत्यु का सामना करके अमर बनाता है।

जो कृष्ण ब्रजभूमि के इतना निकट रहते हुए भी वहाँ आने का नाम नहीं लेते, वे किसी 'निर्गुण' से क्या कम हैं ? जिन्होंने भोली-भाली गोपियों को प्रेम के पाश में बाँधकर फिर वियोग के पारावार में डाल दिया है, उनकी निष्ठुरता की क्या 'अवधि' है ? परन्तु सूर का आशय निर्गुण, निरवधि ब्रह्म का खण्डन करना ही नहीं था। वे तो कृष्ण की अलौकिक लोक-लीला के साथ-साथ गोपों का, गोपियों का, भक्तों का—स्वयं अपना—तादात्मय स्थापित कर रहे हैं। संयोग की मधुर मुरली बजाने के बाद अब वे विरह के अश्रु-जल से कृष्ण का अभिषेक करने चले हैं। किन्तु वियोग

की इस तप्त वायु में सम्भवतः संयोग से भी अधिक प्रेम और आनन्द के परमाणु उच्छ्वसित हो उठे हैं। यह प्रेम और यह आनन्द काव्य में दृश्य नहीं है, अदृश्य रूप से ध्वनित है और यह उन कृष्ण के प्रति है जो पास ही मथुरा में रहते हुए भी 'अदृश्य' बन गये हैं। कौन कह सकता कि गोपिकाएँ उस 'अदृश्य' की उपासिका नहीं थीं! कृष्ण तो एकाधार में सगुण और निर्गुण दोनों हैं, कोई उनका निर्वचन करे फिर भी वे अनिर्वचनीय हैं। सूर के श्याम को जो इस रूप में नहीं पहचानते, वे ही सगुण-निर्गुण-सम्बन्धी झगड़ों में सिर खपाते हैं।

पण्डों, पुजारियों और पुरोहितों वाला प्रसंग भी अपूर्व ही है। परन्तु खेद है, यह आधुनिक दृष्टि सूर को प्राप्त नहीं थी। सार्वजनिक पूजा की कोई नयी पद्धति सूर ने नहीं चलायी है, ब्रह्म को व्यापक कहने से व्यक्ति को क्षुद्र बन जाना पड़ता है यह अति नूतन व्यक्तिवाद सूर को ज्ञात नहीं था, नहीं तो वे ऐसा अनौचित्य करते ही क्यों ?

सीधी बात तो यह है कि सूर कृष्ण के उपासक थे और उन्हें सब-कुछ मानते थे। वे उनके लोक-चरित के रमणीय अंशों का गायन करने बैठे थे। ब्रजभूमि के गोचारक, गोपी-वल्लभ कृष्ण ही सूर के उपास्य हैं। संयोग में भी, वियोग में भी, वे उन्हीं की एकमात्र कथा कहते हैं। जो कोई अपने आराध्य की व्यापक भावना करेगा वह सभी परिस्थितियों में उनकी झलक देखकर मुग्ध होगा। काव्य की दृष्टि से भी सूर को नवीनता की खोज करनी थी। उन्होंने उद्धव के प्रसंग को उठाया और कथनोपकथन की प्रभावशालिनी शैली में अपने वे गीत गा चले जो पद-पद पर कृष्ण के प्रति अनन्य प्रीति की व्यंजना करते और विरह-काव्य की सरस धारा प्रवाहित करते हैं।

उद्धव-गोपी-सम्वाद में, पूर्वपक्ष उद्धव का है और उत्तरपक्ष गोपियों का। पहले उद्धव ने ही कृष्ण को छोड़कर निर्गुण को ग्रहण करने की बात चलायी है। वैसी अवस्था में गोपियाँ जो उत्तर देती हैं उसे उद्धव के निर्गुण पक्ष के समकक्ष सगुण पक्ष का प्रत्यक्षीकरण-मात्र समझना चाहिए। उसका यह आशय कहीं नहीं है कि गोपियाँ निर्गुण ब्रह्म को नीचा दिखा रही हैं अथवा उसकी सत्ता ही नहीं मानतीं। यदि ध्यान देकर देखा जाय तो गोपियों के उत्तर में केवल कृष्ण के प्रति उत्कट अनुराग की ही सर्वत्र व्यंजना है; निर्गुण के खण्डन का उपक्रम उतना नहीं। निर्गुण के सम्बन्ध

में अधिकांश में गोपियों की ऐसी उक्तियाँ आयी हैं :

"कहा करौं निरगुन लैके हौं, जीवहु कान्ह हमारे।"
"तहाँ यह उपदेश दीजै जहाँ निरगुन-ज्ञान।"
"ये (निरगुन) बतियाँ सुनि रूखी।"

इनमें कहीं भी निर्गुण का तिरस्कार नहीं है, उसके निराकरण का तो प्रश्न ही नहीं। केवल उसके शुष्क ध्यान, उसकी कष्ट-साध्य साधना आदि का ही पद-पद में उल्लेख है।

ब्रज की सुललित लीलाओं के उपरान्त सूर ने यह क्लेशकर विरह की बृहत्कथा कही है, जो हिन्दी-साहित्य में बहुत अधिक महत्त्व रखती है। अब जब साहित्य का अध्ययन व्यापक रूप से आरम्भ हो गया है, अनेक ऐसे प्रश्न उठने लगे हैं और उठेंगे जिनका उत्तर देने के लिए नवीन और स्वतन्त्र बुद्धि की आवश्यकता पड़ेगी। कवियों का अध्ययन स्वतः ही अधिक गम्भीर भाव से करना होगा। अब तक तो भक्त कवियों और शृङ्गारी कवियों को अलग-अलग कालों में डालकर एक दूसरे से सम्पर्क-विहीन रखने की व्यवस्था थी परन्तु अब ये प्रश्न भी निस्संकोच पूछे जाने वाले हैं कि सूर आदि भक्त थे, इससे क्या प्रयोजन? क्या वे शृङ्गारी नहीं थे? और जिन्हें आप शृङ्गारी कवि कहते हैं उन्होंने भी तो राधा-कृष्ण का ही शृङ्गार-वर्णन किया है! फिर इनमें और उनमें अन्तर क्या है और क्यों न ये एक ही श्रेणी में रखे जायें? सूरसागर की हस्तलिखित प्राचीन प्रतियों में नायिका-भेद के शीर्षक रखकर पद लिखे मिलते हैं, जिनके आधार पर यह कहा जा सकता है कि सूरदास ही हिन्दी में नायिका-भेद के प्राथमिक कवियों में हैं। इस विषय में अभी अनुसन्धान की आवश्यकता है परन्तु जो तथ्य प्रकट हो रहे हैं और जिस स्वच्छन्द पथ पर हिन्दी का काव्य-विवेचन चल पड़ा है, उसें देखते हुए यह दृढ़ अनुमान है कि केवल भक्त संज्ञा देकर ही सूर आदि की कोटि अन्य कवियों की कोटि से अलग नहीं की जा सकेगी। सूरदास भक्त थे या नहीं, यह तो इतिहास के विद्यार्थी के अनुशीलन का विषय है। बिहारी भक्त नहीं थे, यह भी हममें से कोई नहीं कह सकता। राज-दरबार में रहने के कारण ही कोई शृङ्गारी और अभक्त मान लिया जाय, यह कोई तुक की बात नहीं है।

यदि नायिका-भेद लिखकर सूर परम भक्त और महात्मा कहला

सकते हैं तो वही काम करनेवाले दूसरे भी क्यों नहीं कहला सकते ? अपने-अपने काव्य-ग्रन्थों का आरम्भ करते हुए सूर आदि की भाँति अन्य कवियों ने भी मंगलाचरण किया है और राधा-कृष्ण को ही अपनी कवि-प्रतिभा उत्सर्ग करने की बात लिखी है। भक्तों की भाँति इन कवियों ने भी सहस्रों पद्यों में गोपी-कृष्ण की ही लीला का वर्णन किया है। आजकल जब नित्य नयी शैलियों से काव्य की समीक्षा की जाती है, तब बहुत-से ऐसे समीक्षक भी सामने आयेंगे जो इन शृङ्गारी कवियों के छन्दों को ईश्वर-पक्ष में भी चरितार्थ कर देंगे।

बुद्धि के इस विकट विकास के सामने कविता का वास्तविक तथ्य-निरूपण करने का साहित्यिक मनोविज्ञान के अनुशीलन के अतिरिक्त दूसरा नहीं दिखायी देता। सूर आदि भक्त-कवियों की स्वच्छ भावना (भक्ति) के उद्रेक में और परवर्ती काल के कवियों की अनुकरण-प्रिय प्रणाली-बद्ध कविता में मनोविज्ञान के प्रत्येक विद्यार्थी को स्पष्ट अन्तर दिखायी देगा। नायिका-भेद हो या ऋतु-वर्णन, कवि की मनःक्रिया कहीं छिपी नहीं रहती। सूर व्यापक भावना के वास्तविक भक्त थे; उन्होंने कृष्ण की संयोग-लीलाओं में रस लिया था तो वियोग-वार्ता में उससे भी अधिक रस-वर्षण किया है। कोई भी उत्तरकालीन शृङ्गारी कवि विरह-काव्य की रचना में इतना अधिक तल्लीन नहीं हुआ। जिस कवि ने कृष्ण को हाथ छुड़ाकर जाते देखकर यह कहने का साहस किया था कि हाथ छुड़ाकर भागना सहज है, पर हृदय से निकल जाना बहुत कठिन है—मर्द तब समझूंगा यदि हृदय से निकल जाओगे—उसकी कविता में आप इस जनश्रुति को प्रत्यक्ष करके देख सकते हैं। इन किंवदन्तियों का अर्थ साहित्यिक मनोविज्ञान के विद्यार्थियों के लिए संग्रहणीय है। सूर के कृष्ण एक बार जब हाथ से छूटकर आँखों की ओट हुए, वियुक्त होकर चले गये—तब से अन्त तक सूर ने उन्हें हृदय से नहीं जाने दिया। संयोग में कृष्ण की मूर्ति आँखों में थी, वियोग में वह अन्तस्तल के निगूढ़ प्रदेश में छिपाकर रखी हुई है। दशम स्कन्ध के अन्त तक वियोग की मर्म कथा है जिसको सूर जैसे भावनावान् भक्त ही सहन कर सकते थे, कोरे शृङ्गारी कवियों के लिए असाध्य-साधन था।

युग के मौलिक विचारकों और वास्तविक भावनावान् कवियों की वाणी अपना स्वर अलग ही प्रकट करती है। पीछे से उनके अनुकरण में अधिक

अलंकृत, अधिक सजीले पद कहे जा सकते हैं; पर जो नवीन उपमाएँ, जो नवीन मुद्राएँ, जो नवीन भाव-मूर्तियाँ—जो समस्त नवीनता, तल्लीनता और विशद भावना एक कवि में होगी वह दूसरे में नहीं ही होगी। सूर के पदों की अन्तिम पंक्तियाँ अधिकांश में आत्म-निवेदन के रूप में अपनी उत्कट-भावना का परिचय देती हैं। केवल काव्य की दृष्टि से इनकी कोई विशेष आवश्यकता नहीं थी। परन्तु ये तो जैसे कवि की लेखनी से स्वतः ही उल्लिखित हो गयी हैं। ये न भी होतीं तो भी पूरे काव्य का अध्ययन करके प्रत्येक समीक्षक इस निष्कर्ष पर पहुँच सकता कि इस कवि ने सम्पूर्ण वासना-जन्य शृङ्गार को भस्म करके लेखनी उठाई थी और इसके काव्य का एकमात्र आशय अनन्य भाव से भगवान् की अलौकिक लीलाओं का सौन्दर्य-चित्रण करना है। इस कवि ने कृष्ण की जैसी भावना की थी वह स्वयं उसकी ही थी। परम्परा से प्राप्त साम्प्रदायिक भक्ति तो शुष्क बुद्धि के चक्कर लगाने का विषय बन जाती है। पर जो भक्ति सूर की थी वह मन को, बुद्धि को, विवेक को, ज्ञान को—सबको रुचिकर और सबके लिए हितकर सिद्ध हुई। यों तो सूर की कविता-मात्र में उनकी स्वच्छ, सजीव भावना विकसित हुई; किन्तु इस विरह-काव्य में तो वह अतिशय मनोरम बनकर हम पर अधिकार करती है और हम विनत होकर उसकी महिमा स्वीकार करते हैं।

काव्य-सौन्दर्य

सूरदासजी का सूरसागर केवल काव्य ही नहीं है, वह धार्मिक काव्य भी है। धार्मिक ग्रन्थ की दृष्टि से उसका सम्मान जन-समाज में तो है, किन्तु विद्वानों के बीच अक्सर इस विषय के विवाद उठा करते हैं कि सूरसागर की गणना धार्मिक काव्य-ग्रन्थ के रूप में होनी चाहिए या नहीं? धार्मिक काव्य के सम्बन्ध में इन विद्वानों के विचार बहुत-कुछ विलक्षण हैं। अधिकांश लोगों का ऐसा खयाल है कि त्याग, संन्यास और वैराग्य की शिक्षा देनेवाली रचनाएँ ही धार्मिक काव्य कहला सकती हैं। इस दृष्टि से हिन्दी में कबीर और दादू आदि को ही धार्मिक कवि माना जा सकता है। तुलसीदास को हम इस श्रेणी में इसलिए स्वीकार कर लेते हैं कि उन्होंने नीति और मर्यादा-बद्ध राम के उदात्त चरित्र का चित्रण किया है। शेषांश में हम सूर, मीरा आदि की उन रचनाओं को भी धार्मिक काव्य कह लेते हैं जो भजनों के रूप में प्रचलित हो गयी हैं तथा जिनमें किसी चरित्र-विशेष का उल्लेख नहीं। किन्तु जब श्रीकृष्ण के और गोपियों के चरित्रों की बात आती है, तब हमारे विद्वान् लोग पशो-पेश में पड़ जाते हैं। वे या तो कृष्ण-गोपी-चरित्र को आत्मा-परमात्मा का रूपक कहकर टाल देते हैं या फिर विरोधी आलोचना करने में प्रवृत्त होते हैं। 'ईश्वर की छीछालेदर' और 'राधा-कृष्ण' के सम्बन्ध में निकले हुए व्यंग्यात्मक लेख हिन्दी के पत्र-पत्रिकाओं में प्रकाशित हो चुके हैं। ये दोनों ही दृष्टि-कोण सूरदासजी के काव्य और उसकी कलात्मक विशेषताओं के अध्ययन में

विशेष रूप से बाधक हैं। इसमें से पहला, जो आरम्भ से ही सारे चरित्र को रूपक मान लेता है, काव्य के द्वारा उत्पन्न किये गये चारित्रिक महत्त्व और उसके प्रभावों का अनुभव करने का अवकाश ही नहीं देता। कवियों की कलाजन्य विशेषताएँ और काव्यजन्य उत्कर्ष प्रदर्शित ही नहीं हो पाते, क्योंकि हम तो पहले से ही मान बैठे हैं कि राधा और कृष्ण में से एक आत्मा है और दूसरा परमात्मा। जहाँ मान ही लेने की बात हो, वहाँ कवि और कवि-कर्म की परीक्षा कैसे हो सकती है? कवि-कवि में जो अन्तर है उसका आकलन कैसे किया जा सकता है और सच तो यह है कि उस दशा में काव्य और कला के अध्ययन की आवश्यकता ही क्या रह जाती है! इसी प्रकार दूसरा दृष्टिकोण जो केवल राधा और कृष्ण के चरित्रों का नाम सुनकर ही चौक पड़ता है और भड़क उठता है, कवि की रचना-चातुरी और मनोभावना की सम्यक् परीक्षा में बिल्कुल अयोग्य है। इसे एक प्रकार का असाहित्यिक दृष्टिकोण कह सकते हैं, क्योंकि इसमें भी काव्य-गुणों के अनुसन्धान का प्रयास नहीं है। केवल कथा की बाहरी रूपरेखा सुनकर जो काव्य पर आक्रमण आरम्भ कर देते हैं उन्हें काव्य-कला का विवेचक कौन कहेगा? कुमारी मरियम को कौमार्य में ही मसीह उत्पन्न हुए थे। अब यदि केवल इस ऊपरी बात को लें तो कितनी अविश्वसनीय और अपवादजनक यह प्रतीत होगी। किन्तु इसी को लेकर ईसाई कलाकरों ने संसार की श्रेष्ठ-कला-कृतियों—मूर्तियों और चित्रों का निर्माण किया है जिनके दर्शन से हृदय में पवित्र भावना का प्रवाह बह चलता है। इस अवस्था में उस ऊपरी और अपवादजनक बात का क्या मूल्य रहा, और उसी को मुख्यता देनेवाले व्यक्तियों की क्या वुक़त हो सकती है? कथा या कहानी तो बिना खराद का वह ऊबड़-खाबड़ पत्थर है जिस पर कलाकार अपना कार्य आरम्भ करता है। मूर्ति का निर्माण हो जाने पर जब हम उस कलावस्तु के सामने उपस्थित होते हैं तो क्या उस पत्थर की भी हमें याद आती है जिसे काट-छाँटकर सँवारा गया और अशेष परिश्रय व्यय करके मूर्ति बनाई गई? और क्या मूर्तियाँ भी सब एक-सी ही होती हैं? रचयिता की मनोभूमि जितनी ही प्रशस्त और परिष्कृत होगी, जितनी ही सूक्ष्म और उदात्त कल्पनाओं का वह अधिपति होगा, साथ ही तराश के काम में जितना ही निपुण होगा—जितनी बारीकी से जितने गहरे प्रभाव उत्पन्न करने की क्षमता

रखेगा, मानव-हृदय के रहस्यों को समझने और तदनुकूल अपनी कलावस्तु का निर्माण करने में वह जितना ही कुशल होगा, उसकी कला उतनी ही उत्तम और प्रशंसनीय कही जायेगी। कला-विवेचक का कार्य यह नहीं होता कि वह मूल, कहानी या कच्चे माल को देखकर ही कोई धारणा बना ले, अथवा अपने किन्हीं व्यक्तिगत संस्कारों और प्रेरणाओं से परिचालित होकर कोई राय कायम कर ले; बल्कि उसे कला-निर्माण-सम्बन्धी विशेषज्ञता प्राप्त करनी होगी, कवि द्वारा नियोजित प्रतीकों और प्रभावों का अध्ययन करना होगा और अन्ततः कवि की मूल समवेदना और मनोभावना का उद्घाटन करते हुए यह बताना होगा कि वह अपने उद्देश्य में कहाँ तक सफल अथवा असफल रहा है!

इस दृष्टि से हम सूरदासजी के काव्य का अध्ययन आरम्भ करेंगे। पाठकों को यह विदित है कि सूरसागर ही सूरदासजी का प्रमुख काव्य-ग्रन्थ और उनकी कीर्ति का स्थायी स्तम्भ है। सूरसागर में यद्यपि श्रीमद्भागवत् की कथा का अनुसरण किया गया है और भागवत् के ही अनुसार इसमें भी बारह स्कन्ध रखे गये हैं, किन्तु वास्तव में सूरदासजी का मुख्य उद्देश्य श्रीकृष्ण के चरित्र का ही आलेख करना था। इसीलिए उन्होंने एक चौथाई से भी कम हिस्से में सूरसागर के ग्यारह स्कन्ध को समाप्त करके शेष तीन-चौथाई से अधिक भाग एक ही (दशम) स्कन्ध को पूरा करने में लगाया है। यही दशम स्कन्ध कृष्ण-चरित्र है, जिसमें कवि की काव्य-कला का सर्वाधिक विकास हुआ है। शेष स्कन्धों की रचना को हम परम्परा-पालन अथवा भूमिका-मात्र मान सकते हैं। कभी-कभी ऐसा देखने में आता है कि इन ग्यारह स्कन्धों में यत्र-तत्र बिखरे हुए आख्यानों और विचारों को लोग सूरदासजी की अपनी रचना और अपने विचार मानकर उद्धृत करते हैं। वास्तव में सूरदासजी का स्वतन्त्र कौशल और उनकी निजी विचारणा यदि कहीं व्यक्त हुई है तो एक-मात्र दशम स्कन्ध में ही। शेष सभी स्थल अधिकांश श्रीमद्भागवत् के संक्षेप-मात्र हैं। उनसे सूरदास का सम्बन्ध केवल अनुवादकर्ता का-सा है। इस बात को ध्यान में न रखने के कारण अक्सर ऐसे स्थलों और विचारों से सूरदासजी का सम्बन्ध जोड़ दिया जाता है जिनसे उनका कुछ भी वास्तविक सम्पर्क नहीं। इस गलतफहमी से बचने के लिए ही ऊपर का उल्लेख है।

सूरदासजी का काव्य यद्यपि अधिकतर गीतिबद्ध है, पर साथ ही छोटे-छोटे कथा-प्रसंग और घटनाएँ भी गीतों के भीतर वर्णित हैं। यदि हम सूरसागर के दशम स्कन्ध को ही लें तो देखेंगे कि श्रीकृष्ण के जन्म से लेकर उनके बाल्य और कैशोर वय के चरित्र तथा उनके मथुरा-गमन और कंस-वध तक की मुख्य घटनाएँ भी वहाँ संगृहीत हैं। सूरदासजी के काव्य की एक विशेषता यह है कि उसमें एक साथ ही श्रीकृष्ण के जीवन की झाँकी भी मिल जाती है और अत्यन्त मनोरम रूप और भाव-सृष्टि भी। प्रायः मुक्तक गीत ऐसे प्रसंगों को लेकर रचे जाते हैं जिनमें कथा का कोई क्रम-बद्ध सूत्र नहीं मिलता, बल्कि कथाअंश की जानकारी प्राप्त करने के लिए हमें दूसरे विवरणों का आश्रय लेना पड़ता है। गीत-भाग में केवल रूप या सौन्दर्य आलेख के टुकड़े, सूक्ष्म मानसिक गतियाँ अथवा किसी विशेष अवसर पर उठनेवाले मनोवेगों का प्रदर्शन ही प्राप्त होता है। स्थिति-विशेष का पूरा दिग्दर्शन भी करें, घटना-क्रम का आभास भी दें और साथ ही समुन्नत कोटि के रूप-सौन्दर्य और भाव-सौन्दर्य की परिपूर्ण झलक भी दिखाते जायँ; यह विशेषता हमें कवि सूरदास में ही मिलती है। गोचारण अथवा गोवर्द्धन-धारण के प्रसंग कथात्मक हैं। किन्तु उन कथाओं को भी सजाकर भाव-गीतों में परिणत कर दिया गया है। हम आसानी से यह भी नहीं समझ पाते कि कथानक के भीतर रूप-सौन्दर्य अथवा मनोगतियों के चित्र देख रहे हैं अथवा मनोगतियों और रूप की वर्णना के भीतर कथा का विकास देख रहे हैं। इन दोनों के सम्मिश्रण में अद्भुत सफलता सूरदासजी को मिली है।

कहीं कथोपकथन की नियोजन करके (जैसे दान-लीला में) और कहीं कथा की पृष्ठभूमि को ही (उदाहरणार्थ वन में विचरण, अथवा वन से ब्रज को लौटना) गीत-रूप में सज्जित करके समय, वातावरण और कथा-सूत्र का हवाला दे दिया गया है। सूरदासजी किसी नाटकीय स्थिति-विशेष अथवा किसी ऐकान्तिक मनोभावना-विशेष से आकर्षित होकर परिचालित नहीं हुए हैं। कृष्ण के सम्पूर्ण बाल-चरित पर ही वे मुग्ध हैं। फलतः वे मुक्तक गीतों के अन्तर्गत सारे कथा-सूत्र की रक्षा करने में समर्थ हुए हैं। अवश्य जहाँ काव्य अधिक अन्तर्मुख और मनोमय हो उठा है—जैसे वंशी के प्रति उपालम्भ, नेत्रों के प्रति आरोप, विरह, भ्रमर-गीत आदि—वहाँ

भाव ही कथा-रूप में परिणत हो गये हैं, कथा की पृथक् योजना वहाँ हम नहीं पाते।

अब हम सूरसागर के अन्य आवश्यक अंगों को छोड़कर मुख्य दशम स्कन्ध का अध्ययन आरम्भ करें! वर्षा ऋतु भाद्र मास अष्टमी की अँधेरी आधी रात को चन्द्रमा उदय होने के समय कृष्ण का आविर्भाव होता है। सूरदास इस बात का उल्लेख करना नहीं भूले हैं कि आकाश में चन्द्रोदय के समय भी अँधेरा है, किन्तु पृथ्वी पर नवज्योति का आगमन हुआ है। भक्ति-काव्य की परम्परा के अनुसार कृष्ण का चार भुजा धारण करके अवतार लेना सूरदासजी ने भी दिखाया है, किन्तु वह चतुर्भुज मूर्ति भी शिशु-स्वरूप में है और उसके पृथ्वी पर आते ही माता उन अप्राकृतिक चिन्हों को छिपा देती है। बालक कृष्ण अपने प्रकृत रूप में हमारे सामने आते हैं। कला की दृष्टि से यह अलौकिक आभास एक क्षणिक और उपयोगी संभ्रम की सृष्टि कर जाता है। इतने गहरे वह नहीं पैठता कि माधुर्य की अनुभूति में किसी प्रकार का विक्षेप पड़े, यद्यपि उस माधुर्य की तह में ऐश्वर्य की एक हल्की आभा भी अपना प्रभाव डाले रहती है।

असम्भव या अलौकिक की अप्राकृतिक स्मृति को और भी क्षीण करने में सहायक होता है कृष्ण का उसी रात स्थानान्तरित होना, जन्म-स्थान छोड़कर गोकुल पहुँचाया जाना। रास्ते में कृष्ण की ज्योति का न छिपना और बढ़ी हुई यमुना का कृष्ण के पैर स्पर्श करते ही रास्ता दे देना, पिता वसुदेव की प्रसन्नता और उत्साह का सूचक है। साथ ही मानव-व्यापार में प्रकृति के सहयोग की कल्पना भी इसमें है।

असम्भव या अलौकिक की अप्राकृतिक स्मृति के स्थान पर उसकी एक सहज योजना कृष्ण के गोकुल आने से हो जाती है। वह योजना है कृष्ण के अयोनिज होने की। इसकी बड़ी नैसर्गिक और कलात्मक प्रतिष्ठा की गयी है। यह स्पष्ट ही इस प्रकार कि कृष्ण यशोदा के अङ्गजात नहीं हैं। योनिज सम्बन्ध न होने पर भी यशोदा के मन में परिपूर्ण पुत्र-भाव स्थापित होता है। वह इस प्रकार कि कृष्ण यशोदा की अंगजा के स्थाना-पन्न होकर आये हैं। यशोदा को इसकी सुध नहीं, किन्तु पाठक इसे जाने रहते हैं। इस द्विविधा के द्वारा काव्य-सौन्दर्य की वृद्धि होती है और आध्यात्मिकता अपने सहज कलात्मक रूप में प्रतिष्ठित होती है।

यशोदा का यह प्रौढ़ावस्था का पुत्र है जब कि माता यौवन की सीमा पर पहुँचकर ठहर चुकी है और निराशा के साथ नीचे ढलना आरम्भ कर रही है। इस सन्धि-काल का स्पर्श करना कृष्ण-काव्य की एक बड़ी कलात्मक सूझ है। कृष्ण के प्रति अकेले और बड़ी साध के बाद पाये हुए पुत्र का प्यार उभर पड़ता है। कुमारी मरियम का पुत्र यौवन के मनबींधे आरम्भ का है और यशोदा का पुत्र यौवन के अन्तिम अवशेष क्षण का है। युवती की प्रतिमा दोनों ओर है—एक यौवन के इस पार, दूसरी उस पार। एक का पुत्र आशा के पहले और दूसरी का आशा के पश्चात् प्राप्त होता है।

कृष्ण का व्यक्तित्व कुछ अपने सहज सौन्दर्य से, कुछ माता के स्नेहातिरेक के कारण (ये दोनों ही नैसर्गिक अनुपात में हैं इसलिए काव्य के कलात्मक विकास में सहायक भी) तथा शेष कुछ पिता के ग्रामाधिपति होने के कारण (यह एक आकस्मिक अथवा संयोगसिद्ध प्रसंग है, जिस पर अनावश्यक भार कवि ने कभी नहीं चढ़ने दिया) प्रमुख रूप से सामने आता है और अन्त तक निसर्गतः प्रमुख ही रहता है। प्रमुखता तो काव्यों के सभी नायक-मात्र के लिए आवश्यक होती है। किन्तु कृष्ण की प्रमुखता कुछ ऐसी विशेषताएँ रखती हैं जो आध्यात्मिक काव्य के लिए आवश्यक है। इनमें सबसे पहली और मुख्य विशेषता है चरित्र के अन्तर्गत एक रहस्यात्मक पुट। रहस्यात्मक पुट तो जो भी जितना चाहे रख सकता है; किन्तु काव्य में मनोवैज्ञानिक विश्वसनीयता भी अतिशय आवश्यक होती है। इन दोनों का सामञ्जस्य स्थापित करने में ही धार्मिक अथवा आध्यात्मिक काव्य की सफलता है। कोरे धर्मग्रन्थ और उन्नत धार्मिक काव्य में यही मुख्य अन्तर है कि एक में हमारे विश्वास को असीम मानकर बरता जाता है और दूसरे में हमारे स्वस्थ मानसिक उपकरणों के साथ न्याय किया जाता है। लक्ष्य दोनों का एक ही होता—चरित्र की अलौकिकता की नियोजना करना, किन्तु इन दोनों की प्रणालियों में सारा अन्तर हुआ करता है।

जिन असाधारण और क्षिप्रवेग से घटी प्रथम दिन की घटनाओं का विवरण हम दे चुके हैं, और साथ ही जिन मानसिक परिस्थितियों और प्रतिक्रियाओं का ऊपर उल्लेख कर चुके हैं, उनके बाद कृष्ण-चरित्र की असाधारणता के लिए ज़मीन तैयार है, ऐसा कहा जा सकता है। देखना यह है कि वह असाधारणता अथवा रहस्यात्मकता कितने नैसर्गिक रूप से प्रस्फुटित होती है। कृष्ण-जन्म की बधाई बज चुकी है और विशेष उत्सव मनाये

जा चुके हैं। अन्नप्राशन और जन्म-दिन की तिथियाँ बड़े समारोह के साथ सम्पन्न हुई हैं। दिन-भर गाँव-भर की भीड़ नन्द के आँगन में रहा करती है, बालक कृष्ण की क्रीड़ाएँ देखने के लिए गोपियों का आवागमन लगा ही रहता है। नन्द का आँगन मणियों का बना है, खम्भे कंचन के हैं, इतनी अतिरिक्त सौन्दर्य-योजना आसानी से खप जाती है।

तीन वर्ष बीतते-ही-बीतते कृष्ण आरम्भ करते हैं चोरी, घर के भीतर नहीं, बाहर समाज में चोरी, गोपियों के घर-घर में माखन और दही की चोरी और उत्पात। चोरी सामाजिक धारणा में एक अपराध है, पाप है। और गोपिकाओं को रोज-रोज तंग करना भी कोई सदाचार नहीं। पर ग्राम के वातावरण और गोपियों की मनःस्थिति में बालक कृष्ण की यह मूर्ति पाप-पुण्य-निर्लिप्त दीख पड़ती है। चोरी करते हुए भी वे गोपियों के मोद के हेतु बनते हैं और अपने उत्पातों द्वारा उनके प्रेम के अधिक निकट पहुँचते हैं। पाप-पुण्य-निर्लिप्त इस शुद्धाद्वैत की प्रतिष्ठा बिना चोरी किये कैसे होती ? अकर्म के भीतर से पवित्र मनोभावना का यह प्रसार एक रहस्य की सृष्टि करता है। यह रहस्य प्रकृत काव्य-वर्णना का अंग बनकर आया है, यही सूरदास की विशेषता है। भक्ति-काव्य का यह कौशल ध्यान देने योग्य है।

कृष्ण के इस स्वाभाविक नटखटपन के साथ जिस रहस्य की सृष्टि हो गयी है, कवि समस्त काव्य में उसकी रक्षा और प्रवर्द्धन करता रहता है। स्वाभाविकता में अलौकिकता का विन्यास सूरदास की मुख्य काव्य-साधना है। इस साधना में सर्वत्र वे सफल ही हुए हों, यह नहीं कहा जा सकता; कहीं-कहीं वे रूढ़ियों में भी फँस गये हैं, वहाँ काव्य का मनोवैज्ञानिक सूत्र खो गया है; फिर कहीं-कहीं वे परम्परा-प्राप्त 'मान' आदि के विस्तृत विवरणों में इतने व्यस्त हो गये हैं कि उनका रहस्यात्मक पक्ष नीचे दब गया है, ऊपर आ गयी है कोरी और स्थूल शृङ्गारिकता। मैं इन स्थलों को सूरदास के काव्य की आंशिक असफलता मानता हूँ, किन्तु सफलता के स्थल असफलता से कहीं अधिक हैं।

यहाँ मैं असफलता के कुछ हवाले दूँगा। कृष्ण के बाल्य-चरित्र में कतिपय राक्षसों और राक्षसिनियों के वध किये जाने के आख्यान मिलते हैं। कतिपय विद्वानों ने इन आख्यानों में कृष्ण की शक्तिमत्ता का निदर्शन पाया है। जब से आचार्य रामचन्द्र शुक्ल ने शक्ति, सौन्दर्य और शील

की पराकाष्ठा राम के चरित्र में दिखाई है, तब से लोगों ने समझ लिया है कि ये तीनों गुण काव्य-पात्रों के लिए अनिवार्य हैं और जहाँ कहीं अवसर आये इनकी ओर इंगित कर देना चाहिए। यह भ्रान्ति कला की विवेचना में अत्यधिक बाधक हुई है। केवल शक्ति की, सौन्दर्य की अथवा शील की पराकाष्ठा दिखाना किसी काव्य का लक्ष्य नहीं हो सकता। काव्य का लक्ष्य तो होता है, रस-विशेष की प्रतीति या अनुभूति उत्पन्न करना। इस काव्य-लक्ष्य को भूल जाने पर काव्य का समस्त कलात्मक और मनोवैज्ञानिक आधार ढह पड़ता है। फिर तो किसी पात्र में किन्हीं गुणों की योजना कर देना—वे गुण चाहे काव्य-शैली से प्रभावोत्पादक अथवा विश्वसनीय बनाये जा सके हों या नहीं—कवि-कर्म समझा जाने लगता है। वह कलात्मक और काव्यात्मक ह्रास का लक्षण है। कृष्ण के साथ बाल्यावस्था में राक्षस-वध की जो अलौकिक लीलाएँ जुड़ी हुई हैं, जब तक उनका संकेतात्मक मानसिक आधार नहीं मिलता, तब तक काव्य की दृष्टि से उनका क्या मूल्य है ? कोई यह नहीं कह सकता कि कृष्ण ने वास्तव में वे कार्य नहीं किये थे, किन्तु काव्य-कृति के लिए यह आवश्यक हो जाता है कि असम्भव के आधार पर वह अपना कार्य आरम्भ न करे। प्रतीति के लिए उन मानस-सूत्रों का संग्रह आवश्यक है जो उन घटनाओं को विश्वसनीय ही नहीं, वास्तविक भी बना सकें। काव्य में किसी चरित्र के साथ किसी गुण की पराकाष्ठा नियोजित करना पर्याप्त नहीं है; उसकी प्रतीति की पराकाष्ठा भी नियोजित करनी होती है।

कई राक्षस पक्षी, बछड़े, गधे और आँधी आदि का वेश बनाकर आए थे, कृष्ण के द्वारा उनका पछाड़ा जाना स्वाभाविक रूप से चित्रित है; पर कतिपय आख्यानों में सूरदासजी ने परम्परा का पालन-भर कर दिया है, कथा को कला का स्वरूप देने की चेष्टा नहीं की। ब्रह्मा द्वारा बछड़ों के हरे जाने पर नये बछड़े और गोप-बालक उत्पन्न करनेवाला आख्यान, पूतना-वध तथा ऐसे ही अन्य कतिपय प्रसंग अपना सम्यक् मनोवैज्ञानिक आधार सूर के काव्य में नहीं पा सके हैं। इन्द्र का देवताओं-सहित कृष्ण के पास ब्रज आना केवल पौराणिक चित्रण है।

इसी प्रकार सूरदासजी के द्वारा चित्रित गोपिका-मान-प्रसंग को भी लीजिए। सूरदासजी ने उसका मूलगत रहस्यात्मक आशय खूब अच्छी तरह समझा था। उन्होंने आरम्भ में बड़े सुन्दर ढंग से इस रहस्य की

सूचना दी है। राधा का मान वास्तव में भ्रान्ति-मूलक था। उन्होंने कृष्ण के हृदय में अपनी परछाहीं देखकर यह समझ लिया कि इनके हृदय में कोई दूसरी गोपी बसती है। बस इसी कल्पना के आधार पर वे रूठ गयीं। कवि का प्रारम्भिक आशय यह दिखाना रहा है कि गोपियाँ राधा की ही परछाहीं या प्रतिरूप हैं। कृष्ण का उनसे सम्पर्क राधा के प्रति ही सम्पर्क है। सोलह हजार एक सौ आठ गोपिकाओं से कृष्ण का सम्बन्ध दो दृष्टियों से प्रदर्शित है। एक तो कृष्ण के प्रेम की व्यापकता और सार्वजनीनता दिखाने के लिए (जिसमें ऐन्द्रिय भाव संस्कृति और कलात्मक उद्यमों, नृत्य, गीत आदि में लीन हो जाय) और दूसरा कृष्ण-चरित्र को निसर्गतः रहस्यात्मक अथवा अलौकिक स्तर पर पहुँचाने के लिए। किन्तु हुआ क्या ? हुआ यह कि काव्य में कृष्ण का बहुनायकत्व ही अधिक उभर उठा है। रहस्यात्मक पक्ष पिछड़ गया। कृष्ण एक-एक रात एक-एक गोपी के साथ व्यतीत करते और प्रातःकाल रक्तिम नेत्र, विचित्र वेश बनाकर दूसरी गोपिका के घर पहुँचते हैं। वहाँ उनका जैसा स्वागत होना चाहिए वैसा ही होता है ! फलतः, यहाँ कृष्ण थोड़ी-सी निर्लज्जता भी धारण करके स्थिति का सामना करते हैं। एक तो इस प्रसंग को इतना अनावश्यक विस्तार दे दिया गया है कि मूल भाव सँभाले नहीं सँभला और दूसरे इसकी वर्णना में रहस्यात्मक व्यभिचार (सब गोपिकाओं से, जो वास्तव में एक ही गोपी की प्रतिरूप हैं, समान प्रेम) ने स्थूल जारत्व का रूप धारण कर लिया है। मेरे विचार से सूरदास की कला इस प्रसंग में उस उच्च उद्देश्य की पूर्ति नहीं कर सकी है जिसके लिए इस प्रसंग की नियोजना की गई थी। यहाँ वह अपने उच्च लक्ष्य और समुन्नत मानसिक धरातल से स्खलित हो गयी है।

इसके समाधान में यह कहा जा सकता है कि इस प्रसंग को यहाँ रखने का उद्देश्य केवल कृष्ण की इस प्रतिज्ञा की पूर्ति करना है कि जो कोई उन्हें जिस भाव से भजता है उसको वे उसी भाव से मिलते हैं। सब गोपिकाओं ने मिलकर उन्हें पति रूप में भजा था; इसलिए सबके प्रति वे समान व्यवहार दिखाना चाहते हैं। किन्तु इस प्रतिज्ञा को इस हद तक खींचना ठीक न होगा कि काव्य में कृष्ण व्यभिचारी और कामुक के रूप में दिखायी देने लगें। गोपिकाओं की कामना-पूर्ति बड़े सुन्दर, स्वाभाविक और रहस्यात्मक रूप में रास-रचना द्वारा हो चुकी थी।

बाह्य ऐन्द्रिय सम्बन्ध को शब्दशः पूर्णता तक पहुँचाना सूरदास-जैसे उच्च-कोटि के कवि का लक्ष्य नहीं हो सकता। मालूम होता है उस युग की बहु-पत्नी-प्रथा के दुष्परिणाम से सूरदासजी का काव्य भी कोरा न रह सका।

किन्तु ऐसे स्थलों को हम अपवादस्वरूप ही ले सकते हैं। मुख्यतः सूरदासजी की कला उदात्त मानसिक भूमि पर खड़ी है। अवश्य कई बार राधा और कृष्ण के प्रेम-प्रसंगों में शारीरिक संयोग की चर्चा भी आयी है (हमारे देश के कवियों ने प्रेम के इस परिपाक को स्वाभाविक मानकर स्वीकार किया है, 'रोमांटिक' ढंग से किनारा काटने की प्रथा उनकी नहीं थी) पर ये स्थल, काव्य में अन्य स्थलों की भाँति ही प्रसंगतः आ गये हैं, इनके लिए कतिपय अतिवादी कवियों की भाँति कोई खास तैयारी सूरदासजी ने नहीं की है।

मेरी अपनी धारणा यह अवश्य है कि सूरदासजी को ऐसे स्थल बचा जाने चाहिए थे, अथवा संकेत से काम ले लेना था; क्योंकि धार्मिक काव्य के रचयिता को सामाजिक मर्यादा अधिक बरतनी होती है। फिर भी मैं यह कहूँगा कि स्नायुओं को विकृत कर देनेवाली आजकल की दीर्घसूत्री अनुराग-चर्याओं की अपेक्षा सूरदासजी का उपक्रम फिर भी बुरा नहीं। अवश्य उन्हें प्रेम या अनुराग की यह परिणति दिखाने से कोई नहीं रोकता (बल्कि यह आज के समाज के लिए किसी अंश तक उपयोगी भी है); किन्तु शिष्टाचार के विचार से ऐसे प्रसंगों को मर्यादा की सीमा में रखना था। सर्वत्र सूरदासजी ने ऐसा नहीं किया है, उनके समय की काव्य-परिपाटी में, जान पड़ता है, इस प्रकार का कोई प्रतिबन्ध नहीं था।

ऐसे ही, चीर-हरण के अवसर पर कृष्ण के मुख से गोपियों से यह कहलाना कि तुम हाथ ऊपर करके जल से निकलो और अपने-अपने वस्त्र लो, सूरदासजी की सुरुचि का परिचायक नहीं है। सच्चे प्रेम की अगोपनीयता प्रकट करने के लिए कवि के पास कोई दूसरा उपाय नहीं था, यह मैं नहीं कह सकूँगा। उनके उद्देश्य के सम्बन्ध में शंका न रखते हुए भी यहाँ उनकी शैली को मैं निर्दोष नहीं कह सकता।

पर जैसा कि मैं कह चुका हूँ, ये इने-गिने स्थल अपवादस्वरूप ही हैं और सूरदासजी के बृहत् काव्य पर कोई गहरा धब्बा नहीं लगाते।

जो धब्बे हमें आज की दृष्टि से दीख भी पड़ते हैं वे सम्भव है किसी युग-विशेष में क्षम्य भी हों। कम-से-कम यह तो कोई नहीं कह सकता कि सूरदासजी के काव्य में चित्रित राधा और कृष्ण का प्रेम अतिरिक्त भावात्मक उद्रेक या उबाल का द्योतक है अथवा उसमें निःशक्त कामुकता या दमित वासना के लक्षण हैं। यदि यह त्रुटि नहीं है तो और सब आरोप गौण हो जाते हैं। यदि अनुराग के आरम्भ में तीव्र आकर्षण, ऐकान्तिक मिलनेच्छा और सामाजिक मर्यादा-उल्लंघन की प्रेरणाएँ काम करती हैं तो प्रथम मिलन के पश्चात् तत्काल ही राधा में प्रेम-गोपन-चातुरी, वाग्विलास आदि की सामाजिक भावना जाग्रत हो जाती है जो प्रेम के स्वस्थ विकास का परिचायक है।

अब मैं कृष्ण की माखन-चोरी वाले प्रसंग पर छूटी हुई सूरसागर की अपनी सरसरी आलोचना के सूत्र को फिर से पकड़ लूँ। मैं कह चुका हूँ कि यह प्रसंग जहाँ एक ओर गोपियों के स्नेह की सहज धारा प्रवाहित कर देता है, वहीं यह पाप-पुण्य-निर्लिप्त कृष्ण के उपास्य और रहस्य शुद्धाद्वैत बाल-रूप का भी उद्घाटन करने में सहायक हुआ है।

इसके पश्चात् सूरदासजी निरन्तर नायक (कृष्ण) का सहज और साथ ही रहस्यमय गौरव दिखाते हुए काव्य और उपासना की दोहरी आवश्यकतापूर्ति करते गये हैं। माखन-चोरी का ही वयःप्राप्त स्वरूप कृष्ण की दान-लीला में दिखायी देता है। यहाँ प्रेम-कलह के खुले हुए दृश्य हमें दिखायी देते हैं। कृष्ण के दधि-दान (दधि पर लगनेवाला कर) माँगने पर गोपियों को कृष्ण से उलझने, वाक्युद्ध करने, धमकी देने और बदले में धमकी पाने का अवसर मिलता है। अन्त में एक ओर राधा और उनकी सब सखियाँ तथा दूसरी ओर कृष्ण उनके सब सखा खुलकर आपस में कहा-सुनी करते हैं। हाथा-पाई की नौबत भी आती है, पर अन्त में गोपी-दल सखा-समेत कृष्ण को भरपूर माखन-दधि-दान कर, अपने सामने भोजन करा निवृत्त होता है। गोपियों के प्रेम की यह दूसरी बड़ी स्वीकृति कृष्ण ने दी है।

इसके पूर्व ही राधा का कृष्ण से परिचय-समागम हो चुका है। राधा की भावी सास (यशोदा) ने उसकी माँग गूँथी और नयी फरिया (बिना सिला लहँगा) भेंट की है। आँचल में मेवे डाले हैं। राधा की माता को पुत्री के सामने गाली दी (विनोद-वचन कहे) और पिता को

भी, जिस पिछले का बदला वह राधा के द्वारा ही पा चुकी है। फिर उसने सूर्य की ओर आँचल पसारकर उनसे आशीर्वाद माँगा है कि नयी दम्पति का कल्याण हो।

इस रमणीय प्रेम और गार्हस्थ्य-प्रसंग को पुनः रहस्य की आभा से अनुरंजित करने के लिए सूरदासजी ने समस्त कुमारिकाओं से कात्यायनी व्रत कराया और पति-रूप में कृष्ण को पाने की कामना करके कार्तिक चतुर्दसी को उपवास और रात्रि-जागरण के पश्चात् पूर्णमासी को यमुना-स्नान करते हुए दिखाया है। यही अवसर चीर-हरण का है।

भागवत् में राधा का व्यक्तित्व परिस्फुट नहीं हो पाया है, इसलिए वह व्यक्तिगत प्रेमालाप, वैवाहिक लोकाचार आदि का अवसर ही नहीं आया। बिना व्यक्तित्व के प्रेम की प्रगाढ़ता कैसे प्रकट होती ? सूरदास जी ने इस अंश की सम्यक् पूर्ति की और फिर भागवत् की ही भाँति उपास्य कृष्ण की भी स्थापना कर दी। जिस कौशल के साथ राधा और कृष्ण के एकनिष्ठ, व्यक्तिगत, प्रगाढ़ प्रेम-सम्बन्ध को सामूहिक स्वरूप सूरदासजी ने दिया है, कृष्ण की प्रेममूर्ति को जिस चातुरी के साथ समाज-व्यापी आराधना का पात्र बना दिया है, धार्मिक काव्य के इतिहास में उसके जोड़ की कोई वस्तु शायद ही मिले।

कृष्ण के सौन्दर्य को राधा की अनुरक्त दृष्टि ने रहस्यमय बना दिया है, गोपियाँ जब कि कृष्ण के अंग-अंग के सौन्दर्य का वर्णन करती हैं तब राधा कहती हैं—मैंने तो कृष्ण को देखा ही नहीं। एक अंग पर दृष्टि पड़ते ही आँखें भर आती हैं। सारे अंगों को देखने की कौन कहे ? उनके अंगों पर कभी निगाह ही नहीं ठहरती। सौन्दर्य भी प्रतिक्षण और ही रूप धारण कर लेता है। यह रहस्यमय सौन्दर्य-दर्शन है, जिसकी शिक्षा गोपियाँ राधा से लेती हैं।

राधा तो कृष्ण-प्रेम की प्रयोगकर्त्री हैं। वे स्वतः प्रेम की आकर हैं। किन्तु सूरदासजी का प्रयोजन एक-मात्र आकर से ही नहीं सिद्ध होता; वे घर-घर उस आकर का प्रसार भी चाहते हैं। एतदर्थ राधा की सखियों की नियोजना की गयी है, जो प्रयोगकर्त्री राधा के सन्देश को शतशः प्रणालियों से सारी दिशाओं में फैला देती हैं। ब्रज की रज-रज में कृष्ण-प्रेम की सुगन्धि व्याप्त हो गयी है। भक्ति की बेल इसी रज में से अंकुरित होती, बढ़ती और छा जाती है।

राधा श्रीकृष्ण की भक्त हैं अथवा प्रेमिका ? सूरसागर में वे सर्वत्र कृष्ण की समानाधिकारिणी प्रेमिका हैं। उनकी श्री-शोभा पर कृष्ण मुग्ध हैं। कृष्ण के रूप-लावण्य पर राधा रीझी हैं। क्या यह भक्ति का सम्बन्ध है ? नहीं, यह प्रेमी-प्रेमिका का सम्बन्ध है। किन्तु इसी प्रेमी-प्रेमिका-सम्बन्ध का जब समाजीकरण होता है, जब प्रत्येक गोपी राधा बनकर कृष्ण की आराधना करती है तब स्वभावतः भक्ति का आगमन होता है। प्रेमी कृष्ण के द्वारा ही आराध्य कृष्ण की स्थापना सूरदासजी ने जिस सुचारु कोटि-क्रम से करायी है, वह काव्य-जगत् में एकदम अनोखा है।

रास वह स्थल है जहाँ प्रेमी-प्रेमिका का सम्बन्ध समाज-व्यापी होकर रहस्यमयी भक्ति में परिणत हो जाता है। श्रीकृष्ण सहस्रों गोपिकाओं के साथ रास में सम्मिलित होते और सबकी कामना-पूर्ति करते हैं। यहाँ प्रेमिका की व्यक्तिगत सम्बन्ध-धारणा और तज्जन्य गर्व का निराकरण भी किया गया है। राधा यह सम्बन्ध-धारणा रखती थीं, इसलिए कृष्ण कुछ काल के लिए अन्तर्ध्यान हो जाते हैं। जब राधा का यह गर्व दूर होता है तब कृष्ण पुनः उनके सामने जाते हैं।

प्रेमी-प्रेमिका-सम्बन्ध की यह अन्तिम परिणति ध्यान देने योग्य है। यह व्यक्तिगत सम्बन्ध का पूर्ण समाजीकरण है, जिसे हम भक्ति कह सकते हैं। रास में असंख्य गोपियों का भाग लेना, नृत्य-गीत आदि के द्वारा सबकी कामना-पूर्ति, रहस्यमय रूप से सारी मंडली का कृष्ण-केन्द्र से सम्पृक्त होना और फिर रास में कृष्ण के वंशी-वादन का प्रभाव—पाषाणों का द्रवित होना, यमुना की गति का स्तंभित होना, चन्द्रमा का ठहर जाना—सभी एक ही लक्ष्य की ओर इंगित करते हैं; सान्त का अनन्त में, व्यष्टि का समष्टि में पर्यवसान। इसलिए कृष्ण का रास अनन्त कहा गया है। यह वह आदर्श स्थिति है जिसमें पूर्ण सामरस्य की स्थापना हो गयी है, विक्षेप का कहीं अस्तित्व नहीं। संकीर्णता के हेतुभूत गर्व और अहंकार गलित हो गये हैं, घुलकर बह गये हैं और धुलकर निकली है दुग्ध-धवल शरच्चन्द्रिका में सब ओर छिटक रही उज्ज्वल कृष्ण की भक्ति।

यह न समझना चाहिए कि हम आये दिन बाजारों में रास-लीला-सम्बन्धी जो भद्दे चित्र देखा करते हैं, वही सूरदास का भी रास है। रास

नाम तो दोनों में समान है; किन्तु उसके अंकन में सूरदासजी की समता करना साधारण चित्रकारों का काम नहीं। रास की वर्णना में सूरदासजी की काव्य परिपूर्ण आध्यात्मिक ऊँचाई पर पहुँच गया है। केवल श्रीमद्भागवत् की परम्परागत अनुकृति कवि ने नहीं की है, वरन् वास्तव में वे अनुपम आध्यात्मिक रास से विमोहित होकर रचना करने बैठे हैं। उन्होंने रास की जो पृष्ठभूमि बनायी है, जिस प्रशान्त और समुज्ज्वल वातावरण का निर्माण किया है, पुनः रास की जो सज्जा, गोपियों का जैसा संगठन और कृष्ण की ओर सबकी दृष्टि का केन्द्रीकरण दिखाया है और रास की वर्णना में संगीत की तल्लीनता और नृत्य की बँधी गति के साथ एक जागरूक आध्यात्मिक मूर्च्छना, अपूर्व प्रसन्नता के साथ प्रशान्ति और दृश्य के चटकीलेपन के साथ भावना की तन्मयता के जो प्रभाव उत्पन्न किये हैं, वे कवि की कला-कुशलता और गहन अंतर्दृष्टि के द्योतक हैं। उनके काव्य-चमत्कार की तुलना में बाजारू चित्रों को रखना, मणियों का मूल्य झूठे मोतियों द्वारा आँकना है।

रास के पश्चात् विशेषतः मान का वर्णन कवि ने किया है, जिसके सम्बन्ध में हम ऊपर उल्लेख कर चुके हैं। मान का हेतु है राधा का अन्य गोपियों से अपने को पृथक् समझना, जब कि कवि की रहस्योन्मुख कला में वे राधा की प्रतिच्छाया-मात्र हैं। इस लीला का आशय इस रहस्य को मुखरित करना ही था; किन्तु वर्णन की अतिरंजना में कवि का मूल उद्देश्य विलुप्त हो गया और राधा की भ्रान्ति के स्थान पर कृष्ण का अपराधी रूप ही उभर आया है। निश्चय ही यह कवि की भावना के अनुरूप सृष्टि नहीं है।

कला की दृष्टि से मान-प्रसंग का एक दूसरा प्रयोजन राधा के व्यक्तित्व की, विशेषतः उसके सौन्दर्य की प्रतिष्ठा करना भी हो सकता है—वह सौन्दर्य जिसका आकर्षण कृष्ण को भी विभ्रान्त कर देता है (गोपियों की तो हस्ती ही क्या?)। और वह व्यक्तित्व, जिसके सामने कृष्ण भी झुककर प्रार्थी होते हैं। किन्तु इस प्रयोजन की पूर्ति के लिए यह उपयुक्त अवसर नहीं कहा जा सकता। इसमें राधा का सौन्दर्याकर्षण यद्यपि प्रमुख हुआ है, किन्तु उससे भी प्रमुख हो गयी है उनकी गोपियों के प्रति ईर्ष्या। क्या कवि का यह उद्देश्य (ईर्ष्या को प्रमुखता देना) हो सकता है?

उच्च कला और सौन्दर्य-स्थापना की दृष्टि से इसका समर्थन नहीं किया जा सकता, यद्यपि एक प्रकार के श्रद्धालु यह कहेंगे कि राधा की ईर्ष्या उनके अन्य गोपियों की अपेक्षा सुन्दर सज्जा करने और कृष्ण-प्रेम की एकान्त अधिकारिणी बनने में सहायक हुई है। उस समर्थक वर्ग की दलील भी हम सुन चुके हैं जो यह कहता है कि प्रत्येक गोपी ने जिस-जिस भाव से कृष्ण को भजा उसकी पूर्ति उन्होंने की। उन्हीं में के कुछ यह भी कहेंगे कि बिना शारीरिक संयोग के गोपियों में उस विरह की जागृति दिखाना सम्भव न था जो कृष्ण के मथुरा-गमन के पश्चात् समस्त ब्रज में छा गया है। इस प्रकार की विचारणा उस विशेष वर्ग की है जो तांत्रिक रहस्यवादी पद्धतियों का अनुयायी है। मेरे विचार से श्रेष्ठ कला और दर्शन की आवश्यकताएँ इससे भिन्न हैं।

मान-मोचन के बाद ही बसन्त और होली के अवसर आते हैं, जिनमें सामूहिक गान, वाद्य और छीना-झपटी के चटकीले और रंगीन दृश्य दिखायी देते हैं। इसके पश्चात् सागर-स्नान और स्नानान्तर स्वच्छ नूतन वस्त्र धारण करना और फिर पुष्पमालाओं से आच्छादित स्वर्ण-हिंडोल में गोपियों से परिवेष्टित राधा-कृष्ण की झूलती हुई ऐश्वर्यशालिनी झाँकी। यहीं कृष्ण की ब्रज-लीला समाप्त होती है। पर्दा गिरता है। प्रशान्त ओजस्विता और प्रसन्न समादर के प्रभाव लेकर दर्शक-मण्डली (ब्रज की गोप-गोपियाँ) घर लौटती हैं।

इस अवसर पर जब ब्रज में सब ओर सुख-समृद्धि छा गयी है और हिंडोल-स्थित राधा-कृष्ण की किशोर मूर्ति चरम आकर्षण का विषय बन चुकी है, एक ऐसी निष्क्रियता और आत्मनिद्रा की सम्भावना है जो स्वभावत: ऐसी परिस्थिति में उत्पन्न होती है। शेषशायी भगवान् नारायण के-से दिव्य किन्तु प्रस्थिर और गतिहीनस्व रूप का उद्घाटन करना सूरदास की कला का लक्ष्य नहीं था, नहीं तो वे इसी स्थान पर अपना काव्य समाप्त कर देते। पर वे सारे ब्रज-मण्डल को चौंका देते हैं, कृष्ण के मथुरा जाने की सूचना देकर। असम्भावित रूप से एक ऐसा झोंका आता है जो सुख के प्रशान्त पारावार को दु:ख की तरंगों से अभिभूत कर देता है। सब-के-सब चकित हो रहते हैं और कर्त्तव्यशून्य होकर क्षोभ के महानद में डूबते-उतराते हैं। काव्य में जीवन की प्रगति का यही स्वरूप है। कृष्ण का कार्य अब ब्रज में नहीं, मथुरा में है। इसलिए वे समस्त

काम्य-सम्बन्धों और प्रेम-बन्धनों को दूसरे ही क्षण तोड़ देने को (हृदय पर पत्थर रखकर) तैयार हो जाते हैं।

विजय का पूर्ण विश्वास प्रतिक्षण मन में रखते हुए भी (अर्थात् भीतर से निश्चित होते हुए भी) बाहर विकट संघर्षों का सामना कृष्ण को करना पड़ता है। वे सच्चे अर्थ में क्रांतिकारी का आत्म-विश्वास और उसी की-सी कष्ट-सहिष्णुता लेकर इस नये नाट्य में प्रवेश करते हैं। अदने-से-अदना कार्य वे अपने हाथों करते हैं (क्योंकि वे किसी समृद्ध सेना के नायक नहीं, नये क्रांतिकारी हैं) और अदनी-से-अदनी बात सुनने को तैयार रहते हैं। सूरसागर के इस प्रसंग को देखने पर इसकी अद्भुत समानता उन रचनाओं से देख पड़ती है, जिनमें प्रचलित समाज-व्यवस्था अथवा राज-व्यवस्था के विरुद्ध क्रांतिकारी चरित्रों की अवतारणा की गयी है। रजक के साथ कृष्ण का झगड़ा, उससे कपड़े छीनकर अपने साथियों को पहनाना (बहाना यह कि राजा के दरबार में मैले कपड़े पहनकर कैसे जायें!) पाश्चात्य क्रांतिकारी प्रसंगों की याद दिलाता है। मल्ल-युद्ध के पूर्व कूबरी का मिलना और तिलक सारना एक ऐसा विचित्र और शुभसूचक मनोवैज्ञानिक उपादान है जो आधुनिक क्रांतिमूलक रचनाओं में भी किसी-न-किसी रूप में मिल जाता है। कंस-वध के पश्चात् कृष्ण सबसे पहले कूबरी के घर जाकर ही उसका स्वागत-सत्कार ग्रहण करते हैं। कंस के दुराचारों के भार से दबकर ही मानो वह कूबरी हो गयी थी और कृष्ण के आते ही वह सुन्दर अंगों वाली हो जाती है!

यहाँ, ब्रज में कृष्ण कितने कोमल प्रेम-तन्तुओं को छिन्न-भिन्न कर गये हैं, इसका कुछ अन्दाज गोपियों की विरह-कातर पुकार से लग सकेगा। आज के समीक्षक को यह एतराज है कि कृष्ण के कुछ मील दूर, मथुरा जाने पर गोपियों के रोने-धोने का इतना बड़ा पवाँरा सूरदास ने क्यों तैयार किया? यही नहीं, सूरसागर काव्य के जो सर्वोत्कृष्ट स्थल हैं—वंशी को लक्ष्य करके दिये गये सैकड़ों उपालंभ, जिनमें सूक्ष्म प्रेम-भावना भरी हुई है; नेत्रों पर किये गये अनेकानेक आरोप, जिनमें रहस्यात्मक सौन्दर्य-व्यञ्जना है; इन आलोचकों को व्यर्थ की मानसिक उधेड़-बुन और एक अतिभावुक युग का काव्यावशेष समझ पड़ता है। किन्तु यह समझ एकदम भ्रांत है। असल में इन्हीं वर्णनाओं में, जो कवि की उत्कृष्ट तल्लीनता और सूक्ष्म मानसिक पहुँच तथा अधिकार की द्योतक है, कवि

ने कृष्ण के रहस्यमय स्वरूप का निर्देश किया है, वह स्वरूप जो भक्ति का आधार और भक्तों का इष्ट है। भक्ति और भक्त का नाम सुनकर कोई मिथ्या धारणा नहीं बना लेनी चाहिए। मैं कह चुका हूँ कि व्यक्तिगत प्रेम का सामूहिक सामाजिक स्वरूप ही भक्ति है और साथ ही मैं कवि सूरदास की उन काव्य-चेष्टाओं की भी कुछ सूचना दे चुका हूँ जिनमें उन्होंने इस समाज-व्यापिनी कृष्ण-भक्ति की नियोजना की है। इन्हीं चेष्टाओं के सर्वश्रेष्ठ अंश वे हैं जिन्हें उपर्यक्त आलोचक मानसिक विजृम्भणा कहकर टाल देना चाहते हैं। पर इस प्रकार वे टाले नहीं जा सकेंगे। व्यक्त सौन्दर्य की जो अव्यक्त और विगूढ़ अन्तर्गतियाँ कवि ने दिखायी हैं, वे कृष्ण को रहस्यमय स्वरूप प्रदान करती हैं। इसी रहस्यमय स्वरूप से उपास्य कृष्ण की प्रतिष्ठा होती है। जो प्रेम-प्रसंग व्यक्तिगत और बाह्य घटनाओं से प्रकट हैं उनका उपयोग भी क्रमशः अनिर्वचनीय, रहस्यमय, सामूहिक प्रेम (भक्ति) की अभिव्यक्ति के लिए ही होता है। सूरदास की यही मुख्य काव्य-साधना है।

ब्रज रहते, कृष्ण का जो प्रेम, गोपियों में इधर-उधर बिखरा था, अब उनके मथुरा जाने पर, वह छनकर एकत्र हो रहा है। गोपियों के विरह-गीतों में उसका समाज-व्यापी स्वरूप धारण करना जारी है। मिलने के अवसर पर जो रहे-सहे भेद-भाव थे, वे भी अब मिट गये हैं (जिन लोगों ने यह शंका की है कि सूरसागर में सोलह हजार गोपिका-सहचरियों से कृष्ण का प्रेम-सम्बन्ध क्यों दिखाया गया है, उन्हें ऊपर के उत्तर से समाधान कर लेना चाहिए)। प्रेम-भावना अपना रहस्यमय सामाजिक स्वरूप धारण कर रही है।

और जब उद्धव निर्गुण का संदेश लाते हैं और गोपियाँ भ्रमर को सम्बोधित करके उन्हें मर्म-स्पर्शी उत्तर देती हैं, तब तो रहस्य खुल ही जाता है। गोपियाँ निर्गुण ब्रह्म का तिरस्कार क्यों करती हैं? क्योंकि वे जिसकी प्रेमिका या उपासिका हैं, वह निर्गुण से क्या कम है? निर्गुण से क्या कम सुन्दर है, क्या कम श्रेष्ठ है? जिसको योगी योग द्वारा समाधि साधकर प्राप्त करते हैं उसे ही (नामान्तर से) गोपियों ने प्रेम-परिचर्या से प्राप्त किया है। क्यों वे इसे छोड़कर उसे लें? क्या विशेषता है उसमें जो इसमें नहीं है? क्या रहस्य है उसमें जो इसमें नहीं है? जो विशेषण उसके साथ लगते हैं वे सब इसके साथ भी लगते हैं। यह कोई व्यक्ति

कृष्ण नहीं; यह तो रहस्यमयी परम सत्ता, परम उपास्य ही कृष्ण हैं। और यहीं सूरदासजी की आरम्भिक प्रतिज्ञा सार्थक हो जाती है :

"अविगत गति कछु कहत न आवै।
सब विधि अगम विचारहिं तातैं सूर सगुन पद गावै।।"

अविज्ञात निर्गुण के समकक्ष विज्ञात सगुण कृष्ण के रहस्यमय पद सूरदास सुनाते हैं।

□ □